本书为国家社科基金西部项目"乡村振兴战略背景下城乡共生发展的实现路径研究"（批准号：18XKS015）结项成果

国家社科基金丛书
GUOJIA SHEKE JIJIN CONGSHU

乡村振兴战略背景下
城乡融合发展的实现路径研究

Research on the Progression of Urban-Rural Integration Development
in the Context of China's Rural Revitalization Strategy

黄顺君 著

人民出版社

序

卜祥记

城乡关系是人类社会发展中的一个基本关系,是事关经济社会发展全局的重要关系,也是党和国家历来关注的重大问题。城市与乡村作为人类社会生存和发展的两大空间,长期以来一直处于对立统一的矛盾关系之中。马克思主义城乡关系理论是中国特色社会主义新时代城乡融合发展的理论基础。马克思、恩格斯立足于资本主义工业化革命和城市化的现实状况,从人类社会生产力与生产关系矛盾运动角度深刻揭示了城乡关系从同一、对立到融合的一般发展规律。其中,城乡同一是城乡关系发展的历史前提,生产力是城乡关系发展的根本动力,城乡对立是一定时期生产力和生产关系相互作用的必然结果,城乡融合是城乡关系发展的必然趋势。资本主义私有制不但没有消灭城乡对立,反而促使城乡对立的矛盾日益尖锐化,最终使得乡村依附于城市,形成城市中心主义的城乡二元结构。生产力高度发达,尤其是城乡产业融合,是城乡融合发展的物质产业基础;而变革生产关系,消灭资本主义私有制,建立社会主义公有制,则是扬弃城乡二元对立结构、实现城乡融合发展的社会生产关系条件。

新中国成立之初,为了快速实现从落后农业国向先进工业国的赶超目标,国家集中有限资源优先发展重工业,大力推进城镇化,利用城乡二元经济结构和城乡工农业剪刀差,使农业为工业服务,乡村为城市服务,提供了工业化和城镇化所需要的生产要素积累。为此,新中国先后设计了一系列制度安排,如统购统销制度、城乡二元户籍管理制度及人民公社制度等,并在社会主义改造和建设的进程中不断强化相关政策,最终形成了具有中国特色的城乡二元结构体制机制。改革开放以来,城乡经济社会融合发展的客观需要推动了城乡二元结构的体制改革,城乡二元结构逐渐向城乡统筹和一体化发展过渡。但是,无论是城乡统筹还是城乡一体化,都依然还是一种城市中心主义的发展范式,政策的着力点是工业反哺农业、城市支持乡村,从外部解决"三农"问题,主要解决"城市有而农村无""城乡差距过大"等问题,而"三农"发展的主体性、平等性、自主性和内生性等问题依然没有解决。正如习近平总书记明确指出的那样,"城乡二元结构没有根本改变,城乡发展差距不断拉大趋势没有根本扭转。"①

进入新时代以来,我国社会主要矛盾已经转化为"人民日益增长的美好生活需要和不平衡不充分的发展"之间的矛盾,但是我国处于社会主义初级阶段的基本国情没有改变,城乡发展不平衡和乡村发展不充分则是新时代中国特色社会主义主要矛盾的集中体现,是亟待解决的重大问题。习近平总书记指出:"我国发展最大的不平衡是城乡发展不平衡,最大的不充分是农村发展不充分。"②基于此,党的十九大提出实施乡村振兴战略和城乡融合发展理念,明确坚持农业农村优先发展和农民主体地位,乡村不再依附于城镇,坚持乡村振兴战略与新型城镇化战略的"双轮驱动",实现产业兴旺、生态宜居、乡风文明、治理有效和生活富裕等乡村振兴战略目标,走中国特色社会主义乡村振兴道路;既反对复古到前现代性的乡村中心主义的乡土中国,也不是停留于西方资本主义现代性的城市中心主义的城乡二元结构之中,而是激发乡村发展的主体性,实施乡村建设行动,着力构建"工补农、以城带乡,推动形成工农

---

① 《习近平著作选读》第一卷,人民出版社 2023 年版,第 169 页。
② 《习近平关于"三农"工作论述摘编》,中央文献出版社 2019 年版,第 43 页。

互促、城乡互补、全面融合、共同繁荣的新型工农城乡关系"①。党的二十大报告进一步强调,"全面建设社会主义现代化国家,最艰巨最繁重的任务仍然在农村。坚持农业农村优先发展,坚持城乡融合发展,畅通城乡要素流动"②。

黄顺君副教授撰写的《乡村振兴战略背景下城乡融合发展的实现路径研究》一书正是在此背景下诞生的一部高水平理论著作,是一部比较全面系统研究城乡融合发展和乡村振兴战略的学术专著。该书以马克思主义共生哲学为理论背景,以习近平总书记关于"三农"、乡村振兴和城乡关系等系列重要论述为指导,以乡村振兴战略为实践背景,回顾了新中国成立以来我国城乡关系的历史进程,阐明了新时代我国城乡融合发展的努力方向,对乡村振兴战略背景下城乡融合发展的理论基础、基本问题、实践路径及相关重要问题进行了较为全面系统的研究,提出了诸多创新性观点。总体而言,该书有以下几个方面的突出亮点:

一、紧扣时代主题和现实问题,破题视角独特新颖。城乡关系是建立在一定社会经济发展形态下的城市与乡村之间相互作用、相互影响和相互制约的共生关系。长期以来,西方学术界把城乡关系局限于资本主义私有制经济结构的狭隘视域中,将城市与乡村看作两个对立的范畴,因此城乡二元结构理论成为西方学界阐述城乡关系的主导范式,主要表现为经济学科中的以城市中心主义为基础的城乡一体化、地理经济学中的城市化偏向的空间规划以及社会学视角中的城乡二元对立的社会结构范式。从哲学思维范式上说,城乡二元结构理论是一种建立在城乡二元对立结构基础之上的主客二分的思维范式。习近平总书记指出:"不管工业化、城镇化进展到哪一步,农业都要发展,乡村都不会消亡,城乡将长期共生并存"。③ 本书紧密结合新时代我国城乡融合发展目标和构建新型城乡关系这一重大战略,结合传统城乡关系的历史背

---

① 《习近平著作选读》第二卷,人民出版社 2023 年版,第 82 页。
② 《习近平著作选读》第一卷,人民出版社 2023 年版,第 25 页。
③ 《习近平谈治国理政》第三卷,外文出版社 2020 年版,第 257 页。

景和乡村振兴战略的时代背景,基于马克思主义共生哲学思维范式的理论视角,试图重构新时代中国城乡融合发展研究的理论范式,突破城乡主客二元分离研究范式的束缚,提出了以城市与乡村的对象性共在共生关系为基础的多元主体融合共生的研究范式。

二、逻辑清晰观点鲜明,注重理论与实践的有机融合。本书紧紧围绕"城乡融合发展"这个研究主题,以乡村振兴为实践背景,将生态学中"共生单元—共生关系—共生界面—共生环境"的共生分析范式,与马克思主义发展哲学有机融合起来,形成了马克思主义共生哲学研究分析范式,具体表现在:

在理论逻辑上,该书将生物生态共生学、马克思主义社会发展理论和新发展理念有机结合,从人的存在方式即人的感性对象性实践活动角度,重构了城乡关系的存在论基础,深刻揭示城乡共生关系的存在论根源,坚持在人的感性对象性实践活动基础上构建新型城乡关系,激发"三农"发展的主体性,努力形成多元主体融合共生发展的新型城乡关系,从而解构了城乡融合发展的资本逻辑,破除了对西方城乡二元结构分析范式的迷思,同时也为新时代我国城乡融合发展构建了坚实的马克思主义理论基础;在实践逻辑上,本书将构建多元主体融合共生发展的新型城乡关系置于乡村振兴战略的总体目标之中,以激发"三农"发展的主体性为实践原则,以乡村产业、生态、文化、治理、生活及制度供给为共生发展单元,以城乡融合发展的动力、质量、水平差距、空间、价值(正义)和机制为实践路径,在产业、人才、生态、文化及组织等各个方面协同推进乡村全面振兴,超越城乡二元结构,坚持构建新型城乡关系的实践共生,坚持新型城镇化战略与乡村振兴战略"双轮驱动"的实践共生,坚持新型工业化、信息化(数字化)、城镇化和农业现代化的实践共生。

三、研究层次丰富翔实,研究方法系统科学。城乡融合发展是一个涉及多元主体融合共生发展的复杂系统,需要运用多角度和多种方法,单一角度和单一方法是不行的。本书在坚持问题导向的同时树立系统观念,认为城乡融合发展是一个城乡命运共同体或复杂共生体的发展,立足于乡村振兴战略又不拘泥于乡村振兴战略,从不同领域(经济—政治—文化—社会—生态)、不同维度(机理—机制)、不同结构(主体内生—客体外生)、不同层面(城乡融合整体—乡村振兴部分)和不同空间(东部—中西部)对乡村振兴战略背景下城乡融合共生发展的实践路径进行研究,从而使得整个研究层次丰富、系统、翔实。坚持复杂系统理念就必须坚持复杂系统分析方法。在坚持辩证唯物主义和历史唯物主义研究方法基础上,本书还借用了生物生态共生学、经济学、空间地理学和社会学的相关理论和研究方法,坚持定性的规范分析与定量的计量分析、理论逻辑推演与实证案例支撑的有机结合,从而得到相对全面、扎实和可靠的研究结论。

总之,我认为,本书是集理论逻辑分析与实践经验总结为一体的,写在新时代中国大地上的一本厚重的学术著作。本书的出版将有助于进一步丰富和拓展我国城乡融合发展和乡村振兴战略的研究工作,可以为构建新时代城乡融合发展以及乡村振兴战略的政策体系提供参考,对从事城乡融合和乡村振兴战略以及相关研究的马克思主义理论、哲学、经济学、社会学等领域的学者都有一定的参考价值,也可作为乡村振兴和城乡融合发展实践工作者的提升性读物。

(序作者为上海交通大学马克思主义学院教授,博士生导师,全国经济哲学研究会副会长)

目　　录

导　　论

马克思说:"城乡关系的面貌一改变,整个社会的面貌也跟着改变。"①城乡融合发展作为新时代乡村振兴战略背景下提出的一个重大现实发展问题,为我国城乡关系发展和构建新型城乡关系指明了前进的目标和行动的方向。如何实现城乡融合发展目标,构建新型城乡融合发展关系,基于不同的哲学理论逻辑视域会有不同的实践逻辑路径。对此,我们认为,实现城乡融合发展目标和构建新型城乡关系,要在马克思主义共生哲学的理论背景下,以习近平生态文明思想为指导,以乡村振兴战略为时代背景,以新时代我国城乡关系取得的成就和所面临的问题为起点,以实现城乡全体人民的全面自由发展为终极目标,才能够为新时代城乡融合发展目标和构建新型城乡融合发展关系提供一条有效的实现路径。

一、研究背景与意义

(一)研究背景

马克思说:"问题是时代的格言,是表现时代自己内心状态的最实际的呼声。"②

---

① 《马克思恩格斯文集》第 1 卷,人民出版社 2009 年版,第 618 页。
② 《马克思恩格斯全集》第 1 卷,人民出版社 1995 年版,第 203 页。

习近平说:"问题是创新的起点,也是创新的动力源。"①进入新时代以来,以习近平同志为核心的党中央高度重视城乡发展,2017 年,党的十九大报告明确提出:"我国社会主要矛盾已经转化为人民日益增长的美好生活需要和不平衡不充分的发展之间的矛盾。"②其中,"最大的不平衡是城乡发展不平衡,最大的不充分是农村发展不充分",③并适时提出乡村振兴战略,"要坚持农业农村优先发展,按照产业兴旺、生态宜居、乡风文明、治理有效、生活富裕的总要求,建立健全城乡融合发展体制机制和政策体系,加快推进农业农村现代化。"④在 2018 年的中央一号文件和中共中央、国务院印发的《乡村振兴战略规划(2018—2022 年)》中都明确提出实施乡村振兴战略必须坚持"城乡融合发展"原则,"加快形成以工促农、以城带乡、工农互惠、城乡一体的新型工农城乡关系"。⑤ 2019 年,中共中央、国务院发布了《关于建立健全城乡融合发展体制机制和政策体系的意见》(以下简称《融合发展意见》),为新时代完善城乡融合发展政策体系提出了明确的制度框架。⑥ 在此后的 2019—2023 年中央一号文件中及 2021 年发布的"十四五"规划纲要之中,党和国家多次强调乡村振兴战略要坚持"城乡融合发展"原则,促进城乡融合发展。⑦ 2022年,党的二十大报告再一次明确强调要"坚持农业农村优先发展,坚持城乡融合发展,畅通城乡要素流动。"⑧

如何正确认识城乡融合发展与乡村振兴战略之间的内在逻辑关联,如何

---

① 《习近平关于社会主义文化建设论述摘编》,中央文献出版社 2017 年版,第 80 页。

② 《习近平谈治国理政》第三卷,外文出版社 2020 年版,第 9 页。

③ 《习近平谈治国理政》第三卷,外文出版社 2020 年版,第 256 页。

④ 《习近平谈治国理政》第三卷,外文出版社 2020 年版,第 25 页。

⑤ 《习近平关于社会主义经济建设论述摘编》,中央文献出版社 2017 年版,第 202 页。

⑥ 参见《中共中央 国务院关于建立健全城乡融合发展体制机制和政策体系的意见》,《中华人民共和国国务院公报》2019 年第 14 期。

⑦ 参见《中华人民共和国国民经济和社会发展第十四个五年规划和 2035 年远景目标纲要》,人民出版社 2021 年版。

⑧ 习近平:《高举中国特色社会主义伟大旗帜 为全面建设社会主义现代化国家而团结奋斗——在中国共产党第二十次全国代表大会上的报告》,人民出版社 2022 年版,第 31 页。

协同推进乡村振兴战略与新型城镇化战略,如何构建城乡融合发展的理论体系,如何坚持农业农村优先发展,如何坚持农民的主体地位,如何激发乡村发展的主体性,如何完善城乡融合发展的体制机制,如何构建城乡融合发展实现路径等一系列问题都是乡村振兴战略新时代背景下实现城乡融合发展亟须解决的重大现实问题。在上述相关问题之中,城乡融合发展的理论基础和实践路径尤为关键和重要。结合国内外城乡关系研究文献,在马克思主义共生哲学视域下对城乡融合发展进行系统研究的比较少,基于乡村振兴战略视角的则相对更少。毋庸置疑,从马克思主义共生哲学角度上看,城市与农村是相伴而生、相互促进、相互融合发展的"共生有机体"或者"命运共生体"。本书以马克思主义共生哲学为理论背景,以习近平生态文明思想,习近平总书记关于"三农"、乡村振兴和城乡关系等系列重要论述为指导,并充分吸收和借鉴中外生态共生学、生态地理学和生态规划学等相关理论,结合新时代我国城乡融合发展实际情况,全面系统深入地研究了乡村振兴战略背景下我国城乡融合发展的理论历史逻辑及实践实现路径。

(二)研究意义

任何一项学术研究,都有其自身独特的研究视角和特定的研究目的。本书全面深入研究基于乡村振兴战略背景下城乡融合发展的理论和历史逻辑,系统分析基于乡村振兴战略背景下城乡融合发展的现实困境和实践路径;既夯实了乡村振兴战略背景下城乡多元主体共生融合发展的理论逻辑,又深入剖析了城乡二元结构对立非互惠性共生融合发展的历史逻辑;既筑牢新型城镇化战略和乡村振兴战略"双轮驱动"协同共生融合发展的实践逻辑,又为最终构建新型城乡关系即构建城乡对象性或互主体性共生融合发展关系提供理论分析和实践指导。

1. 理论意义

研究城乡融合发展,既是守正创新马克思主义城乡融合发展理论的时代需要,又是丰富拓展习近平新时代中国特色社会主义思想的理论需要。马克思说:"一切发达的、以商品交换为媒介的分工的基础,都是城乡的分离。"①本书以马克思主义共生哲学为理论观照,城乡作为主体,是一个在人类物质生产实践中相互生成的,而非先天或先验预成的;城乡作为关系,在本质上是一种对象性共生关系,乡村共生性孕育着城市,城市则共生性发展着乡村,即一种在主体上平等、价值上等值、功能上互补、循环上互惠的对象性共生关系;在理论关系上,城乡关系在理论本质上则是一种对象性共生的主体活动理论,而不是一种非对象性共生即主体对客体的改造理论;城乡(主客)二元理论分析范式只是对城乡分离和对立关系在理论上的历史反映,并非适应人类未来城乡新型关系的科学理论,在本质上是一个非对象性或非互主体性共生的融合发展理论。因此,夯实新时代我国城乡融合发展的哲学理论基础,必须突破城乡二元非对象性或非互主体性共生的融合发展理论,即非无城市主体性的乡村社会,又非无乡村主体性的城市社会,而是在坚持乡村和城市各自发展的主体性基础上的城乡多元主体融合共生体抑或构建城乡命运共同体。

2. 现实意义

构建城乡融合发展的实现或实践路径是破解中国城乡二元结构的现实需要,更是新时代构建新型城乡关系的现实需要。从现代化文明进程角度上看,城乡二元结构矛盾体的运动、变化和发展是推动人类文明进入现代化城市文明和工业文明以来发展的主题和主线,城乡关系一直处于主客二元"分离—对立"的关系之中,城市是推动城乡发展的绝对主体,乡村则丧失主体性成为发展的客体。对于我国来说,城乡二元结构的长期存在,使城镇发展的主体性过强,乡村发展的主体性不足,进而在融合过程中出现农业"碎片化"、乡村"空心化"等现实问题。换言之,新时代我国城乡融合发展的关键要害在于城镇主体性过强抑或乡村发展主体性不足。当前我国城乡关系正处于从城乡对

---

① 《马克思恩格斯文集》第5卷,人民出版社2009年版,第408页。

立到城乡融合发展的关键时期,而要构建城乡对象性或互主体性共生融合发展关系的重点难点痛点都在乡村。因此,如何基于乡村振兴战略视角探索城乡融合发展的实现或实践路径,就成为新时代促进城乡一体化发展亟待解决的重大问题,是新时代全面推进乡村振兴的必然选择,也是构建新型城乡关系的内在要求。

二、文献综述

城乡关系不仅仅是人类现代化进程中一个重大发展问题,同时也是人类现代化进程中一个重大理论问题,受到了学者的广泛关注。现代城市产生以来,人们对城乡融合发展的讨论就相伴而来。尤其是乡村振兴战略提出以来,关于城乡融合发展与乡村振兴更是受到学者们的广泛关注,产生了一大批丰富成果。本书主要从城乡关系、乡村振兴和共生哲学理论三个方面作一个文献综述,以便为马克思主义共生哲学视域下城乡融合发展的理论分析框架奠定坚实的学术基础。

(一)关于城乡关系的研究综述

城乡关系历来是马克思主义哲学、经济学、政治学、社会学等研究的重点话题。在中国式现代化进程中,城乡二元结构一度是制约我国城乡融合高质量发展的主要障碍。所谓城乡二元结构,是指建立在工农分工和城乡分离基础之上的经济社会发展结构,特指我国城乡之间资源要素交换流动和功能处于二元对立状态,抑或一种非对象性或非互主体性共生融合发展关系。乡村振兴战略旨在破除城市偏向的城乡二元对立性共生融合发展结构,逐步缩小城乡发展差距,进而实现城乡之间互融互通、相辅相成、相互促进的融合共生发展状态。

1.国外学者关于城乡关系的研究综述

国外对城乡关系研究的比较早且丰富,主要集中在经济学、政治学和社会学三个学科领域,在研究阶段上体现为"两分两合"四个发展阶段。本书主要依据西方城乡关系发展的历史逻辑,重点梳理以下四个阶段的理论。

第一阶段是 16 世纪到 18 世纪中期城乡关系理论萌芽和溯源时期。

这一阶段城乡关系理论主要代表是斯密的"自然顺序理论"。根据自然法理论,斯密认为城乡关系是一种自然顺序。斯密说:"按照事物的自然趋势,每个处于发展中社会的大部分资本的投入顺序,首先是农业,其次是工业,最后是国外贸易。……正是城镇里那些粗糙的制造业的持续经营,才使人们投身于国外贸易。"①在斯密自然顺序理论看来,城市起源于乡村,城乡是基于产业分工而形成的互为市场的互利共生关系,城市与乡村和农业是按照一定比例发展的。

第二阶段是 18 世纪 70 年代到 20 世纪中期城乡对立协调均衡发展阶段。

第一,从空想社会主义的"城乡均衡协调发展理论"到马克思主义的"城乡融合发展理论"。面对城镇化和工业化带来的城乡对立和矛盾,空想社会主义者最早提出了城乡均衡协调发展的"试验区"理论。如莫尔的"乌托邦"社会、圣西门的城乡人口平等思想、傅立叶"法郎吉"的设计、欧文的"理性社会制度"与"共产主义新村"等城乡均衡协调发展"试验区"理论。尽管这些城乡关系理论具有理想性,甚至有一些乌托邦空想,却代表了人们对城乡关系均衡协调发展的最初设想,对后来城乡融合发展理论产生了重要影响。马克思在历史唯物主义基础之上对空想社会主义的城乡关系理想模式进行了科学论证,阐明了城乡融合发展的本质、基础和条件。在马克思看来,要实现城乡融合发展必须在资本主义所创造的社会生产力基础之上,消灭资本主义私有制、消灭城乡异化劳动分工,同时需要无产阶级劳动人民自身主体能力和精神文明极大增强和提高,才能够克服资本主义异化,从而自觉自愿控制社会生产力,只有这个时候才能实现城乡融合发展,进而实现人的自由全面发展。

---

① [英]亚当·斯密:《国民财富的性质及其原因的研究》(上卷),郭大力、王亚南译,商务印书馆 2002 年版,第 16 页。

第二，从霍华德的"田园城市"发展理论到芒福德的城乡一体化发展。在19世纪末20世纪初期，面对西方快速城镇化所带来的城市病和乡村病，霍华德在《明日：一条通向真正改革的和平之路》中系统阐述了他的"田园城市"理论，并描述了一个城市和乡村一体化发展的"明日"世界，霍华德提出："城市和乡村必须成婚，这种愉快的结合将迸发出新的希望，新的生活，新的文明。"①1961年美国著名地理学家芒福德立足城镇化立场，从保护自然生态环境出发认为城乡在发展地位上等同，指出城市与乡村不应该截然地对立分离开，而是应该有机地结合起来，还认为理想的城市花园是一个包括乡村一体化发展的生态城市模式。

第三，从舒尔茨的"城乡发展理论"到赖特的"广亩城市"思想。20世纪60年代，舒尔茨从农业与工业产业融合的角度提出了城乡协调发展理论。在其代表作《经济增长与农业》一书中，舒尔茨强调城乡发展的产业基础在于农业和工业同等重要，重工抑农政策会导致经济失衡、比例失调，最终导致城乡发展协调失衡。在舒尔茨的农业与工业协调发展基础之上，赖特则进一步提出了"广亩城市"和"区域统一体"设想。在他看来，城市发展与其采取集约化集中发展模式，不如采取一种相对分散的、低密度的、可实现居住和就业相结合的融合发展模式；城镇化固然要以城市发展为主体，但是城镇化发展并不意味着单纯城市的发展，而是包括乡村在内大都市圈一体化发展，这样才能实现城乡协调平衡发展。

第三阶段是20世纪中期到20世纪70年代现代西方城乡二元关系发展理论。

第一，自上而下的城市偏向的城乡二元结构发展理论。20世纪中期，随着第二次世界大战后城镇化和工业化发展，城市中心主义和工业中心主义地位更加稳固，乡村发展和农业的地位更加被边缘化。这一时期，刘易斯的二元

---

① ［英］埃比尼泽·霍华德：《明日的田园城市》，金经元译，商务印书馆2010年版，第9页。

经济结构发展理论就是对西方城乡二元对立经济结构的理论反映。1954年，刘易斯在《劳动无限供给条件下的经济发展》一文中明确提出了"二元经济结构"理论思想，并被后人称为"刘易斯模式"，即无限供给模式，这成为分析城乡关系问题的一个经典模型。刘易斯认为，发展中国家城乡社会二元结构是建立在"传统农业"和"现代工业"两个经济部门或者农业与工业的二元经济结构基础之上的，由于现代工业工资高于传统农业的工资，传统农业部门的"剩余劳动力"会被现代工业部门全部吸纳，进而经济结构由"二元"转为"一元"。之后，拉尼斯和费景汉两位学者进一步深化改进了刘易斯二元经济结构模式，将其改进为三个演化阶段（劳动力无限供给——农业剩余转移减少——农业商业化），从而形成了"刘易斯——拉尼斯——费景汉"模型。该城乡二元经济结构模式一经提出，就得到西方经济学一致认可，成为西方经济学和社会学解读城乡二元经济结构的经典范式。由于"刘易斯——拉尼斯——费景汉"模型严重的城市偏向，使得西方在城镇化过程中，乡村和农业问题不但没有因为城市的发展而发展，反而使乡村病越来越严重。为了解决上述问题，西方学者在坚持城市偏向的城乡二元结构基础上，对"刘易斯——拉尼斯——费景汉"模型进行了进一步改进，分别提出了"乔根森模型""托达罗模型"与"城乡空间极化发展模型"。但是上述模型并没有从根本上改变城市偏向的城乡二元结构发展思维范式。

第二，自下而上的乡村偏向的城乡二元结构发展理论。为了在理论上解决自上而下的城市偏向的城乡二元结构发展在实践中带来城乡发展不平衡、乡村病和城市贫民窟的问题，自20世纪70年代以来西方学者作了积极的理论反思，提出了自下而上的乡村偏向的城乡二元结构发展理论。1975年，弗里德曼和道格拉斯提出乡村城市发展战略。[1] 在弗里德曼和道格拉斯看来，要让乡村获得更好的发展，就必须要彻底反思城市偏向的城乡二元

---

[1] Cf.Lipton, M.*Why Poor People Stay Poor*: "*Urban Bias in World Development*", Harvard University Press, 1977.

结构发展理论,把乡村地区与城市看作推动经济社会发展的两个极点;城镇作为非农业区和行政管理功能的主战场,只是推动经济社会发展的一个极点,还要坚持乡村中心主义立场,只有这样乡村才能够获得更好的发展空间。随着施特尔和泰勒选择性空间封闭发展理论①的提出,意味着乡村中心主义发展立场被正式明确提出来。在施特尔和泰勒的选择性空间封闭发展理论看来,为有效解决城乡发展不平衡,缩小城乡发展差距,实现城乡协调发展,既要适当地切断乡村地区与城市外部区域的联系,以此来减弱"城镇化极化效应"对乡村地区带来的消极影响;同时又要赋予乡村更为充分的自主选择权和决策权等,为充分开发和高效利用乡村的资源要素提供强有力的制度保障。

第四个阶段,20 世纪 70 年代以来,城乡互动关联发展理论。②

随着经济全球化,尤其是互联网经济的发展,城乡关系被置于新的经济社会环境中,城乡关系也从城乡二元结构进入城乡上下互动联合的融合发展阶段,其中这一阶段的主要代表学者观点有:普雷斯顿从城乡互动发展的角度探寻了影响城乡融合发展的诸多因素,提出城乡之间的上下相互作用主要应该体现城乡要素的融合发展,如"人、商品、资本的运动及社会交易、行政和服务的供应"③五个方面。岸根卓郎提出:"……要充分利用城市和农村这一强大的引力,形成融合,破除二者之间的界限,建设一个能够不断向前发展,总体环境优美的美好定居之地——作为自然—空间—人类系统的'城乡融合社会'。"④昂

---

① 　Cf.Stöhr W,Tödtling F.Spatial equity,"some antitheses to current regional development doctrine",In:H. Folmer,J. Oosterhaven,eds.*Spatial Inequalities and Regional Development Leiden*,Martinus Nijhoff,1978.

② 　参见梁梦宇:《新时代城乡融合发展的理论逻辑与实现路径研究》,吉林大学博士学位论文,2021 年。

③ 　Preston D A:"Rural-urban and inter-settlement interaction Theory and analytical structure".*Area*,1975,7(3),pp.171-174.

④ 　岸根卓郎:《迈向 21 世纪的国土规划:城乡融合系统设计》,高文琛译,科学出版社 1990 年版,第 49 页。

温与波特构建了"城乡间的相互作用、联系、流动"的分析框架。① 进入 20 世纪 80 年代,麦基提出"desakota",它具有"似城非城、似乡非乡"的特征,这在一定程度上突破了城乡之间的地域空间界限②。道格拉斯提出了区域网络发展战略,强调要改善城乡基础设施网络,以此发挥好"人、生产、商品、资金和信息流"对城乡互动关联的导向作用,促使城乡上下之间互动实现良性循环。③ 塞特思威特与塔科里则构建了城乡相互作用与区域发展的关联模式,强调要发挥中小城镇对缓解乡村贫困问题的作用;同时明确指出城乡是人员、资金、信息等各方面"联系"与"流"不断相互作用的连续体。④ 林奇则指出,城乡间的相互作用主要是通过"食物流、资源流、人流、观念流、资金流"来体现等。⑤

总之,在坚持上下互动的城乡关联融合发展理论的学者们看来,城乡融合发展的关键在于城乡之间人口、商品、资本、信息等要素的自由流动,也只有这样才能够有效破解自上而下的城市偏向的城乡二元结构和自下而上的乡村偏向的城乡二元结构对城乡融合关系发展的消极影响,因而也成为了城乡融合发展的关键因素和主要实现路径。

2.国内学者关于城乡关系的研究综述

国内对"城乡关系"问题的研究主要是在改革开放以后才引起关注的。进入 21 世纪以来,逐渐成为学术界的重点话题。当前,国内学界对城乡关系

---

① Unwin T. , "Urban-rural interaction in developing countries: A theoretical perspective", In: R. B. Potter, T. Unwin, eds.*The Geography of urban-rural interaction in developing countries*, "*Essays for Alan B. Mountjoy*", London, Routledge, 1989.

② 参见魏清泉:《城乡融合发展的动态过程——经济结构与城乡关系的改变》,《城市研究》1998 年第 2 期。

③ Cf.Douglass M. "A regional network strategy for reciprocal rural-urban linkages", "An agenda for policy research with reference to Indonesia", *Third World Planning Review*, 1998, 20(1), pp.1-33.

④ Cf.Satterthwaite D, Tacoli C. , "The urban part of rural development", "The role of small and intermediate urban centres in rural and regional development and poverty reduction", *IIED Working Paper*, No.9, 2003.

⑤ Cf.Lynch K. , *Rural-urban interaction in the developing world*, London, Routledge Press, 2005.

研究在学科上主要集中在马克思主义、经济学、地理学、社会学和政治学等学术视角,在议题上主要关注城乡二元结构、新型城镇化、城乡融合发展及乡村振兴等方面的问题,可以细分为四个研究阶段。[①]

第一,20 世纪 80 年代对城乡二元结构的研究。

改革开放以来,随着我国农村改革的逐渐深入,农村生产力的极大解放,农村经济的迅速发展,乡镇企业的异军突起,城乡二元结构对经济社会发展的弊端也日益凸显,学界对城乡二元结构的消极影响也高度重视起来。自从 1983 年苏南率先提出城镇一体化概念以来,学界围绕城乡协调发展的国际经验、具体模式和实现路径进行了深入的探讨和研究。这一时期,主要代表学者和观点如费孝通先生提出要积极实现小城镇与乡镇企业有机融合,以便农民以"离土不离乡"的方式实现城乡协调发展。[②] 刘纯彬(1988)认为中国的城乡二元结构是全面的、系统性存在的,不仅表现在户籍、粮食供给和副食品方面,而且也表现在教育、医疗、社会保障、劳动就业甚至婚姻制度方面。[③]

第二,20 世纪 90 年代以来对城乡经济社会发展的研究(1992—2002)。

进入 20 世纪 90 年代以来,尤其是党的十四大以来,随着中国特色社会主义市场经济体制的初步建立,对城乡经济社会一体化提出越来越高的要求,尤其是随着国外城乡关系发展理论的引进和介绍,学者们对中国城乡二元结构研究也越来越深入。这一时期,主要代表性学者和观点有:一是周尔鎏、张雨林(1991)对改革开放实践过程中涌现出来的苏南模式、珠江模式、温州模式、宝鸡模式等城乡协调发展模式进行了系统全面的研究;[④]二是周叔莲、金碚(1993)对国外城乡经济关系理论作了比较深入系统的分析研究;[⑤]三是 1993

---

① 参见王颂吉:《中国城乡双重二元结构研究》,西北大学博士学位论文,2014 年。

② 20 世纪 80 年代,费孝通先生发表了《小城镇大问题》《小城镇再探索》《小城镇新开拓》等一系列文章,引起了学术界对小城镇和乡镇企业研究的关注。

③ 参见刘纯彬:《二元社会结构·城乡关系·工业化城市化》,《理论内参》1988 年第 6 期。

④ 参见周尔鎏、张雨林:《城乡协调发展研究》,江苏人民出版社 1991 年版。

⑤ 参见周叔莲、金碚主编:《国外城乡经济关系理论比较研究》,经济管理出版社 1993 年版。

年国家计委经济研究所课题组在对中国城乡二元结构矛盾的历史由来、现状和困境进行了全面系统深入的考察基础之上,提出的"双层分离式"工业化战略设想;①四是1994年中国科学院国情分析研究小组分析了中国特色城乡二元结构中的矛盾问题,提出深化城乡二元体制机制改革是实现城乡协调发展的重要路径;②五是陈吉元、韩俊等(1996)分析了我国城乡分割体制的形成机理与现实困境,并提出了实现城乡协调发展的渐进式改革策略。③

第三,21世纪对城乡统筹一体化和城镇化发展的研究(2002—2012)。

进入21世纪以来,随着我国加入世界贸易组织,我国经济社会发展由此全面融入全球化进程之中,对我国城乡经济社会一体化提出了更高的要求。与此同时,城乡二元结构对我国城乡经济社会的负面影响随着我国经济社会发展愈发严重,城乡发展的差距进一步拉大,"三农"问题也愈发凸显,党中央对城乡二元结构和"三农"高度重视,国内学术界围绕城乡统筹、城乡协调及城乡一体化等命题进行了深入研究,从而为新时代城乡融合发展的研究积累了深厚的学术基础。洪银兴(2007)等人对进入21世纪以来我国城乡统筹和协调发展方面进行了深入探讨,提出了"工业反哺农业、城市反哺农村"的发展路径。④ 高帆(2007)等人认为城乡二元结构根本在于农业与工业分工的城乡二元经济结构,具有"高强度和超稳态的特征。"⑤厉以宁(2008)等人认为城乡二元结构改革是一项具有根本性质的经济体制改革,城乡一体化是城乡体制变革的方向。⑥ 朱志萍(2008)认为城乡二元结构不仅是一种经济结构,

---

① 参见国家计委经济研究所课题组:《二元结构矛盾与90年代的经济发展》,《经济研究》1993年第7期。

② 参见中国科学院国情分析研究小组:《城市与乡村——中国城乡矛盾与协调发展研究》,科学出版社1994年版。

③ 参见陈吉元、韩俊等:《人口大国的农业增长》,上海远东出版社1996年版。

④ 参见洪银兴:《工业和城市反哺农业、农村的路径研究》,《经济研究》2007年第8期。

⑤ 参见高帆:《交易效率、分工演进与二元经济结构转化》,上海三联书店2007年版,第64—72页。

⑥ 参见厉以宁:《论城乡二元体制改革》,《北京大学学报(哲学社会科学版)》2008年第2期。

而且是具有经济结构和社会结构的"双重性二元结构"①。白永秀、王颂吉（2010,2013）等人认为城乡二元结构表现为经济、社会、政治及文化的"城乡四重二元经济结构"②。熊小林（2010）等人认为城镇化是推动城乡统筹和协调发展的动力机制。③

第四,新时代对城乡融合发展的研究（2012年以来）。

进入新时代以来,随着我国经济社会发展进入新常态,我国城乡经济社会也进入城乡融合发展新阶段,学界围绕城乡融合进行了多方面的研究。在关于城乡融合内涵方面,陈文胜（2018）④、杨志恒（2019）⑤和高帆（2019）⑥等认为城乡融合发展是一种城乡共建共治共享发展状态,超越传统城乡二元结构中的城市与乡村中心主义的二律背反,在本质上是一种城乡双向的流动或互动的新型城乡关系。在城乡融合的因素方面,高波、孔令池（2019）⑦、刘明辉和卢飞（2019）⑧等人认为城乡二元结构的户籍、财政、土地、基础设施及基本公共服务是影响和制约我国城乡融合发展的根本性的制度因素。在实现城乡融合发展路径上,王艳飞、刘彦随（2016）⑨、叶兴庆（2018）⑩和魏后凯

① 参见朱志萍:《城乡二元结构的制度变迁与城乡一体化》,《软科学》2008年第6期。
② 参见白永秀:《城乡二元结构的中国视角:形成、拓展、路径》,《学术月刊》2012年第5期。
③ 参见熊小林:《统筹城乡发展:调整城乡利益格局的交点、难点及城镇化路径——"中国城乡统筹发展:现状与展望研讨会暨第五届中国经济论坛"综述》,《中国农村经济》2010年第11期。
④ 参见陈文胜:《中国迎来了城乡融合发展的新时代》,《红旗文稿》2018年第8期。
⑤ 参见杨志恒:《城乡融合发展的理论溯源、内涵与机制分析》,《地理与地理信息科学》2019年第4期。
⑥ 参见高帆:《中国新阶段城乡融合发展的内涵及其政策含义》,《广西财经学院学报》2019年第1期。
⑦ 参见高波、孔令池:《中国城乡融合发展的经济增长效应分析》,《农业技术经济》2019年第8期。
⑧ 参见刘明辉、卢飞:《城乡要素错配与城乡融合发展——基于中国省级面板数据的实证研究》,《农业技术经济》2019年第2期。
⑨ 参见王艳飞、刘彦随、严镔:《中国城乡协调发展格局特征及影响因素》,《地理科学》2016年第1期。
⑩ 参见叶兴庆:《新时代中国乡村振兴战略论纲》,《改革》2018年第1期。

(2021)①等人认为实现城乡融合发展要正确处理好政府与市场的关系,充分发挥市场的基础作用,更好地发挥政府的服务作用;建构城乡融合发展体制机制是实现城乡融合发展的根本制度路径。张红宇(2018)②和张海鹏(2019)③等人认为实现城乡资源要素双向自由流动和平等交换是实现城乡融合发展的基础和前提。陈潭(2021)④高帆(2022)⑤等人认为数字经济、智慧城市和数字乡村建设是实现城乡融合发展的重要新生力量和重要融合发展路径。

(二)关于乡村振兴战略的研究综述

自党的十九大提出乡村振兴战略以来,学界掀起了乡村振兴研究高潮,出版了大量学术研究专著,发表了大量高质量学术期刊论文,其研究热度有增无减,使我们对新时代"三农"问题和新型城乡关系的研究更加全面更加系统更加深入。目前,学界关于乡村振兴战略的研究主要从以下几个方面来展开:⑥

1. 关于乡村振兴战略的背景和意义的研究

当前学术界关于乡村振兴战略研究的背景主要有"国际因素论""时机条件论""社会矛盾论"和"历史必然论"四种代表性说法,对乡村振兴战略的意义主要从世界、理论、战略及其现实意义等四个方面来阐述。⑦ 习近平总书记关于"三农"和乡村振兴战略的系列重要论述是学者们研究"三农"和乡村振兴战略的背景和意义的理论依据,具体体现为以下代表性观点:郭晓

---

① 参见魏后凯:《新中国农业农村发展研究70年》,中国社会科学出版社2021年版。
② 参见张红宇:《乡村振兴战略与企业家责任》,《中国农业大学学报》(社会科学版)2018年第1期。
③ 参见张海鹏:《中国城乡关系演变70年:从分割到融合》,《中国农村经济》2019年第3期。
④ 参见陈潭:《数字时代城乡融合发展的着力点与新路径》,《人民论坛·学术前言》2021年第2期。
⑤ 参见高帆:《三大历史性趋势下的中国城乡融合发展路径》,《探索与争鸣》2022年第9期。
⑥ 参见刘欢:《乡村振兴视域下乡风文明建设研究》,吉林大学博士学位论文,2021年。
⑦ 参见吴佩芬:《十九大以来我国乡村振兴战略研究综述》,《农业经济》2021年第1期。

鸣、张克俊(2018)①和钟钰(2019)②等认为,乡村振兴战略是马克思主义城乡融合发展的理论逻辑,是我国乡村建设、城乡发展历史逻辑和新时代解决城乡发展不平衡的现实逻辑相互结合的产物。唐任伍(2018)③、陈龙(2018)④和范建华(2018)⑤等认为乡村振兴战略是实现中华民族伟大复兴的必然要求,是传承中华优秀传统乡村文明的需要,是破解城乡二元结构的需要,更是实现当代中国均衡可持续和充分发展的需要。魏后凯(2018)⑥、黄祖辉(2018)⑦、叶兴庆(2018)⑧、陈锡文(2019)⑨、韩长赋(2019)⑩和韩俊(2018)⑪等认为实施乡村振兴战略是解决当前我国社会主要矛盾的需要,是解决城乡发展不平衡和农村发展不充分的需要;是新时代全面解决"三农"问题的需要,是实现农业农村现代化的需要,是全面建设社会主义现代化强国的需要。总之,学者们一致认为实施乡村振兴战略是新时代解决我国社会主要矛盾和破解城乡二元结构的需要,是解决"三农"问题和促进中国式现代化发展的需要,因此具有重大意义。

2. 关于乡村振兴战略科学内涵的研究

当前学术界关于乡村振兴战略的科学内涵主要有"十二字方针总要求

---

① 参见郭晓鸣、张克俊、虞洪:《实施乡村振兴战略的系统认识与道路选择》,《农村经济》2018 年第 1 期。

② 参见钟钰:《实施乡村振兴战略的科学内涵与实现路径》,《新疆师范大学学报(哲学社会科学版)》2019 年第 5 期。

③ 参见唐任伍:《新时代乡村振兴战略的实施路径及策略》,《人民论坛·学术前沿》2018 年第 3 期。

④ 参见陈龙:《新时代中国特色乡村振兴战略研究》,《西北农林科技大学学报》(社会科学版)2018 年第 3 期。

⑤ 参见范建华:《乡村振兴战略的时代意义》,《行政管理改革》2018 年第 2 期。

⑥ 参见魏后凯、闫坤:《中国农村发展报告(2018)》,中国社会科学出版社 2018 年版。

⑦ 参见黄祖辉:《准确把握中国乡村振兴战略》,《中国农村经济》2018 年第 4 期。

⑧ 参见叶兴庆:《新时代中国乡村振兴战略论纲》,《改革》2018 年第 1 期。

⑨ 参见陈锡文主编,魏后凯、宋亚平副主编:《走中国特色社会主义乡村振兴道路》,中国社会科学出版社 2019 年版。

⑩ 参见韩长赋:《新中国农业发展 70 年》,中国农业出版社 2019 年版。

⑪ 参见韩俊等:《实施乡村振兴战略五十题》,人民出版社 2018 年版。

说""升级发展说""三层次""四层次""七层次"和"系统说"等代表性观点。习近平总书记在党的十九大报告中提出关于"产业兴旺、生态宜居、乡风文明、治理有效、生活富裕"的十二字方针是乡村振兴战略的"总要求",是乡村振兴科学内涵的理论依据,也是乡村振兴战略的主要内容,①学者的相关研究有以下代表性观点:朱泽(2017)②等认为,实现乡村振兴战略,产业兴旺是根本出路,生态宜居是紧迫任务,乡风文明是内在要求,治理有效是重要保障,生活富裕是主要目的。李周(2018)③、王一铮(2019)④、叶敬忠(2018)⑤和蒋永穆(2018)⑥等认为新时代乡村振兴战略的"十二字方针"是社会主义新农村建设的升级版,是新时代"三农"工作的总抓手,主要内容是实现产业、生态、文化、组织及人才等五个方面的振兴,在本质上是解决新时代社会主义主要矛盾进而实现城乡融合发展的问题。李长学(2018)⑦、马义华和曾洪萍(2018)⑧、徐美银(2019)⑨等认为乡村振兴战略的"十二字方针"体现了系统观,是农业、农村和农民现代化的统一,是历史与现实的统一,是乡村振兴战略与新型城镇化战略的统一,是城乡融合与中国式现代化的统一。张建伟和图登克珠(2020)⑩等认为"总要求"的五方面是一个有机整体,其中产业兴旺是重点,生态宜居是关键,乡风文明是保障,治理有效是基础,生活富裕是根本。

---

① 参见《习近平谈治国理政》第三卷,外文出版社 2020 年版,第 258 页。

② 参见朱泽:《大力实施乡村振兴战略》,《中国党政干部论坛》2017 年第 12 期。

③ 参见李周:《乡村振兴战略的主要含义、实施策略和预期变化》,《求索》2018 年第 2 期。

④ 参见王一铮:《新型现代性的乡村振兴》,《社会科学战线》2019 年第 6 期。

⑤ 参见叶敬忠:《乡村振兴战略:历史沿循、总体布局与路径省思》,《华南师范大学学报(社会科学版)》2018 年第 2 期。

⑥ 参见蒋永穆:《基于社会主要矛盾变化的乡村振兴战略:内涵及路径》,《社会科学辑刊》2018 年第 2 期。

⑦ 参见李长学:《"乡村振兴"的本质内涵与逻辑成因》,《社会科学家》2018 年第 5 期。

⑧ 参见马义华、曾洪萍:《推进乡村振兴的科学内涵和战略重点》,《农村经济》2018 年第 6 期。

⑨ 参见徐美银:《乡村振兴战略的科学内涵、动力机制与实现路径研究》,《农业经济》2019 年第 12 期。

⑩ 参见张建伟、图登克珠:《乡村振兴战略的理论、内涵与路径研究》,《农业经济》2020 年第 7 期。

3.关于乡村振兴战略的主要困境的研究

当前学界围绕乡村振兴战略所面临的困境、障碍和短板从经济、政治、文化、社会及生态等方面进行了全方面的系统研究。贺雪峰(2018)[1]、慕良泽和赵勇(2019)[2]等认为城乡二元结构和制度是造成城市和乡村内部的发展不平衡不协调的重要制度性原因,是实现乡村振兴战略最大的体制机制障碍。魏后凯和郜亮亮等(2018)[3]认为乡村基础设施落后、乡村公共服务不均衡、乡村科技与人才短缺、乡村文化衰落、乡村环境治理能力不足等方面是当前乡村振兴战略存在的主要短板。曲延春和王海镔(2018)[4]等认为农业供给质量不高、农民持续增收困难加大、乡村公共产品供给不足、乡村治理有效能力不强等问题是当前乡村振兴面临的主要困境和障碍。崔日明和韩渊源(2019)[5]等认为当前农村集体经济的"空壳化"、农村集体土地制度、产业规划制度及管理制度等方面的困境是实现乡村振兴战略的一个短板。周晓光(2019)[6]和孔韬(2019)[7]等认为乡村振兴人才缺乏是乡村振兴战略一个重大短板,而乡村振兴战略所需要的人才总量不足、人才素质不高、人才结构不优则是乡村振兴人才短缺的主要表现。韩楠(2019)[8]和孔祥智(2019)[9]等认为缺乏强有力的

[1]　参见贺雪峰:《城乡二元结构视野下的乡村振兴》,《北京工业大学学报(社会科学版)》2018年第5期。

[2]　参见慕良泽、赵勇:《乡村振兴的历史基础和现实策略》,《广西大学学报(哲学社会科学版)》2019年第1期。

[3]　参见魏后凯、郜亮亮等:《"十四五"时期促进乡村振兴的思路与政策》,《农村经济》2020年第8期。

[4]　参见曲延春、王海镔:《乡村振兴战略:价值意蕴、当前困局及突破路径》,《江淮论坛》2018年第5期。

[5]　参见崔日明、韩渊源:《乡村振兴战略下农村集体经济的发展路径研究》,《农业经济》2019年第5期。

[6]　参见周晓光:《实施乡村振兴战略的人才瓶颈及对策建议》,《世界农业》2019年第4期。

[7]　参见孔韬:《乡村振兴战略背景下新兴职业农民培育的困境与出路》,《中国职业技术教育》2019年第6期。

[8]　参见韩楠:《乡村振兴战略中农村金融发展存在的问题及对策》,《农业经济》2019年第5期。

[9]　参见孔祥智:《实施乡村振兴战略的进展、问题与趋势》,《中国特色社会主义研究》2019年第1期。

金融和资本支撑是当前乡村振兴战略的一个困境所在,主要面临的困境有乡村金融体制机制不健全、金融产品创新不足、金融人才匮乏和乡村征信信用体系建设不完善、工商业和社会资本下乡难等现实困境。

4. 关于乡村振兴战略的实践路径的研究

当前学界对乡村振兴战略的实践路径的研究主要围绕"十二字方针"来展开,涉及乡村产业、生态、文化、治理和民生五个方面的振兴,主要有"二重""三重""四重""五重""六重"等路径。[1] 刘合光(2018)[2]等认为要注意循序渐进,注重发挥各类主体的积极作用。马义华和曾洪萍(2018)[3]等认为实现乡村产业兴旺需要发挥农村集体经济积极作用。郭晓鸣、张克俊(2018)[4]和唐坚(2019)[5]等认为要特别注重乡村振兴的内外路径协同,要正确处理好城市与乡村、政府与市场、发展与保护、长远与当前的辩证关系。聂继红、吴春梅(2018)[6]和唐丽霞(2021)[7]等认为要正确处理好"人""地""钱"的辩证关系,培育乡村振兴人才、改革农村土地制度和做好城市资本下乡是实现乡村振兴的有效路径。刘儒、刘江和王舒弘(2020)[8]等认为要坚持和加强党对"三农"工作的领导,积极深化农业供给侧结构性改革,健全乡村三治融合的治理体系,加强乡村振兴战略的制度供给。谭明方(2020)[9]等认为破解城乡二元结

---

① 参见吴佩芬:《十九大以来我国乡村振兴战略研究综述》,《农业经济》2021年第1期。

② 参见刘合光:《乡村振兴战略的关键点、发展路径与风险规避》,《新疆师范大学学报(哲学社会科学版)》2018年第3期。

③ 参见马义华、曾洪萍:《推进乡村振兴的科学内涵和战略重点》,《农村经济》2018年第6期。

④ 参见郭晓鸣、张克俊、虞洪:《实施乡村振兴战略的系统认识与道路选择》,《农村经济》2018年第1期。

⑤ 参见唐坚:《乡村振兴需内外协同发力》,《人民论坛》2019年第6期。

⑥ 参见聂继红、吴春梅:《乡村振兴战略背景下的农村基层党组织带头人队伍建设》,《江淮论坛》2018年第5期。

⑦ 参见唐丽霞:《新型职业农民培育要有新思路》,《人民论坛》2021年第9期。

⑧ 参见刘儒、刘江、王舒弘:《乡村振兴战略:历史脉络、理论逻辑、推进路径》,《西北农林科技大学学报(社会科学版)》2020年第2期。

⑨ 参见谭明方:《城乡融合发展促进实施乡村振兴战略的内在机理研究》,《学海》2020年第4期。

构,实现城乡融合发展是实现乡村振兴战略总目标的重要路径。王志章、王静、熊正贤(2020)①和岳国芳(2020)②认为要注重实施乡村振兴战略与脱贫攻坚有效衔接,注重构建融合协同路径;脱贫攻坚精神可以为乡村产业兴旺、生态宜居、乡风文明、治理有效和生活富裕提供有益启示和重要经验借鉴。

5.关于乡村振兴战略经验借鉴的研究

当前学界重点研究了我国 20 世纪 20—30 年代乡村建设运动的实践经验与当代西方发达国家和地区的乡村建设经验,从而为我国实施乡村振兴战略提供了借鉴。在关于国内乡村振兴和乡村建设历史经验的研究方面,潘家恩、温铁军(2016)③、王先明(2016)④和徐珍珍(2019)⑤等通过回顾 20 世纪 20—30 年代晏阳初的平民教育和梁漱溟的乡村建设的实践经历,对我国实施乡村振兴战略主要有三大启示:重视培育乡村发展的文化主体、重视加强对乡村的文化教育和重视对乡村的人才职业教育。关于国外乡村振兴经验介绍,颜文华(2018)⑥等通过对德国、法国、西班牙、阿根廷等国的休闲农业与乡村旅游等文旅融合方面的研究,认为我国全面推进乡村振兴要特别加强对休闲农业和乡村旅游的制度供给,充分发挥政策法规在乡村产业融合中的引领作用,高度重视行业协会在产业融合中的桥梁作用,同时应该注重乡村综合服务平台建设。龙晓柏和龚建文(2018)⑦等通过对英国和美国的城乡发展关系演变历程及政策供

---

①　参见王志章、王静和熊正贤:《西部地区精准脱贫与乡村振兴融合的路径设计与政策协同研究》,人民出版社 2020 年版。

②　参见岳国芳:《脱贫攻坚与乡村振兴的衔接机制构建》,《经济问题》2020 年第 8 期。

③　参见潘家恩、温铁军:《三个"百年":中国乡村建设的脉络与展开》,《开放时代》2016 年第 4 期。

④　参见王先明:《中国乡村建设思想的百年演进(论纲)》,《南开学报(哲学社会科学版)》2016 年第 1 期。

⑤　参见徐珍珍、邵建东:《乡村振兴战略背景下晏阳初的平民教育和乡村建设的经验与启示》,《中国职业技术教育》2019 年第 6 期。

⑥　参见颜文华:《休闲农业与乡村旅游驱动乡村振兴的海外经验借鉴》,《中国农业资源与区划》2018 年第 11 期。

⑦　参见龙晓柏、龚建文:《英美乡村演变特征、政策及对我国乡村振兴的启示》,《江西社会科学》2018 年第 4 期。

给特征研究,认为我国实施乡村振兴战略可以在法律制定、城乡产业规模化、农产品增值化发展和城乡公共基础设施一体化方面得到有益启示。刘云刚、陈林和宋弘扬(2020)①等通过对日本乡村振兴中人才支援乡村制度研究,认为我国在乡村振兴战略中引导人才回流以及乡村治理模式选择等方面可以有所借鉴。

(三)关于城乡融合发展与乡村振兴战略的研究综述

与对"三农"问题、乡村振兴战略、城乡关系理论和城乡融合发展的大量研究文献相比,当前基于乡村振兴战略角度研究城乡融合发展还处于初级阶段,主要集中表现在以下三个方面:②

第一,在理论基础研究方面,大多学者一致认为马克思主义城乡融合发展理论是城乡融合发展和乡村振兴战略的共同理论基础。其中,张晖(2018)③、郭殿生和宋雨楠(2019)④等认为城乡融合发展和乡村振兴战略都体现了马克思主义城乡融合发展规律,都是以人民为中心发展思想的具体体现,都要求打破城乡二元结构,这些要求和思想符合马克思主义人的自由全面发展思想和在生产力高度发达基础上消除城乡差别和对立的思想。

第二,在内在关系研究方面,刘合光(2021)⑤认为城乡融合发展与乡村振兴战略是两个不同的概念,城乡融合发展旨在构建一种城乡互融互促的新型城乡关系和发展状态,乡村振兴战略的重心在于激发乡村发展活力和主体能

---

① 参见刘云刚、陈林、宋弘扬:《基于人才支援的乡村振兴战略——日本的经验与借鉴》,《国际城市规划》2020年第3期。

② 参见乌丽晗:《乡村振兴战略下城乡融合发展研究综述》,《天津农业科学》2021年第110期。

③ 参见张晖:《马克思恩格斯城乡融合理论与我国城乡关系的演进路径》,《学术交流》2018年第12期。

④ 参见郭殿生、宋雨楠:《马克思恩格斯城乡融合思想的新时代解读》,《当代经济研究》2019年第2期。

⑤ 参见刘合光:《城乡融合发展与乡村振兴:特性、共性与联系》,《国家治理》2021年第4期。

动性。从关系上看,城乡融合发展与乡村振兴战略首先表现为相互促进和相辅相成。一方面乡村振兴战略离不开城乡融合发展,特别离不开城乡融合发展的体制机制;另一方面,城乡融合发展离不开乡村振兴战略,需要激活乡村发展活力。其次,城乡融合发展与乡村振兴战略是一种包含与被包含、手段与目的的关系。乡村振兴战略是城乡融合发展的一个方面,而城乡融合发展包含乡村振兴战略,是乡村振兴战略的目的,而乡村振兴战略则是城乡融合发展的手段和路径。

第三,在协同实现路径研究方面,当前学界对基于乡村振兴战略背景下城乡融合发展的实现路径研究主要表现为:一是乡村振兴战略主体性路径。陈锡文、魏后凯、宋亚平(2019)①、白雪秋、聂志红和黄俊立(2021)②等认为通过全面推进乡村振兴重塑乡村发展主体性是实现城乡融合发展的重要路径。二是城乡融合发展体制机制路径。王向阳、谭静、申学锋(2020)③和宁志中、张琦(2020)④等认为,实现城乡融合发展最关键是要实现城乡之间的人口、土地、资本、技术、知识及数据等生产要素在城乡之间的相互双向自由流动和平等交换,而要实现上述城乡要素自由流动的关键就是建立城乡融合发展体制机制。如刘彦随(2018)⑤、何仁伟(2018)⑥和叶超、于洁(2020)⑦等认为,乡村振兴战略支撑城乡融合发展,而城乡融合发展又反作用于乡村振兴战略,城乡是一个

---

① 参见陈锡文主编,魏后凯、宋亚平副主编:《走中国特色社会主义乡村振兴道路》,中国社会科学出版社2019年版。
② 参见白雪秋、聂志红、黄俊立等:《乡村振兴与中国特色城乡融合发展》,国家行政管理出版社2021年版。
③ 参见王向阳、谭静、申学锋:《城乡资源要素双向流动的理论框架与政策思考》,《农业经济问题》2020年第10期。
④ 参见宁志中、张琦:《乡村优先发展背景下城乡要素流动与优化配置》,《地理研究》2020年第10期。
⑤ 参见刘彦随:《中国新时代城乡融合与乡村振兴》,《地理学报》2018年第4期。
⑥ 参见何仁伟:《城乡融合与乡村振兴:理论探讨、机理阐释与实现路径》,《地理研究》2018年第11期。
⑦ 参见叶超、于洁:《迈向城乡融合:新型城镇化与乡村振兴结合研究的关键与趋势》,《地理科学》2020年第4期。

有机共同体;要实现城乡融合发展,就必须坚持乡村振兴战略与新型城镇化战略的"双轮驱动"。

(四)关于城乡关系与乡村振兴战略研究文献的总体评述

综上所述,国内学术界对城乡关系、城乡融合发展、乡村振兴战略及其之间的内在关系都进行了大量研究,并取得了丰硕研究成果,从而为新时代城乡融合发展和乡村振兴战略奠定了坚实的理论基础和实践经验,同时也为本书深入研究城乡融合发展奠定了理论学术基础。但是当前乡村振兴战略背景下城乡融合发展研究存在以下几个方面的问题:第一,对乡村振兴战略背景下城乡融合发展的马克思主义发展哲学理论基础研究得不够深入。现有研究对城乡融合发展与乡村振兴主要集中在经济学、地理学、社会学和政治学,而从马克思主义城乡融合发展理论进行研究的虽有涉猎,但是研究缺乏深度,尤其缺乏马克思主义发展哲学研究的理论深度。第二,对乡村振兴战略背景下城乡融合发展的主体性研究不够全面。现有研究主要集中在破除城市偏向的城乡二元结构下乡村发展困境和构建城乡上下互动联动的融合发展体制机制上,但是对乡村振兴战略背景下如何激发"三农"发展主体性,培育"三农"发展主体能力关注的不够。第三,对乡村振兴战略背景下城乡融合发展的协同共生实现路径研究不够具体。现有研究对乡村振兴战略背景下城乡融合发展的上下联动研究比较多,对乡村振兴战略的城乡融合发展的内生路径和新型城镇化推动城乡融合发展的外生路径(相对于"三农"发展主体性来说)也有所涉猎,但是对乡村振兴战略和新型城镇化战略"双轮驱动"发展背景下内生与外生的互动联合共生路径研究严重不足。

因此,为了解决上述研究中存在的发展哲学理论不足、主体性关注不够和内外联动共生发展路径不实等问题,可以通过加强马克思主义共生发展哲学理论和城乡融合发展的共生实践路径研究得到相应的解决。

（五）共生哲学理论及实践应用

1. 共生理论的生物学起源

一般认为，共生思想起源于生物学中共生（Symbiosis）的概念，最先由德国真菌学奠基人贝德里（Anton de Bray）在 1879 年提出来。贝德里认为，"不同生物密切地生活在一起（Living together）"。[1] 之后，共生概念得到生物学家们的进一步认识和发展，柯勒瑞、刘威斯等人提出并阐释了共生概念的互惠性本质，1969 年生物学家斯科特则对共生概念进行了更为精确的界定，认为共生指"两个或多个生物在生理上相互依存程度达到平衡的状态"。[2] 1970 年美国微生物学家玛葛莉丝认为，"共生是不同生物种类在不同生活周期中重要组合部分的联合"。[3] 1994 年道格拉斯认为："共生体本质上是生物体从其共生伙伴处获得一种新的代谢能力，从而逐渐与其他生物走向联合，共同适应复杂多变的环境，并各自获取一定利益的生物间的相互关系。"[4]刘润进、王琳在《生物共生学》（2018）中系统总结两个世纪以来生物共生概念的主要内涵，认为共生可以划分为广义共生和狭义共生，其中"广义共生概念应该包括：①寄生共生（parasitic symbiosis），即共生成员之一危害另一成员；②互惠共生（mutual symbiosis），即共生的双方均受益；③共栖（commensalism），即共栖的一方或双方受益。而狭义共生（narrow symbiosis）概念主要应该包括：①生物学领域生物之间的组合状况和利害程度的关系，由于生存的需要，两种或多种生物之间必然按照一定模式相互作用、共同生活，形成共同生存、协同进化的共生关系；②生物之间互惠共生和偏惠共生关系。"[5]总之，在生物学看来，共生是生物学和生态学中一种普遍存在的自然现象，主要强调的是生物间共同

---

[1]　Angela E Douglas.，*Symbiotic Interactions*.Oxford：Oxford University Press，1994，p.3.

[2]　Scott. G. D.，*Plant Symbiosis in Attitude of Biology*. London.，Edward Arnold，1969，p.58.

[3]　Margulis L.，*Symbiosis in cell evolution*.New York：W. H. Freeman，1981，p.419.

[4]　Douglas A E.，*Symbiotic Interactions*. Oxford：Oxford University Press.1944，pp.1–111.

[5]　刘润进、王琳：《生物共生学》，科学出版社 2018 年版，第 2 页。

生活与生存的一种关系或生存状态,是自然生物生命进化的主要方式。

2.共生理论的发展与实践应用

20世纪中叶以后,生物学的共生概念和思想得到广泛的拓展,首先是在生态学中,随后扩展到经济学、社会学、政治学等领域,最后提升到哲学高度,成为人们认识自然界和人类社会发展的世界观和方法论。

从生态学角度上说,陈锦赐(2004)指出,人们生存的自然环境在本质上是为了保证人类的生存和可持续发展,其目的是使人与自然、人与人、人与社会、人与环境之间能够和谐互利共生。张旭博士认为共生生态学是生态城市建设的内在规律,共生单元、共生模式、共生环境是城市共生学系统的三大核心要素,生态城市中的任何共生关系都是这三大核心要素相互作用和组合的结果。①

从经济学角度上说,袁纯清(1998)认为"共生不仅是一种生物现象,也是一种社会现象;共生不仅是一种自然状态,也是一种可塑形态;共生不仅是一种生物识别机制,也是一种社会科学方法",且提出"从一般意义上说,共生是指共生单元之间在一定的共生环境中按某种共生模式形成的关系"。"共生界面是指共生单元之间的接触方式和机制的总和,或者说共生单元之间物质、信息和能量传导的媒介、通道或载体,它是共生关系形成和发展的基础。"②共生界面不但可以表现为有形的,也可以表现为无形的;不但可以表现为内共生,也可以表现为外共生。共生界面作为共生单元的中介或媒介的主要功能是:"信息传输功能、物质交流功能、能量传导功能、共生序的形成功能和分工与合作的中介功能。"③此外袁纯清还认为共生关系具有三个特征:其一,共生旨在不仅仅反映共生单元之间相互吸引和相互合作依赖的关系,而且同时也

---

① 参见张旭:《基于共生理论的城市可持续发展研究》,东北农业大学博士学位论文,2004年。
② 袁纯清:《共生理论——兼论小型经济》,经济科学出版社1998年版,第5—7页。
③ 袁纯清:《共生理论——兼论小型经济》,经济科学出版社1998年版,第27页。

体现共生单元之间的物质、能量、资源及信息等共生系统要素的交换或循环关系;其二,共同之生活、共同之存在、共同之进化、共同之适应和共同之发展是共生的本质内涵;其三,共生关系在实践行为方式或活动方式中可以呈现为寄生、偏利共生、非对称互惠共生及对称互惠共生四种关系,在组织存在形态上则可以表现为间歇共生、连续共生、一体化共生几种形态。①

从政治学角度上说,日本政治学者山口定认为"政治共生"至少有四点含义:"一是共生必须是优势一方的决心表白,以获得弱势一方的充分信任,以及生存方式的共生共荣;二是共生必须是认同异质者的存在,以共存、和谐的理念,建立起新的共同体价值观;三是共生以社会正义作为理论依据,平等、公正必须充分发扬;四是政治共生还需要透明的决策、公开的协商等政治制度的支持。"②李博阳(2020)将共生引入了政治权力分析之中指出,"政治共生现象多指权力主体或者组织间的共生关系"。③

从社会学角度上说,日本学者井上达夫(1992)主张共生是"向异质者开放的社会结合方式。它不是限于内部和睦的共存共荣,而是相互承认不同生活方式的人们之自由活动和参与的机会,积极地建立起相互关系的一种社会结合"。④ 尾关周二(2003)在评析井上达夫的竞争性共生论的基础上,提出了共同性共生理念。共同性共生理念并不否定商品市场经济的竞争概念,但认为"竞争必须是在不破坏作为其基础的共同性价值这个条件的制约下进行的竞争"。⑤ 国内学者胡守钧(2006)在研究社会共生现象时提出了"社会共生论",指出"共生概念用于人类社会,可以作以下界定:共生是不同的个人密切地生活

---

① 参见袁纯清:《共生理论及其对小型经济的应用研究》(上),《改革》1998 年第 2 期。
② 胡守钧:《社会共生论》,复旦大学出版社 2012 年版,第 1 页。
③ 李博阳:《共生的政治:傣族传统村寨的权力与结构》,华中师范大学博士学位论文,2020 年。
④ 中国大百科全书编委会:《中国大百科全书·社会学》,中国大百科全书出版社 1992 年版,第 76 页。
⑤ 井上达夫:《走向共生的冒险》,每日新闻社 1992 年版,第 24—25 页。

在一起,共生是人的基本存在方式",①而妥协和斗争是社会共生的主要机制。

从哲学角度上说,黑川纪章认为"共生"一词是将佛教"共存"和生物学的"共栖"重叠组合创造出来的概念,所谓共生就是"人类与自然的共生、城市与自然的共生、理性与感性的共生、科学技术与文化艺术的共生、世代的共生、异质文化的共生、全球性与地域性的共生。"②在黑川纪章看来,共生是21世纪"生命原理时代"的生命存在的基本原则,是人与自然、人与社会、人与人及科技与人文等之间由冲突对抗走向和谐共生的时代。中国学者李思强(2004)认为哲学上所说的"共生"是一个宽泛的概念,它泛指事物之间或单元之间形成的一种和谐统一、相互促进、共生共荣的命运关系,③共生具有本原性、自组织性、共进性、开放性及可塑性等基本特性。同时还认为,作为哲学理论的共生建构说是反映客观自然世界和事物存在本质的学说,是关于世界整体论、和谐发展及人类生存和发展的智慧学说。彭富春(2022)④和吴根友(2022)⑤等人认为中国哲学天人合一的思想中蕴涵着丰富的共生思想。

总之,共生概念已经从一个生物学概念被不同学科研究拓展为一种社会科学理论,最后成为一个哲学范畴,在本体论上是人的存在、生存和生活方式,在观念和思维方式上是一种世界观和方法论,不仅仅体现自然生物的存在和发展的自然规律,同时也是人类社会存在和发展的规律。

3.马克思主义共生哲学思想的研究

共生不仅仅体现在中国传统天人合一、佛教哲学及现代日本学者黑川纪章的共生哲学思想之中,也是马克思主义哲学的核心理念之一。当前学者对马克思主义共生哲学思想的研究主要体现为对马克思哲学思想中的共生意蕴

---

① 胡守钧:《社会共生论》,复旦大学出版社2012年版,第3页。
② 黑川纪章:《新共生思想》,覃力等译,中国建筑工业出版社2009年版。
③ 参见李思强:《共生建构论说》,中国社会科学出版社2004年版。
④ 参见彭富春:《从天人合一到天人共生》,《湖北社会科学》2022年第3期。
⑤ 参见吴根友:《宋明儒的"一体之仁"与儒家式的"共生主义"》,《孔学堂》2022年第9期。

的阐发、习近平生态文明思想的共生意蕴的阐释及实践价值三个方面。

在马克思共生哲学思想的研究方面,张永缜(2016)①认为共生不仅仅是马克思主义哲学世界观的集中体现,也是马克思主义哲学方法论的必然要求。其中,基于人与自然生命共同体的和谐共生是共生哲学思想的本体论维度,而追求实现人与自然、社会和人自身的和谐共生是共生哲学思想的精神实质。侯继迎(2022)②认为人与自然和谐共生是马克思主义哲学的核心要义,感性对象活动则是实现人与自然和谐共生的存在论基础。

在习近平生态文明思想的共生意蕴及实践价值的研究方面,韩晓芳、丁威(2018)③、方世南（2018）④、解保军（2018）⑤和张云飞（2021）⑥、戴秀丽（2022）⑦、王雨辰(2022)⑧等认为,人与自然和谐共生理念是习近平生态文明思想的精神实质,是对马克思主义共生思想的守正创新;而实现人与自然和谐共生的现代化则是对西方式现代化及其生态危机积极反思的结果,是中国式现代化道路的重要特征,是人类文明新形态的重要内容。

4.共生哲学理论在城乡关系和乡村振兴战略方面的应用

从共生理论的发展和实践应用上说,尽管共生理论内涵已经相当丰富,实践应用也多种多样,但是共生哲学理论在城乡关系、城乡融合发展及乡村振兴

---

① 参见张永缜:《共生论域》,中国社会科学出版社 2016 年版。

② 参见侯继迎:《重思感性活动——探寻人与自然和谐共生的理论基础》,《哲学研究》2022 年第 6 期。

③ 参见韩晓芳、丁威:《习近平生态文明思想的意蕴及三个价值维度——基于人与自然和谐共生的视角》,《学术论坛》2018 年第 4 期。

④ 参见方世南:《建设人与自然和谐共生的现代化》,《理论视野》2018 年第 2 期。

⑤ 参见解保军:《人与自然和谐共生的现代化——对西方现代化模式的反拨与超越》,《马克思主义与现实》2019 年第 2 期。

⑥ 参见张云飞:《建设人与自然和谐共生现代化的系统抉择》,《西南大学学报(社会科学版)》2021 年第 6 期。

⑦ 参见戴秀丽:《人与自然和谐共生现代化的阶段特征与推进策略研究》,《兰州大学学报(社会科学版)》2022 年第 4 期。

⑧ 参见王雨辰:《习近平生态文明思想视域下的"人与自然和谐共生的现代化"》,《求是学刊》2022 年第 4 期。

战略方面,无论是理论分析还是实践应用都相当不足。当前国内把共生哲学理论应用于城乡关系、城乡融合发展和乡村振兴战略方面的研究主要表现在以下几个方面:

从经济学角度上说,曲亮和郝云宏(2004)①基于共生理论分析框架对城乡统筹的内在机理进行了初步解析,指出对称互惠共生应当是我国城乡区域统筹较为理想的发展模式,中国特色城乡二元结构则是制约城乡对称互惠发展的制度环境因素,健全市场、政策、组织等共生界面可以有力促进城乡统筹发展。罗湖平和朱有志(2011)②等认为中心城市、中小城镇、农村是城乡一体化的共生单元,可以构建双向激励城乡共生环境及优化城乡共生界面,逐步使城乡一体化实现互惠共生的最优状态。范昊(2021)③在城乡融合发展理念指导下,以城乡关系为研究对象,探讨了新时代城乡关联—共生发展模式。从政治学角度上说,武小龙(2015)④认为共生是理解中国城乡发展关系的新视角。如果说城乡二元结构是一种"病态性"共生发展,那么"对称互惠共生"则是中国城乡"常态"发展的理想形态,最终形成"五位一体"的城乡共生发展格局:"政治共享""经济共荣""文化共融""社会共建"和"生态共治"。

在城乡融合发展与乡村振兴战略方面,韩凝玉和韩子棹(2019)⑤等基于共生哲学理念研究新时代城乡融合发展的共生路径。罗敏(2020)⑥基于共生理论分析框架,研究了乡村振兴战略的五重共生逻辑,主要包括城乡产业共建、

---

① 参见曲亮、郝云宏:《基于共生理论的城乡统筹机理研究》,《农业现代化研究》2004 年第 5 期。

② 参见罗湖平、朱有志:《城乡一体化进程中的共生机理探讨》,《安徽农业科学》2011 年第 5 期。

③ 参见范昊:《城乡关系演进下的中国城乡关联—共生发展研究》,经济管理出版社 2021 年版。

④ 参见武小龙:《城乡"共生式"发展》,南京农业大学博士学位论文,2015 年。

⑤ 参见韩凝玉、韩子棹:《基于共生哲学理念的城乡互融路径初探》,《太原学院学报(自然科学版)》2019 年第 2 期。

⑥ 参见罗敏:《乡村振兴战略的五重逻辑:一个城乡共生的视角》,《学习论坛》2020 年第 2 期。

城乡人才共享、城乡文化共融、城乡生态共治和城乡组织共生等五个方面的共生发展逻辑。孙德超和李扬(2020)①从教育资源共生角度研究乡村教育振兴的共生路径,其重点是要实现乡村教育资源在发展理念、发展内容和发展方式三个方面的共生转变。刘玉邦和睢海霞(2020)②基于绿色发展理念研究了我国城乡生态融合共生发展存在的主要问题和实现路径。张学昌(2019)③和徐之顺、胡宝平(2018)④等基于共生理论研究城乡文化共生发展的逻辑、困境和路径。

综上所述,当前运用共生理论研究城乡融合发展与乡村振兴战略的相关文献并不多,亟待研究者运用马克思主义共生哲学理论,尤其是在习近平生态文明思想指导下开展基于乡村振兴战略背景下城乡融合发展及实现路径的广泛研究。

三、本书研究的思路框架和主要内容

(一)思路框架

本书在马克思主义共生哲学、城乡融合共生发展的理论背景下,以习近平生态文明思想和习近平总书记关于"三农"工作、"乡村振兴"和城乡关系系列重要论述为指导,以新时代城乡二元结构融合共生发展现实问题为导向,以激发"三农"在城乡融合发展中的主体性为重点,以构建新型城乡融合发展关系为目的,遵循"是什么、为什么和怎么办"研究总体思路,按照"共生范式——共生动力——共生质量——共生差距——共生空间——共生正义——共生机

---

① 参见孙德超、李扬:《试析乡村教育振兴——基于城乡教育资源共生的理论考察》,《教育研究》2020年第12期。

② 参见刘玉邦、睢海霞:《绿色发展视域下我国城乡生态融合共生研究》,《农村经济》2020年第8期。

③ 参见张学昌:《城乡文化共生发展的内在逻辑与推进策略——基于文化间性的视角》,《新疆社会科学》2019年第1期。

④ 参见徐之顺、胡宝平:《文化自觉、文化自信与城乡文化和谐共生》,《南京师范大学学报(社会科学版)》2018年第6期。

制"建构本书研究的框架结构,本书研究整体思路框架如下图所示:

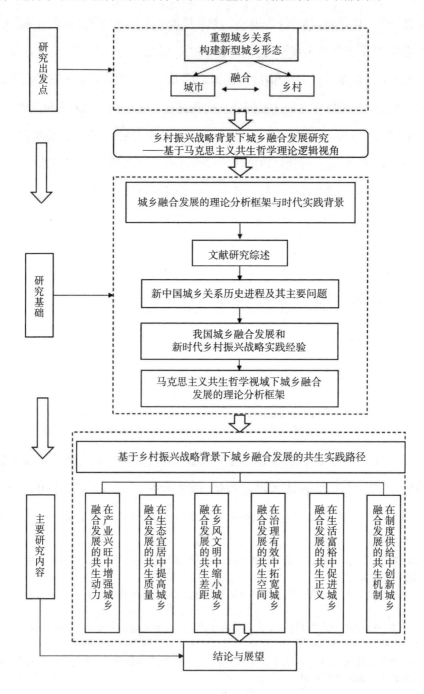

（二）主要内容

本书围绕乡村振兴战略背景下城乡融合发展的理论逻辑和实现路径,基于马克思主义共生哲学理论逻辑视角来谋篇布局,具体研究的主要内容如下:

导论通过阐述本书研究的背景,提出了本书研究的对象和意义;在全面系统分析国内外关于城乡关系、乡村振兴和共生理论方面的研究文献的基础上,明确了本书的研究对象、思路结构及主要内容,并阐述了本书研究的特色和创新之处。

第一章为城乡融合发展的历史背景和理论分析框架。本章在全面分析新中国成立以来城乡关系的历史进程、所面临的主要困境、新时代以来城乡融合发展及乡村振兴战略实践经验基础之上,基于新时代乡村振兴战略的总目标总方针总要求,提出了马克思主义共生哲学视域下城乡融合发展的理论分析框架:构建城乡多元共生单元主体、树立城乡对象性互惠共生关系模式、培植城乡资源要素双向流动共生界面、营造城乡一体化共生环境。

第二章为在产业兴旺中增强城乡融合发展的共生动力。本章聚焦城乡融合发展的共生动力不平衡和乡村融合发展不足的问题,立足产业共生单元主体,在全面系统深入分析新时代乡村产业兴旺中面临的农业供给侧结构、农业科技协同创新及农业经营体系不健全等城乡产业融合发展的共生动力基础之上,提出了在乡村产业兴旺中增强城乡融合发展的共生动力路径:即在农业供给结构改革中、在现代化农业科技协同创新中、在现代化农业经营体系中增强城乡融合发展的共生动力。

第三章为在生态宜居中提高城乡融合发展的共生质量。本章聚焦城乡融合发展的共生质量不平衡和乡村融合发展的共生质量不高的问题,立足生态共生单元主体,在全面系统深入分析新时代乡村生态宜居所面临的二元空间规划、现代化生态农业、生态环境治理和生态文明制度等城乡生态融合发展的共生质量困境基础上,提出了在乡村生态宜居中提高城乡融合发展的共生质量路径:即在城乡国土空间规划一体化中、在现代化生态农业中、在农村生态环境治理中、在城乡生态文明制度中提高城乡融合发展的共生质量。

第四章为在乡风文明建设中缩小城乡融合发展的共生差距。本章聚焦城乡融合发展的共生水平差距和乡村融合发展的共生水平问题,立足文化共生单元主体,在全面系统深入分析新时代乡风文明建设中所面临的农民文化主体意识不强、乡村公共文化发展落后等问题基础之上,提出了在乡风文明中缩小城乡融合发展水平的共生差距路径:即在激发农民文化主体意识、传承优秀乡土文化和农村公共文化高质量发展中缩小城乡融合发展(水平)的共生差距。

第五章为在治理有效中拓宽城乡融合发展的共生空间。本章聚焦城乡融合发展的共生空间不均衡和乡村融合发展的共生空间竞争的问题,立足治理共生单元主体,在全面系统深入分析城乡治理融合发展的共生空间问题基础之上,提出了在乡村治理中拓宽城乡融合发展的共生空间路径:即在提升农村基层党组织能力中、在创新"三治融合"机制中、在提高乡镇政府基层治理能力中拓宽城乡融合发展的共生空间。

第六章为在生活富裕中促进城乡融合发展的共生正义。本章聚焦城乡融合发展的共生正义问题,立足生活共生单元主体,在全面系统深入分析了新时代城乡生活(共同)富裕中所面临的相对贫困治理长效机制问题、巩固拓展脱贫攻坚成果同乡村振兴有效衔接问题及城乡收入分配正义问题等基础之上,提出了在乡村生活(共同)富裕中促进城乡融合发展的共生正义路径:即在健全完善统筹城乡相对贫困治理长效机制、巩固拓展脱贫攻坚成果同乡村振兴有效衔接机制及构建公正合理城乡收入分配体系(层次)中,促进城乡融合发展的共生正义。

第七章为在制度供给中创新城乡融合发展的共生机制。本章聚焦城乡融合发展的共生制度问题,立足制度共生单元主体,在全面系统深入分析城乡资源要素双向流动所面临的户籍、土地及金融等城乡融合发展的制度共生机制问题基础之上,提出了在制度供给中创新城乡融合发展的共生机制路径:即在城乡户籍、土地和金融一体化共生制度供给中创新城乡融合发展的共生体制机制。

四、本书研究的特色与创新之处

(一)研究视角的创新

坚持以生态共生学为思维范式,以新时代乡村振兴战略为时代背景的"理论—实践"相互统一的共生角度研究新时代城乡融合发展的理论逻辑和实践路径是本书研究视角创新的集中体现。生态共生学研究突破了城乡主客二元结构思维范式,不再把乡村作为城市的客体,而是认为乡村与城市一样是主体,城乡关系不是一种主客体二元关系,而是一种共同生活的对象性关系,既是一种主体间性关系,同时也是一种客体间性关系。只有在城乡融合发展命运共同体中,才能真正激发乡村发展的主体性,才能真正实现城乡多元主体融合共生发展,才能避免乡村被城镇化和农业被工业化的城乡同质化发展道路。

(二)研究理论的创新

坚持从马克思主义共生哲学来建构基于乡村振兴战略背景下城乡融合发展的理论基础是本书研究理论创新的集中体现。基于马克思感性对象性共生逻辑,城乡关系在本质上是一种城乡互为对象的共生关系,一种对象性互惠关系,而城乡主客体二元关系只是城乡对象性互惠关系的异化表现形式,资本逻辑是造成城乡主客体二元结构的经济根源,要消灭城乡主客二元非共生关系就必须扬弃资本逻辑,而要真正完全实现城乡融合发展只能是生产力极大发展基础上的社会主义公有制和共产主义社会中才能够真正完全彻底实现城乡融合发展。

（三）研究内容的创新

坚持城乡多元主体融合与互惠共生发展是本书研究内容创新的集中体现。本书认为重塑"三农"发展主体性不能就"三农"来谈"三农"，而是应该从城乡命运共同体或共生体角度重塑"三农"发展主体性。因为，"三农"发展主体性的培育不仅仅是一种单纯的精神思想文化主体性，而且是体现在乡村产业、生态、文明、治理及生活等各个方面，体现在城乡二元制度瓦解和城乡融合发展体制机制建构中，体现在新型城镇化战略与乡村振兴战略的"双轮驱动"当中，体现在新型工业化、信息化（数字化）、城镇化和农业现代化的融合共生发展中。

（四）研究方法的创新

坚持共生哲学方法论或认识论是本书研究方法创新的集中体现。本书的研究成果将生态学中"共生单元——共生关系——共生界面——共生环境"共生分析范式与马克思主义共生发展哲学有机融合起来，以乡村产业、生态、文化、治理、生活及城乡制度为共生发展单元，以城乡融合发展的动力、质量、（水平）差距、空间、价值和机制为问题导向，形成了共生发展哲学的研究方法。

第一章　城乡融合发展的历史背景和理论分析框架

　　在共生发展规律上，马克思主义认为人类城乡融合发展的共生发展规律或发展逻辑经历了从"混沌同一性融合共生"到"二元主体差异—对立性融合共生"，再到"多元主体统一性融合共生"的辩证演进历程，这是共生发展的历史辩证逻辑，同时也被古今中外城乡关系和乡村振兴的实践经验所证实。就我国实际情况来说，中国特色社会主义城乡融合发展道路作为马克思主义城乡融合发展理论逻辑与中国特色社会主义城乡融合发展历史逻辑相互结合的产物，同样有其深厚的共生意蕴。一方面，中国城乡二元结构①分割对立性融合共生是中国式现代化历史进程中所表现出来的一个阶段性特征，同时又是新时代我国实现城乡融合共生发展的历史前提；另一方面，马克思主义城乡共生发展哲学理念是新时代我国城乡融合发展的理论基础，同时也是乡村振兴战略背景下城乡融合发展的共生逻辑框架。

---

　　① 本书认为，城乡二元结构在本质上是一种城乡主客体二元分离、分割及对立的矛盾共生体。在城乡主客体二元分离矛盾共生体中，工业、城市和市民是城乡主客体二元分离矛盾共生体的主体，是推动者、主导者和引领者；农业、乡村和农民则是城乡主客体二元分离矛盾共生体的客体，是被改造和利用的对象。

第一节　新中国成立以来我国城乡关系的历史进程

纵观新中国成立 70 多年以来,我国城乡二元关系的历史进程主要体现为如下四个阶段:"城乡二元分割的形成及固化阶段"(1949—1978 年)——"城乡二元互动发展阶段"(1978—2002 年)——"城乡二元统筹协调发展阶段"(2002—2012 年)——"城乡二元一体化和融合发展阶段(2012 年至今)"。可以这么说,新时代我国城乡融合发展是对中国特色社会主义城乡关系非对称性互惠共生发展关系积极反思的一个结果,是对人类进入工业文明以来城市偏向的城乡主客体二元对立性共生发展关系的重构。

一、城乡二元结构的形成与固化阶段(1949—1978 年)

在新中国成立初期,为了快速把我国从落后的农业大国变成先进的工业强国,我国通过统购统销、城乡二元户籍制度和人民公社等一系列制度安排,优先支持工业尤其是重工业发展,逐渐形成了"以农助工、以乡养城"的城市偏向的城乡二元发展结构,同时也实现了工农业和城乡融合发展的主体性转换:农业发展的主体性逐渐被工业发展的主体性取代,乡村或农村发展的主体性逐渐被城市发展的主体性取代,农民发展的主体性逐渐被市民发展的主体性所取代。[①]

1. 建立了统购统销制度。统购统销制度是城乡二元结构的基础性经济制度,是城乡二元产业结构的制度安排。为充分满足我国工业化和城镇化所需要的经济及资本积累的需要,1953 年 12 月初政务院出台和实施了《关于实行粮食的计划收购和计划供应的命令》,即统购统销政策,其内容主要包括对粮

---

① 参见马军显:《城乡关系:从二元分割到一体化发展》,中央党校博士学位论文,2008 年。

食的计划收购政策、计划供应政策、控制粮食市场政策和对粮食实行严格统一管理政策。根据该文件规定的"生产粮食的农民应按国家规定的收购粮种、收购价格和计划收购的分配数量将余粮售给国家"[①]，收购的农民余粮数量占到农民余粮的80%—90%，而农民能够自由支配包括进行市场交易的粮食则非常有限。统购统销制度在本质上是通过"工农业产品剪刀差"的形式对农业剩余价值进行抽取，以便完成工业和城镇化所需要的相应的资本积累。自此，由于农业自身的剩余价值通过统购统销制度被大量抽取，外加国家对农业发展总体投入不足，收多支少，从而使农业在整个国家产业发展体系中丧失了产业主体地位，农村从此走向服务工业的依附型产业发展道路，同时也是一条导致农业产业萎缩的发展道路。

2. 建立城乡二元户籍制度。城乡二元户籍制度是城乡二元结构的基础性社会管理制度。在新中国工业化和城镇化起步阶段，由于大量农村人口不断涌进城市，不但影响了正常的农业生产，而且对城市产生了不少的就业和人口压力，甚至造成了城市粮食供应不足。1958 年 1 月，为了稳定农业生产所需要的基本劳动力和保障城市稳定有序开展工业化建设，《中华人民共和国户口登记条例》颁布，该条例的颁布意味着城乡二元户籍制度的正式确立。该《条例》一个基本核心原则就是：严格限制农民向城市迁移，同时也限制小城市人口向大城市的迁移。在城乡二元户籍制度下，一方面有效避免了我国城市人口劳动力盲目增加和过度的城市人口粮食压力；另一方面也有力防止了农村劳动力盲目外流，稳定了农村生产所需要的基本劳动力。但是，城乡二元户籍制度也存在明显的问题，特别是随着城镇的快速发展，城乡户籍主体在基本公共服务及社会福利待遇等方面有明显差异，"三农"自身发展的主体性没有在城乡二元户籍中得到相应的尊重和体现，反而出现了以牺牲"三农"自身发展主体性为代价，为工业、城市和市民发展主体性服务的问题，从而使城乡

---

① 陆学艺、王春光、张其仔：《中国农村现代化道路研究》，广西人民出版社 1998 年版，第95—96 页。

融合发展处于城乡主客体二元分割性的共生发展之中。

3. 人民公社制度。人民公社制度是城乡二元结构的基础性社会治理制度。一方面,为了充分满足工业化和城镇化所需要的资本积累,客观上需要大力发展农村经济;另一方面,为了充分保障农村经济的规模性、稳定性和可持续性,我国改变传统小农经济组织形式,确立了人民公社制度。人民公社的一个主要组织特征就是"三级所有、队为基础"和"集体经营、按劳分配"。从共生型组织角度上看,人民公社制度既是农村集体经济的共生组织单元,又是国家政权的共生组织形式,还是农村社会管理治理的共生组织机构。在高度计划统一的人民公社集体经济组织形式下,不利于调动农业发展的主体动能和农民发展的主体意愿,农村发展的主体活力受到束缚。此外,由于小农经济中的绝对平均主义盛行,严重挫伤了农民,尤其富有创新精神和能力突出的农民的生产积极性,束缚了农村生产力的发展。

自此,随着统购统销、二元户籍制度和人民公社制度的三位一体城乡二元制度结构形成,我国城乡二元结构也被制度化,"三农"发展的主体性也被城市偏向的城乡二元制度所束缚,长期依附于工业化和城镇化的主体性,得不到正常发挥,"三农"发展动力和活力受到了抑制,并在发展中得到进一步的强化和固化,城乡发展不平衡和农村发展不充分也就成为必然。

二、城乡二元互动发展阶段(1978—2002 年)

为了有效解决因为城市偏向的城乡二元结构所产生的城乡融合发展主体的不平衡和农村发展主体不充分的问题,以 1978 年党的十一届三中全会为新的历史起点,党中央的工作重心转向全面的经济建设上来,我国城乡融合发展也进入从城乡二元分割共生到城乡二元互动共生的新发展阶段。

1. 废除人民公社制度,确立家庭联产承包责任制度。由于人民公社片面强调"一大二公"和"一平二调",超越了当时农村生产力发展的实际情况,损伤了农民从事生产的主观能动性,从而导致农业生产动力的不足。1978 年 11

月安徽凤阳小岗村农民发挥人民群众的首创精神,突破人民公社单纯集体土地所有制的限制,签约干起了"大包干",实现了以"包产到户""包干到户"为主要内容的家庭联产承包责任制,从而在实践层面上率先掀起了我国农村土地制度改革的新篇章。1980 年春,邓小平同志在一次重要讲话中公开肯定小岗村的做法。此后,1982 年中央第一个关于农村工作的"一号文件"出台,明确肯定了包产到户的社会主义性质。"家庭联产承包责任制"逐渐在全国农村普遍推行。随后,为了适应城镇化农业转移人口市民化、农用地利用效率和农地市场化的需要,中共中央、国务院于 1993 年 11 月 5 日发布了《关于当前农业和农村经济发展的若干政策措施》,提倡在稳固承包经营权的基础上,可以实行"增人不增地,减人不减地",允许土地使用权依法有偿转让。同时,党和国家也出台相关配套政策,对现实中的农村土地流转实践情况进行了充分肯定,为党和国家探索农村土地流转制度的改革和完善提供了有力的制度支撑。

2. 废除统购统销制度,改革城乡二元金融制度。为了有效增强农村自身内生动力和活力,国家废除了统购统销制度,在农业领域开始从计划经济向市场经济转变,开放了农产品经营市场和粮食市场,减低农产品生产价格,提高农产品收购价格,促进城乡农产品的贸易流通。为了有效推进农业农村市场化进程,改变传统计划经济模式,国家开始着手改革城乡二元金融制度,加大金融对农业农村经济发展的支持力度。为了适应农村金融需求结构的变化,1979 年 3 月,国务院批复恢复建立的中国农业银行开始接管中央人民银行的农村金融业务,信贷对象也由以农村集体经济组织为主逐步调整为以农户为主,并恢复运营支农资金和管理农村信用社的社会职能。1979 年随着我国农村人民公社的逐步取消,农村信用社得以从人民公社中剥离并划归中国农业银行管理,恢复了农村信用社组织上的群众性、管理上的民主性和经营上的灵活性,开展了对农村的金融服务,并于 1996 年完成了"行社分离"改革,从此农村信用社走向合作独立的经营道路。1994 年国家组建了中国农业发展银行(简称"农发行"),把中国农业银行的政策性支农金融业务剥离给中国农业发展银行。

3.改革城乡二元户籍制度,增强城乡要素自由流动。自1978年改革开放以来,我国城乡二元经济结构发生了重大变化。一方面,随着农村家庭联产承包责任制的实行,极大地解放和发展了农村社会生产力,同时也产生了大量农村剩余劳动力;另一方面,随着商品市场经济发展,尤其是我国沿海地区工业和乡镇企业的发展,对劳动力的需求也随之急剧增加。基于农村和城市劳动力供给与需要的现实状况,尤其是为适应改革开放带来的大规模人口流动的需要,从1980年起国家开始着手对城乡二元户籍制度作出适当调整,对农民进城务工和经商的政策逐渐有序放宽,触动了计划经济条件下城乡二元户籍制度对人口和劳动力等城乡要素自由流动限制的制度安排,从而也标志着我国城乡二元户籍制度开始破冰解冻。到党的十六大前夕,我国开放了农业转移人口进小城镇落户的限制,农业转移人口落户后可以与原小城镇户籍居民共享同等基本公共服务和福利条件;同时对附加在城镇户籍背后的社会福利待遇也开始逐渐剥离和脱钩,如取消了近40年的"户粮挂钩"制度安排。

总之,在这一时期,我国经济体制从计划经济体制向社会主义市场经济体制转变,对内不断改革,对外不断开放,城乡二元分割开始向城乡二元互动转变,城乡由各自封闭开始转向城乡互动,"三农"发展的主体地位、主体意识和主体能力也在不断提高和不断增强。但是由于城市偏向的城乡二元理念和结构并没有根本改变和动摇,城乡发展差距依然突出,成为进一步加大实现城乡融合发展的现实原因。

三、城乡二元统筹协调发展阶段(2002—2012年)

进入21世纪以来,随着我国加入世界贸易组织,我国城乡经济现代化也进入一个分水岭时期,我国长期存在的"三农"问题急剧凸显,使我国城乡融合发展面临更大的挑战,已经成为影响我国经济社会发展全局的重大问题。

为此,党的十六届三中全会把"三农"工作作为党中央工作的重中之重,明确提出要把更多精力投入到"三农"工作中来,要从经济社会发展全局来统筹城乡经济社会协调发展,大力开展新农村建设,持续改革城乡二元体制机制,从而为构建新型城乡融合发展关系提供强有力的制度保障。

1.积极推进城乡二元户籍制度改革。进入21世纪以来,随着我国社会主义市场经济体系的逐步完善,我国城乡一体化、农业转移人口和农民工市民化进程不断加快,阻碍农村剩余劳动力进城务工就业的户籍制度壁垒基本不存在了,构建城乡统一的劳动力市场的目标也得以实现。与此同时,农民工要求改善和缩小与城镇居民在社会基本公共服务和福利等方面存在的差距的呼声也日趋强烈。在这一背景下,对城乡二元户籍制度改革的重心也从促进城乡劳动力自由流动向促进农业转移人口和农民市民化进程转变,重点是改革阻碍和制约农业转移人口和农民市民化进程的基本公共服务和福利制度,着力建构城乡基本公共服务均等化制度。总体而言,这一阶段城乡二元户籍制度改革围绕构建基本公共服务均等化的政策体系和剥离城乡二元户籍制度背后的社会福利差距展开,表明我国城乡二元户籍制度改革开始进入攻坚期和深水期。

2.积极推进农村土地制度确权赋能。2007年我国颁布了《物权法》,明确把土地承包经营权界定为"用益物权",从民法财产权的角度进一步强化了农村土地承包经营权流转的法律地位,从而也使得我国农村土地基本经营制度得到法律保障,极大地激发了农民的创造力和创新力,对于维护农村稳定、提升农村土地利用效率以及城乡一体化融合发展起到了积极作用。2008年10月9日,党的十七届三中全会通过了《中共中央关于推进农村改革发展若干重大问题的决定》,明确提出"现有土地承包关系要保持稳定并长久不变",而且要"赋予农民更加充分而有保障的土地承包经营权"。① 由此拉开了我国新

---

① 《中共中央关于推进农村改革发展若干重大问题的决定》,人民出版社2008年版,第12页。

一轮农村土地制度改革的序幕。从 2008 年到 2013 年的中央"一号文件",都要求五年内完成农村土地确权登记颁布工作,这一阶段我国农村土地制度的改革创新主要放在土地确权制度上。"土地确权"站在农村土地市场资源要素进行制度化规范化程序化流转的高度,以农地产权制度明晰化为突破口,是为了满足农村土地流转需要而采取的实质性措施,成为当时解决农村人地矛盾和"三农"发展主体的一项重大制度创新。

3. 积极推进农村金融体制市场化改革。2004 年以来,受世界贸易组织的相关规定和农业三化(现代化、市场化和国际化)的影响,我国加大了农村金融改革力度,在农业支出方面更多采用"绿箱政策"①,在改革上取得了显著成效。2006 年 12 月中国银监会公布了《关于调整放宽农村地区银行业金融机构准入政策更好支持社会主义新农村建设的若干意见》,提出要进一步加强对农村金融机构的行政体制和产权体制改革,同时鼓励各类资本进入农村金融服务系统中,发展村镇银行、各类贷款股份制度银行和公司、农村资金互助组织等适合社会主义新农村建设和农业现代化、市场化和国际化要求的新型农村金融服务机构,从而开启了新阶段农村金融增量改革的序幕。2007 年财政部印发了《中央财政农业保险保费补贴试点管理办法》,提出要引导保险公司积极开展农业保险业务。2008 年在党的十七届三中全会上通过的《中共中央关于推进农村改革发展若干重大问题的决定》中,明确提出了构建现代农村金融制度的战略构想。同年,中国人民银行和中国银监会联合出台了《关于加快推进农村金融产品和服务方式创新的意见》,要求开始农村金融创新试点,计划在 2010 年之后在全国范围内推动农村金融产品和服务方式的创新。

总之,在科学发展观指导下,这一时期我国城乡经济社会发展进入一个新的发展阶段,虽然城乡经济社会统筹协调发展取得一定程度的进展,但城乡二

---

① "绿箱政策"是指政府通过服务计划,提供没有或仅有最微小的贸易扭曲作用的农业支持补贴。绿箱政策是 WTO 成员国对农业实施支持与保护的重要措施。

元壁垒的历史影响依旧存在,城乡融合发展不平衡还在继续;"三农"发展的主体地位、意识和能力虽然极大增强,但是"三农"基础依然还不稳固,与城市还有不少差距,实现城乡融合共生发展的目标还任重而道远。

四、城乡一体化和融合发展阶段(2012 年至今)

中国特色社会主义进入新时代以来,以习近平同志为核心的党中央坚持把解决好"三农"问题作为全党工作的重中之重,坚持把农业农村置于优先发展战略,举全党全社会之力全面推进乡村振兴,走中国特色城乡融合发展之路。2017 年,党的十九大提出要实施乡村振兴战略,健全城乡融合发展体制机制和政策体系。2018 年,中共中央、国务院颁布的《乡村振兴战略规划(2018—2022 年)》,明确提出了要坚持实施城镇化战略与乡村振兴战略"双轮驱动"的城乡融合发展路径。2022 年,党的二十大进一步强调,在全面建设社会主义现代化国家进程之中,要全面推进乡村振兴,坚持城乡融合发展,着力畅通城乡要素流通。①

1. 积极推进新时代城乡户籍制度改革。进入新时代以来,为了进一步促进城乡一体化进程,我国积极推进以人为核心的城乡户籍制度改革。在指导思想理念上,以人为核心的城乡户籍制度改革坚持以习近平新时代中国特色社会主义思想为指导,以人民为中心的发展理念,以城乡共享发展为目的;在实践路径上,以城乡基本公共服务均等化为路径,全面实施居住证制度和全面放宽农业转移人口落户条件,尤其是进一步放宽特大城市外来人口积分落户指标控制等措施,从而使积分落户制更为深入更为具体更加具有操作性。如2014 年《国务院关于进一步推进户籍制度改革的意见》中,明确提出要统一城乡户口登记制度,我国不再区分农业户口和非农业户口,统一登记为居民户口,全面实施居住证制度。至此,我国从制度形式上消除了城乡居民、人口及

---

① 参见习近平:《高举中国特色社会主义伟大旗帜　为全面建设社会主义现代化国家而团结奋斗——在中国共产党第二十次全国代表大会上的报告》,人民出版社 2022 年版,第 31 页。

劳动力自由流动和迁移的障碍。如继上海在 2018 年率先实行积分落户制度之后,北京也在 2019 年实行积分落户制度,首次申请落户就达到 6019 人。总之,在新一轮以人为核心的户籍制度改革推动下,我国户籍人口城镇化率从 2012 年的 35.3% 迅速增长到 2021 年底的 46.7%,城乡居民的基本公共服务均等化基本实现。

2. 积极推进新时代农村土地制度"三权分置"改革。为适应新型城镇化、城乡融合发展和乡村振兴战略的需要,党的十八届三中全会提出要"全面深化农村改革",强调产权是经济制度的核心,并以此为逻辑起点明确将新时代我国农村土地制度改革重点放在"赋予农民更多财产权利"上。2013 年底,中央农村工作会议明确把农民土地承包经营权分为承包权和经营权,实现承包权和经营权分置并行。2014 年 11 月,中共中央办公厅、国务院办公厅印发的《关于引导农村土地经营权有序流转 发展农业适度规模经营的意见》中,明确提出将实施农村集体土地的所有权、承包权、经营权的"三权分置"改革。2015 年,中央进一步提出开展农村土地征收、集体经营性建设用地入市、宅基地制度改革,即农村土地制度"三项改革"。2018 年中央"一号文件"又专门对宅基地制度改革作出了新的部署,开始探索宅基地所有权、资格权、使用权"三权分置"。自此我国以农村土地的"三权分置"、农村土地制度"三项改革"、宅基地"三权分置"等为核心内容的新时代新一轮农村土地制度改革的序幕已经悄然拉开,同时也标志着中国农村土地制度改革进入了一个"全方位、多层次、宽领域"的崭新时代,从而有力地促进城乡资源要素自由流动和城乡融合发展。

3. 积极推进新时代农村金融体系市场化改革。2013 年党的十八届三中全会作出了《关于全面深化改革若干重大问题的决定》,明确提出全面深化农村金融供给侧结构性改革是健全城乡一体化和融合发展体制机制的重点和难点。在指导思想和发展理念方面,提出了普惠金融发展理念,坚持强调农村金融服务的始终"普"与"惠"并重,始终坚持农村金融的公平与效率的兼顾,持续坚持定向降准、定向税费优惠政策。在金融创新方式方面,一方面,我国不断深化农村金融机构的产权制度改革,不断创新金融产品,坚持产权制度创新与金融技术创新协同,开始注重信息技术和大数据等数字技术在农村金融领域的运用,通过互联网金融和移动金融解决传统普惠金融服务方式下"普"与"惠"不可兼得的悖论;另一方面,在原先产权制度创新的基础上,积极鼓励社会资本参与设立新型农村金融机构,进一步通过创新金融组织形式、创新农村金融运作机制等方式,对农村金融制度全面深化改革。在金融服务"三农"功能上,一方面始终坚持金融对农村经济社会发展的保障功能;另一方面加强金融对农村经济社会发展的促进功能,更加强调金融对精准扶贫精准脱贫战略的支撑作用,强调优先满足产业扶贫和新型职业农民的资金和信贷需求。

总之,进入新时代以来,在新型城镇化战略和乡村振兴战略"双轮驱动"下,我国城乡融合发展进程进一步加大,农村基本公共服务得到极大改善,城乡要素流动来往日益密切,"三农"发展主体性,无论是主体地位、主体意识还是主体能力都极大提高和增强,开始从"分割对立融合共生"向"多元主体统一融合共生"转变,从而也为新时代全面建设社会主义现代化国家、全面推进乡村振兴和全面推进城乡融合共生高质量发展奠定了坚实的物质和制度基础。

五、新时代以来乡村振兴战略促进城乡融合发展的重要实践

新时代以来,在习近平总书记关于乡村振兴和城乡融合发展的系列重要论述指导下,全国各地坚持以问题为导向,聚焦产业兴旺、生态宜居、乡风文明、治理有效和生活富裕的乡村振兴总体要求,积极探索乡村振兴促进城乡融合发展的实践新路,形成了巩固成果型、乡村产业型、乡村建设型、乡村治理型及农业农村现代化型等比较典型的乡村振兴促进或推动城乡融合发展的模式和类型。①

---

① 参见规划实施协调推进机制办公室:《乡村振兴战略规划实施报告(2018—2022年)》,中国农业出版社2022年版。

(一)巩固成果型促进城乡融合发展的实践

如果说脱贫攻坚是新时代我国推进乡村全面振兴和促进城乡融合发展的基础的话,那么巩固拓展脱贫攻坚成果,确保不发生规模性返贫就是新时代我国推进乡村全面振兴和促进城乡融合发展的重要任务和底线要求。这方面取得了大量成功的实践,例如:安徽省阜阳市颍上县灵活运用国家帮扶政策,结合当代产业特色,积极推进农村一二三产业融合,深入推进水产养殖、水禽养殖和水生蔬菜"三水"产业可持续融合发展。湖北省恩施咸丰县依托该县独特的区位优势,积极探索形成适合地方特色的"五化"协同融合发展,坚持生产规模化,筑牢脱贫攻坚"底子",坚持新型工业化赋能,延伸产业"场子",坚持品牌化打造,擦亮产品的"面子",坚持产业融合发展,提质增效"里子",坚持园区化建设,抓好乡村振兴的"领子"。青海省共和县龙羊村依托当地特色的渔业、文化和林业资源,大力创新发展"三色"产业,做大做优"蓝色"渔业捕捞,做精做细"绿色"乡村旅游,做美做好"青色"特色果林。甘肃省东乡县坚持脱贫摘帽不摘政策,对已经脱贫的人口、低收入群众,尤其是返贫风险大的脱贫群众,优化管用机制,坚持责任不断档,健全数字化信息系统,坚持检测全覆盖,通过大数据网络云联通,做到监测帮扶无死角。

(二)乡村产业型促进城乡融合发展的实践

新时代以来,各地在坚持将产业兴旺作为解决农村一切发展的基本前提和推动城乡融合发展的根本动力基础之上,大力持续发展、创新发展,壮大兴村富民产业,形成了各具特色的乡村产业。例如,内蒙古自治区扎赉特旗聚焦水稻产业,充分利用现代化数字技术赋能水稻产业,通过大数据坚持数据资源互通共享,积极推进传统水稻产业与现代化、信息化、数字化科学技术有效融合,用"智慧"赋能于现代化农业生产的各个环节和阶段,助力农民自我发展的内生动力。浙江省慈溪市充分利用和发挥自身的科技创新优势,充分发挥产业园平台聚焦效应,积极构建"从田间到餐桌"全产业链,大力创新农村新产业新业态,加速数字化场景在产业中的应用。宁夏回族自治区青铜峡市充分践行绿色高质量发展理念,实现了从"贡米之乡"到"有机、富硒、健康",从而推动水稻产业绿色发展转型;坚持从"一把火"到"一把财",实现了秸秆"变废为宝";坚持从"种样结合"到"废污资源化利用",构建农牧循环发展长效机制;坚持"从技术创新"到"三产融合",引领现代化农村绿色发展,从而走出一条生态循环发展的特色农业新路。

(三)乡村建设型促进城乡融合发展的实践

新时代以来,各地推进城乡公共服务均等化,大力发展和提升农村公共服务的能力和水平,取得一系列积极成果。例如,山西省沁水县将建设宜居宜业和美乡村具体化为"品质生活样板区""乡村振兴先行区""文旅康养目的地"的奋斗目标,坚持以道路联通为先,破除先天不足;坚持城乡统筹,加速农村基础设施畅通升级;坚持美丽乡村增颜提色,从而使乡村华丽转身,推动城乡空间互动、产业互补、发展互利,走出了一条宜居宜业和美乡村振兴之路。河南省兰考县大力传承弘扬焦裕禄红色文化精神传统,以"绿荫兰考"为目标,把绿色高质量发展作为城乡融合发展的生态底色,将绿色发展理念融入科学城乡规划之中,引领乡村绿色高质量发展;积极建设绿色生态乡村,绘就新时代中国特色社会主义新农村美好新画卷。西藏自治区拉萨市达东村以独特的自然环境和人文历史文化资源为依托,在加强生态环境保护的前提下发展高原生态景观,打牢乡村建设发展的绿色生态基础;坚持政社项目和谐,助推乡村建设实现新蝶变;充分发挥标准性项目的示范引领作用,健全乡村振兴参与机制,激发群众的参与积极性。

(四)乡村治理型促进城乡融合发展的实践

新时代以来,全国各地不断创新完善乡村治理方式,从而有力提升了乡村治理绩效。例如,江苏省徐州市贾汪区马庄村坚持党建引领社会治理,通过实施"党建+"龙头工程加强了党与人民群众的血肉联系;强化德治先导示范作用,通过打造"马庄文化"提升了乡村精神文明建设,夯实了乡村治理的德治根基;强化法治保障,通过"网格化"治理模式创新和发展了"枫桥经验"。广东省的蕉岭县积极创新新时代乡村治理"三治融合"的新机制,通过"一个支部+一张清单"为乡村善治筑基,从而提升了基层支部的德治能力;通过"一套机制+一个阵地"为乡村善治健骨,从而提升了乡村支部的法治能力;通过"一种方法+一个模式"为乡村善治强筋,从而提升了乡村社会的自治能力,通过以"六事"解锁码为乡村善治铸魂,从而创新了乡村"三治融合"的体制机制。海南省海口市秀英区施茶村充分发挥基层党组织的战斗堡垒作用,通过党建促和谐,构建乡村治理新格局;通过民谣唱法治,营造依法治村新氛围;通过调节化解纠纷,共建村美人和新家园,从而创新了基层矛盾纠纷排查化解工作机制,积极探索了"党建+人民调解"基层社会治理新模式。

第二节　乡村振兴战略背景下城乡融合发展的主要努力方向

新中国成立 70 多年来,特别是改革开放 40 多年以来,我国城乡融合发展已经取得重大成就。但是,由于我国城乡二元结构长期的影响,城乡发展差距不可能在短时间内彻底解决,城乡发展不平衡和农村发展不充分等问题依然十分突出。在乡村振兴战略背景下,城乡融合发展不仅要在产业融合上下功夫,还要重点解决农村生态环境、城乡基本公共服务、城乡资源要素"双向流动"以及振兴乡村优秀传统文化等问题。

一、平衡城乡产业发展,调节城乡收入差距

进入新时代以来,以习近平同志为核心的党中央站在决胜全面建成小康

社会、全面建设社会主义现代化国家和实现中华民族伟大复兴的中国梦的战略高度,大力实施脱贫攻坚战略,历史性地消除了农村绝对贫困,从而为新时代城乡融合发展迈出了坚实的一步。但是与城市居民的收入相比,农村居民收入总体水平不高,城乡收入分配不公的问题依然突出,实现城乡融合发展的目标任务依然任重而道远。导致当前城乡收入差距大的原因主要体现在城乡产业融合发展不充分和城乡收入分配不合理两个方面。

从城乡产业融合发展角度看,长期以来,由于城乡二元结构的影响,城乡产业融合发展缺乏统一整体性的产业规划,处于相互孤立状态,农业属于农村,工业和服务业则属于城市;农业的现代化、信息化、工业化、数字化、生态化和市场化普遍滞后于城市。加上城乡产业结构布局不合理,致使城乡产业链、价值链和供应链脱节。农产品质量价值不高和农业不兴旺成为导致城乡收入差距进一步扩大的关键原因。当前,城乡产业发展不平衡不仅仅表现在城乡产业之间,也表现在农村一、二、三产业之间的融合上。例如,由于我国农业产业链不够完整,我国农产品工业加工率只有不到65%,比欧美发达国家低20%。[1]

从收入分配角度看,城乡收入分配结构也呈现二元性。根据相关数据统计显示,2015—2021年,我国城镇居民人均可支配收入远远高于农村居民人均可支配收入,并呈现逐年增加趋势,已经从2015年的超出19773元/人增加到2021年的超出28481元/人。[2]造成当前城乡收入分配二元性的原因主要表现为以下三个方面:一是政府、企业和城乡居民在收入分配中的比例不合理。近几年来,虽然企业的收入分配比重有所下降,但在总收入分配中的比重依然较高,城乡居民收入分配比重增长相对缓慢,这对进一步提高以劳动收入为主要收入来源的农民极为不利。二是劳动收入报酬比例在总收入分配比例

---

① 参见曲延春:《从"二元"到"一体":乡村振兴战略下城乡融合发展路径研究》,《理论学刊》2020年第1期。

② 参见中华人民共和国国家统计局:《中国统计年鉴》(2013—2020),中国统计出版社2013—2021年版。

中相对较低。与城市居民相比,由于农民没有过多的非劳动性和财产性收入,使得以劳动收入为主体的农民收入增长相对缓慢。三是城乡居民工资收入增长率与劳动生产率不同步,从而使居民收入,尤其是农民收入不能够与劳动生产率同步增长。

二、平衡城乡生态发展,建设乡村良好生态环境

城乡融合发展的过程,不仅仅是城乡产业融合发展的过程,还是城乡生态融合发展的过程。随着我国城乡经济社会进入高质量发展阶段,人民群众对美好生态需要和良好生态环境的需要日益强劲。当前,随着我国污染防治攻坚战的深入实施,总体生态环境质量日益改善,但也存在城乡生态发展不平衡,农村生态发展不充分的问题。与城市相比,农村的生态发展是城乡生态融合发展的一大短板,其主要问题表现在以下方面①:

第一,农村生态环境污染亟待加强治理。随着农业农村现代化市场化进程加快,农村内部污染问题也日趋严重。例如根据我国发布的全国土壤污染状况调查公报显示,2017 年我国土壤污染比较严重,其污染总超标率达到16% 以上,但是大部分土壤污染不是工业化的城市土壤而是农村土壤。农村土壤污染不单纯表现在对地表水、地下水的污染,还表现在对农作物和空气的污染。如果不对农村土壤污染及其引发的次生污染加以有效控制,极有可能引发不可逆的严重后果,最终危及我国粮食的生产安全。此外,农作物的白色污染和白色垃圾也不容小觑。

第二,要防止城市污染向农村转移。长期以来,乡村作为城市生态环境的支持者,一度被认为是城市生态环境污染物的倾销场,城市把生态环境压力转移到乡村,乡村也成为城市生态环境污染的牺牲品。如 2019 年,我国乡村生活相关垃圾产量已经高达 2.99 亿吨,相比 2017 年增长 31.7%,而城市的生活

---

① 参见茅锐、林显一:《在乡村振兴中促进城乡融合发展——来自主要发达国家的经验启示》,《国际经济评论》2021 年第 11 期。

相关垃圾增长率仅为 11%。

第三，要加大政府对乡村生态治理的投入力度。由于城乡财政差异，政府在对农村生态环境污染和治理上投入不足。以城市生活污水处理为例，根据《中国城乡建设统计年鉴（2021）》的数据显示，2021 年全国城市生活污水处理率为 97% 以上，同时期县城为 95%，而农村仅为 30% 左右，虽然也有一定程度的提高，但仍明显低于城市水平。①

第四，要加强农民生态环境保护意识。既要经济发展又要生态环境保护，这一观念虽然已经深入人心，但在实践中仍有一些人认为经济利益要优先于生态环境保护，甚至为了一时经济利益而破坏环境，这在资源型县城和乡镇尤为突出。与城市公民相比，农民在生态意识和生态伦理方面的认识都有待进一步提高。

三、解决农村基础设施欠账，提高农村基本公共服务质量

改革开放 40 多年来，尤其是进入新时代以来，我国积极推进农村公路、水电和网络信息技术等新老基础设施建设，大力推进城乡基本公共服务均等化，取得了巨大成就。但我国农村基础设施、基本公共服务与城市相比还有不少差距，与乡村振兴高质量发展所要求的基础设施和基本公共服务的目标要求还有不少距离，这是实现城乡融合发展与乡村振兴必须要解决好的问题。

在农村公路和信息技术网络等基础设施方面，尽管我国乡村已基本实现村村通公路、通电、通光纤和互联网等。但是与城镇相比，无论是数量、标准还是质量都有不少差距。在公路等基础设施方面，目前大部分农村公路按照四级标准建设，仅 21.5% 的乡镇有高速公路出入口；乡村公路建设质量差、宽度不够和缺少维护的问题普遍存在，"断头路""最后一公里"问题尤为突出。在能源设施、信息基础设施方面，截至 2019 年，农村地区仅 22.52% 的村落开通

① 参见周建华、何婷、孙艳飞：《新发展阶段农业农村基础设施建设逻辑与路径》，《长沙理工大学学报》2021 年第 6 期。

了燃气,远远落后于城市地区 95.75%的燃气普及率;农村地区互联网宽带接入用户仅为城市地区的 1/3。①

在基本公共服务方面,尽管城乡基本公共服务均等化已经初步实现,但是在高质量发展方面还有不少差距。在城乡医疗卫生高质量发展方面,据统计全国农村只有 54.9%的村有驻村执业医师,而城市每千人医疗卫生机构床位数为 8.81 张,农村仅为 4.95 张,差距明显,农村本科及以上学历执业医师的占比仅是城市的 1/20。在农村教育高质量发展方面,目前农村基层义务教育建设的硬件标准普遍比较低,小学和初中的生均仪器设备值仅为城市的 75.8%和 76.0%。此外,农村小学专任教师的学历水平整体偏低,如研究生等高学历人数仅是城市的 1/8。在社会基本保障方面,2022 年,城市低保平均标准为人均 734 元/月,农村为人均 554 元/月;中国农村低保人数占全国低保总人数高达 83%左右,占比非常大。②

四、防止农村资源要素流失,畅通城乡资源要素双向流动

长期以来,在城市偏向的城乡二元结构下,城乡资源要素流动和交换不平等,主要表现为:农村资源要素单向度流向城市;在城乡资源要素的交换中,由于城乡市场发育程度的差异,市场发挥作用的程度也有所不同。又由于城乡发展地位的不平等,乡村发展的主体性被限制,使得我国城乡关系发展政策往往出现农业服务工业、农村服务城市的倾向。当前,城乡要素融合发展的具体问题如下:

在劳动力资源要素方面,在城镇化强力驱动下,大量农村劳动力单向度流向城市,尤其是农村大量青壮劳动力和优秀人才流向城市,造成乡村劳动力

---

① 参见李爱民:《我国城乡融合发展的进程、问题与路径》,《宏观经济管理》2019 年第 2 期。

② 参见茅锐、林显一:《在乡村振兴中促进城乡融合发展——来自主要发达国家的经验启示》,《国际经济评论》2021 年第 11 期。

"空心化"、农民的"老龄化"和农村人才短缺,使得乡村振兴面临"主体缺失"问题。根据第七次人口普查结果显示,以常住人口计算,农村人口占比从1978年的82.08%下降到2020年的36.11%,绝对规模从7.9亿减至5.1亿,农村"空心化"现象日益突出。又如乡村60岁以上老人的占比为23.81%,高出城镇7.99个百分点。若以65岁为界,农村的老龄化率也达17.72%,高出城镇6.61个百分点。① 其中以青壮年为主的人口城镇化是导致农村的人口老龄化的主要原因。此外,由于城乡户籍制度改革等原因,2021年我国常住人口城镇化率为64.72%,户籍人口城镇化率为46.7%,这意味着仍有近2.52亿人口处于缺乏稳定的"半城镇化"状态。在土地资源要素方面,进入新时代以来,尽管我国积极推进农村土地征收、集体经营性建设用地入市、宅基地制度这"三块地"的改革及农村承包地这"一块地""三权分置"的改革,但是农村土地制度改革还不能完全满足乡村振兴和城乡融合发展的需求。在资本金融方面,由于城乡体制的藩篱,使得农村金融发展面临困难,城市工商业资本和社会资本下乡还有更大发展空间。

五、振兴乡村优秀传统文化,平衡城乡文化发展

改革开放40多年来,尤其是在党的十六届五中全会提出新农村建设以来,党和政府加强乡风文明和农村精神文明建设,但是由于各种主客观原因,使得党和政府对乡村文化和城乡文化融合共生发展重视程度没有经济建设那么高,不但造成了城乡在产业和基础设施等物质文明方面的差距,而且也造成城乡在道德和文化等精神文明发展上的差距。当前乡风文明建设的主要问题表现为以下几个方面:

在乡村文化空间上,由于传统农耕文化的衰落、传统乡村文化的空心化和乡村公共精神的边缘化,乡村文化空间大大被压缩。在乡村文化主体上,由于

---

① 参见浙江大学中国农村家庭研究创新团队:《中国农村家庭发展报告》(2018),浙江大学出版社2020年版。

农村人口的"空心化"和"老龄化",带来乡村文化主体的缺失。广大农民群众的思想观点、道德意识和价值取向也随之多元化,一些农村地区不良习俗泛滥,乡村社会风气堪忧。① 在农耕文化传承上,乡村优秀农耕文化传承主体缺失,对乡村乡土文化资源遗产保护和利用不够。在农村公共文化发展上,由于对乡村公共文化投入不足,再加上乡镇公共文化服务职能不健全,使得城乡公共文化发展不平衡,农村公共文化发展总体质量不高,不能有效满足广大农民群众对美好富足精神生活的需求。

总之,针对我国传统城乡结构带来诸多城乡融合发展问题,寻求中国特色社会主义城乡融合发展之道,构建新型城乡关系,就成为新时代我国必须持续关注、值得重视和深入研究的重大议题。②

第三节　马克思主义共生哲学视域下城乡
融合发展的共生逻辑框架

实现城乡融合发展是马克思主义关于共产主义未来社会发展的重要特征。从马克思主义共生发展哲学理论角度说,城乡作为命运共同体之中两个相互关联的二元主体或二元共生发展单元,是在城乡共生关系实践中不断生成的:一方面是乡村这个发展主体从依附于城市的依附型主体变成与城市处于对称性互惠共生关系的对象性主体的过程;另一方面是城镇这个发展主体从依附于乡村的依附型主体变成与乡村处于对称性互惠共生关系的对象性主体的过程。在中国特色社会主义新时代,城乡融合发展的共生逻辑分析框架主要包括以下几个方面:构建城乡多元主体融合共生单元、树立城乡对象性互

---

① 参见徐学庆:《乡村振兴战略背景下乡风文明建设的意义及其路径》,《中州学刊》2018年第9期。

② 参见杨发祥、杨发萍:《乡村振兴视野下的新型城乡关系研究——一个社会学的分析视角》,《人文杂志》2020年第3期。

惠融合共生关系(模式)、培植城乡资源要素双循环融合共生界面、营造城乡一体化融合共生环境。

一、马克思主义城乡融合发展的共生意蕴

共生是生物的生存和存在方式,也是生物进化和发展的机制,其发展哲学内涵主要体现了生物共生体或系统内多元生物或单元或主体之间的相互联系、相互作用和相互协同的融合共生发展状态。虽然马克思没有明确运用"共生"概念,但是马克思的自然观、生态文明思想及共同体思想都蕴含了深刻的共生哲学思想,共生哲学是马克思主义哲学的题中之义,同时也是城乡发展的重要规律和价值目标。

(一)城乡融合发展的实践共生论

与共生的生物学或生态学研究范式不同,马克思从人的感性对象性实践活动角度重构了共生的存在论或本体论基础。马克思说:"人是类存在物,不仅因为人在实践上和理论上都把类——他自身的类以及其他物的类——当做自己的对象。"[1]"一个存在物如果本身不是第三存在物的对象,就没有任何存在物作为自己的对象,就是说,它没有对象性的关系,它的存在就不是对象性的存在。"[2]在马克思看来,人作为一个感性对象性存在主体,是人与自然之间、人与社会之间、人与精神之间关系的主体和创造者;而上述关系在本质上都是一种感性对象性关系,都是一种互为主体的共生关系,根源于人自身的感性对象性活动。

第一,人是感性对象性自然存在物,人与自然的关系在本质上是一种感性对象性共生关系,并非改造与被改造的关系。马克思说:"人靠无机界生活……自然界,就它本身不是人的身体而言,是人的无机的身体,人靠自然界生

---

[1] 《马克思恩格斯文集》第1卷,人民出版社2009年版,第161页。
[2] 《马克思恩格斯文集》第1卷,人民出版社2009年版,第210页。

活。……所谓人的肉体生活和精神生活同自然界相联系,也就等于说自然界同自身相联系,因为人是自然界的一部分。"①在马克思看来,人作为感性对象性关系存在物,首先表现在人与自然之间的感性对象性关系上,人与自然和谐共生的存在论根据在于人与自然之间的感性对象性活动。第二,人是感性对象性社会存在物,人与社会的关系在本质上同样是一种感性对象性共生关系,并非你死我活的斗争关系。马克思说:"只有当对象对人来说成为社会的对象,人本身对自己来说成为社会的存在物,而社会在这个对象中对人来说成为本质的时候,这种情况才是可能的。"②在马克思看来,人自身的感性对象性除了首先表现为人与自然之间的感性对象性共生关系之外,同时也表现为人与人、人与社会之间的感性对象性共生关系。人不但是自然对象性存在物,同时也是社会对象性存在物。因此,人与人、人与社会之间和谐共生发展逻辑就根源于人与人、人与社会之间的感性对象性关系,最终根源于人自身的感性对象性实践活动。

(二)城乡融合发展的共生逻辑图示

基于马克思所揭示的人的感性对象性关系所蕴含的共生意蕴,城市与乡村作为人类社会发展两大主体,是人类物质生产劳动与精神生产劳动相互分离的必然产物,尤其是人类农业生产实践活动与工商业生产实践相互分离的必然产物;城乡融合发展作为人类未来新型的城乡关系,是一种已经消除城乡二元结构对立和差异的新型城乡关系,同时也是对城乡原始融合共生关系的高级复归或城乡融合发展的高级形态,但终归在本质上都是人类自身的感性对象活动的不同表现形式。其中,城乡多元主体融合共生是城乡融合共生体中能量生产、信息资源交换的共生单元,是城乡命运共生体存在和发展的主体基础;城乡对象性或对称性互惠融合共生关系(模式)是城乡多元主体之间的相互联系、相互组织和相互作用的方式,是城乡命运共生体存在和发展的关

---

① 《马克思恩格斯文集》第 1 卷,人民出版社 2009 年版,第 161 页。
② 《马克思恩格斯文集》第 1 卷,人民出版社 2009 年版,第 190 页。

键;城乡融合共生界面是城乡多元主体之间的物质、能量和信息传导交流的媒介、载体和通道,是城乡命运共生体存在和发展的内生因素;城乡融合共生环境是城乡命运共生体存在和发展的外生因素的总和,是城乡多元主体融合共生发展的外生条件。

二、构建城乡融合发展的多元共生单元主体

共生单元是共生体系中资源、信息和能量的生产和交换的主体,是形成共生体的主体前提。在前现代化和前工业化的传统农耕文明社会中,由于人类生产力发展水平比较低,现代化大工业还没有从传统农业中完全分离出来,工场手工业还依附于农业,人类的产业活动主要表现为农业的原始一元性,工业是农业的附属,农民是传统古代社会的真正主体,城乡发展主体在内容上是以"三农"为主体,在主导形式上表现为乡村社会一元主体。随着人类生产力不断发展,人类劳动力分工不断精细化和复杂化,特别是在资本逻辑的推动下,现代化大工业逐渐从传统农业中独立出来,并日益成为独立部分,工业反客为主,进而成为现代产业的绝对主体,农业依附于现代化大工业,原始大一统农业也开始不断分化,形成小农业与大工业对立共生的产业二元结构。与工业从农业分离过程相互伴随的是城市从乡村分离出来,城乡发展主体也随之分化和改变,城市取代了乡村成为社会发展的绝对主体,现代产业工人和城市居民逐渐取代古代社会农业农民和乡村居民的主体地位,农民及乡村居民成为产业工人和城市市民的附庸,人类社会也从乡村一元社会变成城乡二元社会。

随着现代化大工业日益推进,尤其是现代化科学技术发展,现代化服务业不断发展,也逐渐成为与农业、工业相互并列的产业主体,人类的生产生活活动也日益多样化和多元化,人类生产生活活动不再仅仅局限于农业和工业的物质生产实践活动,而且可以表现为人自身的政治、文化、社会及生态等多样化的生产生活活动。与此同时,人类多元化产业活动之间的融合共生发展也日益加强,要求突出传统工业文明以来形成的农业与工业二元对立化的产业

结构。与人类产业多元化融合共生相互适应,城市与乡村融合共生发展也日益强劲,迫切要求突出城市偏向的城乡二元主客体对立性或矛盾性融合共生发展结构,构建城乡多元主体融合共生发展结构,实现城乡多元经济、多元生态、多元文化、多元治理和多元生活的融合共生发展。基于乡村振兴战略背景下城乡融合发展的多元共生单元主体具体表现为产业单元、生态单元、文化单元、治理单元和生活单元五个共生单元主体,换句话说,也就是更多体现为经济、政治、文化、社会及生态的"五位一体"共生发展。

三、树立城乡融合发展的对象性互惠共生关系(模式)

共生关系或共生模式是共生体中共生单元或共生主体之间相互作用或相互结合的存在方式或形式。一般说来,在古代农业乡村社会中,是一种乡村偏向的城乡非平等关系;在近代工业城市社会中,是一种城市偏向的城乡非平等关系;在现代生态城乡社会中,是一种城乡互为主体抑或互为客体的对象性或对称性互惠平等关系。在中国传统城乡二元结构背景下,城乡之间的主体关系绝对不是一种对象性平等互惠关系,在本质上是一种不平等的关系,一种非对象性或非对称性互惠共生关系,具体主要体现在以下几个方面:如工业单元强于农业单元,新型工业发展强劲并受到重视,而乡村农业现代化水平严重滞后;城市生态环境单元好于乡村生态环境单元,农村成为城市生态环境供给方和城市生态环境污染破坏的牺牲品;城市文化单元高于乡村文化单元,城市文化成为先进文化的象征,农村文化则成为落后文化的标签;国家城市治理单元重于乡村社会治理单元,城市治理活力有序,乡村治理则"内卷"重重;城市市民生活单元优于乡村农民生活单元,城市市民是现代化文明的积极受益者,农民则成为现代化文明的被征服者。

基于乡村振兴战略背景下城乡融合发展的共生关系(模式)具体主要表现在以下几个方面:在城乡产业共生单元主体间性上,乡村农业不再依附于即单向度服务于城市工业,而在坚持农业发展主体基础上实现农村一二三产业有机融合共生,实现农业科技创新与农业产业化现代化有机融合共生,实现小农经营与现代新型经营主体有机融合共生。在城乡生态单元共生主体间性上,农村生态环境也不再成为城市生态环境污染和破坏的牺牲品,而是在提供良好生态环境产品的同时获得等价交换的生态补偿。在城乡文化单元共生主体间性上,乡村文化或农耕文明不再被同化为城市工业文化或文明而丧失文化主体性,而在乡村文化复兴中与城市文化平等交流融合共生发展。在城乡治理单元共生主体间性上,乡村治理不再处于国家治理体系中的边缘地带,而是国家治理体系的重心所在,并和国家城市基层社区治理一样同时成为国家治理的重要基石。在城乡生活单元共生主体间性上,农民始终是乡村发展的主体,农民生活水平提高始终为乡村发展的目的,农民不再作为城乡融合共生发展的牺牲主体,而是在城乡共同富裕中实现人的自由全面发展。

四、培植城乡融合发展的双循环融合共生界面

共生界面是共生体内共生单元或主体之间相互作用方式和机制的总和,是多元单元主体之间物质、资源、能量及信息相互交换和传导的媒介、载体和通道,是共生关系形成和发展的内生因素和前提条件。在传统城乡二元结构背景下,城乡融合发展所需要的资源要素的流通和交换也始终处于一种非互惠、非平等交换的共生界面中,其主要困境体现在以下几个方面:在劳动力生产要素方面,城市偏向的城乡二元户籍制度依托工业化和城镇化本身的经济优势,并通过相关工资和福利政策制度一方面吸收了工业化和城镇化所需要的农村优秀劳动力或人力资源要素;另一方面则严格限制城市优秀劳动力或人力资源支援乡村建设,致使农村劳动力大量流失和人才凋敝。在土地生产要素方面,城市偏向的城乡二元土地制度可以通过工业化和城镇化的公共利益需要征收征用农村土地,但并没有对农村土地给予城市土地同等的价值补偿,从而限制了土地生产要素在"三农"发展中的功能和作用。在资本资金生产要素方面,城市偏向的城乡二元金融制度长期抽取农村剩余价值为工业化

和城镇化服务,农村金融发展长期受到抑制,从而使得农村经济社会发展长期处于金融贫血和供血不足的状态。

在乡村振兴战略背景下城乡融合发展制度界面具体表现在以下几个方面:在城乡劳动力双循环共生方面,一方面农村将依托自身的产业兴旺、壮大集体经济、新型农业经营体系和完善农村基本公共服务等措施留住乡村优秀人才,吸收流向城市的优秀农村劳动力和新生代农民工"回流"农村参与乡村振兴;另一方面城市将通过大学生村官、专业技术人才和驻村干部等多种形式和方式实施人才下乡工程,从而促进城乡劳动力和人力资源的双向流动共生。在城乡土地要素双循环流动共生方面,一方面严格规范因为工业化和城镇化需要的农村土地征收征用制度,并让农村土地平等参与到全国城乡一体化的土地市场交易之中,把农村土地因为城镇化发展所获取收益用于农业农村现代化建设发展中;另一方面要积极推进农村土地"三权分置"改革,尤其深化农村宅基地改革,增强农村土地在支持乡村产业兴旺和农村生活共同富裕方面的内生动能,从而促进城乡土地资源要素融合共生发展。在城乡资本资金要素双循环共生方面,一方面农村金融不再是为工业化和城镇化积累剩余价值的抽水机,而成为给乡村振兴积累剩余价值的蓄水池;另一方面城市金融将通过自身的资本资金优势,通过普惠金融和绿色金融等方式支持农村金融和乡村振兴,从而促进城乡金融融合共生发展。

五、营造城乡融合发展的一体化共生环境

共生环境是共生单元主体以外所有外生因素和变量的总和,也是维持共生体及其共生关系存在和发展的外在条件总和。工业化作为城乡二元结构的共生环境,是城乡二元关系的实际起源,是推动城镇化的基本动力或发动机,是城镇化的要素提供者和加速器;是城乡二元结构的产业活动主体,是信息化(数字化)的物质基础和主要载体,是农业现代化剩余劳动力的吸纳器,是农业现代化的产业基础,是农业科技创新的技术基础,是农业现代化资源要素的

提供者。信息化(数字化)作为城乡二元结构的共生环境,是工业化、城镇化和农业现代化的科技驱动力,是推动工业结构、城市产业结构和农业现代化产业融合发展的动力机制。城镇化作为城乡二元结构的共生环境,是工业化和信息化的空间载体,是城乡二元结构的自足活动主体(乡村是依附性主体),是工业化、信息化和农业现代化的外生驱动力。农业现代化作为城乡二元结构的共生环境,是工业现代化和城镇化的劳动力来源和原料来源,是信息化(数字化)的重要载体。其中,农业现代化与工业化、城镇化和信息化(数字化)的共生环境的主体地位是不平等的,工业化和城镇化是城乡二元结构的主体,农业农村现代化则为工业化、城镇化服务。[1]

在乡村振兴战略背景下,城乡融合共生发展的一体化共生环境具体表现在以下几个方面:坚持农业现代化在城乡融合共生发展中的主体地位,促进农村一二三产业结构有机融合共生发展,提高农业科技成果转化率,构建新型经营主体,促进小农户与新型经营主体融合共生发展;坚持新型工业化服务于农业现代化生产结构升级,大力发展新型绿色工业,大力开发新型绿色技术和能源;坚持“三农”在城乡融合共生发展中的主体地位,积极推进以人为核心的新型城镇化,积极促进城乡基本公共服务均衡化,健全农村教育、文化、公共卫生医疗服务体系;坚持“三农”在城乡信息化数字化中的主体地位,大力促进农业产业数字化和农村社会治理数字化,全面提高农民数字化生活能力,使农民能够借助乡村数字化智能化发展实现城乡生活共同富裕;坚持“三农”在城乡绿色发展中的主体地位,坚持走生态优先绿色高质量现代化农业发展道路,促进农村生产生活生态有机融合共生发展,让农民在绿色发展中实现城乡生活共同富裕,最终实现人与自然、城市与乡村融合共生发展的现代化。[2]

---

[1] 参见孙德中、吴一平:《“四化”同步发展的内在机制探析》,《学习论坛》2015年第11期。

[2] 参见杨志良:《中国式农业现代化的百年探索、理论内涵与未来进路》,《经济学家》2021年第12期。

第二章 在产业兴旺中增强城乡 融合发展的共生动力

"乡村振兴,产业兴旺是重点。"①在城乡融合发展共生逻辑体系中,产业兴旺作为城乡融合发展的产业共生单元主体,是乡村全面振兴的重要内容,也是增强城乡融合发展共生动力的必然要求。习近平总书记指出:"产业兴旺,是解决农村一切问题的前提,从'生产发展'到'产业兴旺',反映了农业农村经济适应市场需求变化、加快优化升级、促进产业融合的新要求。"②因此,只有实现乡村产业兴旺,才能进一步壮大和发展农村集体经济,才能够为乡村全面振兴提供坚实的经济基础和物质保障,才能为城乡融合发展提供坚实的共生动力。对此,我们认为农业现代化和城乡产业融合是实现乡村产业兴旺的基本路径,是实现乡村产业振兴的内生动能,也是增强城乡融合发展的根本共生动力所在。但是在城市偏向的城乡二元结构背景下,农工业现代化处于二元对立共生结构状态,城乡产业融合发展水平不平衡,乡村产业发展落后发展不充分,主要问题表现为:农业产业结构单一,农村一二三产业融合发展程度低,农业科技水平不高,农业现代化经营能力不强等问题。因此在乡村振兴战略背景下实现乡村产业兴旺,必须进一步提高农业现代化水平,进一步加强乡村一二

---

① 《中共中央国务院关于实施乡村振兴战略的意见》,人民出版社2018年版,第8页。
② 《习近平谈治国理政》第三卷,外文出版社2020年版,第258页。

三产业结构融合发展,着力破除城市偏向的城乡二元产业结构对农村一二三产业结构融合的束缚,在乡村产业兴旺中增强城乡融合发展的共生新动能。

第一节 在农业供给侧结构性改革中增强城乡融合发展的共生动力

改革开放 40 多年来,我国经济发展进入新常态,正在由高速增长阶段转入高质量发展阶段,农业产业结构也随之发生了重大变化,农业供给侧结构性改革成为新时代我国推动乡村产业兴旺的内生新动能。习近平总书记强调指出:"农业的主要矛盾由总量不足转变为结构性矛盾、矛盾的主要方面在供给侧,必须深入推进农业供给侧结构性改革,加快培育农业农村发展新动能"。[①]"要深入推进农业供给侧结构性改革,因地制宜培育壮大优势特色产业,推动农村一二三产业融合发展。"[②]在 2016—2023 年连续八年的"中央一号"文件中,均把深化农业供给侧结构性改革作为新时代农业农村工作的主线,强调要促进农村一二三产业融合发展。从乡村内生动能上说,新时代要实现乡村产业兴旺,必须破解城乡二元产业结构对城乡产业融合发展的共生障碍;而要促进农村一二三产业结构融合发展进而增强城乡融合发展的共生动力,就必须坚持把农业供给侧结构性改革作为新时代农业农村工作的主线,在农村一二三产业结构融合发展中提高农业现代化水平,提高农业综合效应和竞争力,这样才能够增强城乡融合发展和乡村全面振兴的内外共生驱动力。

一、新时代我国农业产业结构融合发展的共生问题

农业供给侧结构性改革是新时代我国推动农业农村现代化的主线,也是

---

① 《习近平关于"三农"工作论述摘编》,中央文献出版社 2019 年版,第 95 页。
② 《习近平论"三农"工作和乡村振兴战略》(2020 年),中华人民共和国农业农村部,http://www.moa.gov.cn/ztzl/xjpgysngzzyls/zyll/202105/t20210524_6368245.htm。

实现乡村产业兴旺增强农村农业发展新动能的根本路径。要实现乡村产业兴旺就必须持续不断深化农业供给侧结构性改革,不断优化新时代农村产业结构,促进农村一二三产业结构融合共生发展。在传统城乡二元产业结构制约下,我国农业供给侧的共生问题主要表现在农产品供给和农业产业结构两个方面,换句话说,农产品供给共生问题是现象形式,农业产业结构共生问题才是本质内容。

(一)农产品供给融合发展的共生问题

改革开放以来,我国农业成就斐然,农民收入显著提高。在粮食产量方面,2022 年全国粮食总产量 68653 万吨,比上年增加 368 万吨,增长 0.5%。[①]然而在农业产量总供给取得巨大成就的同时,农业粮食产量供给结构性矛盾却依然存在,农产品"三量齐增"与"三本同升"现象并存,国内农产品竞争力低下,国内外价格严重倒挂,农民持续增收乏力。从现象上看,我国农业产业结构的共生困境主要表现为农产品的供给与需求错位共生,具体可以表现为农产品供给量、质和度三个方面的共生问题。

1.农产品供给量的共生问题。"农业农村农民问题是关系国计民生的根本性问题"[②]。习近平总书记指出,国家粮食安全不仅仅是一个经济问题,更是一个政治问题,是一个关于我国城乡国民经济社会发展稳定和国家独立自主的基础性问题。从量上来说,新时代我国农产品供给量的共生困境主要表现为"三量齐增"的共生问题,即粮食生产量、进口量和库存量同时上升。根据国家统计局相关数据显示,从 2003 年到 2015 年,我国粮食总产量实现"十二连增",从 43069.53 万吨增加到 62143.92 万吨,年均增长率高达 3.7%。其中,玉米、小麦、稻谷产量分别从 11583 万吨、8648.8 万吨、16065.6 万吨增加

---

① 参见中华人民共和国国家统计局:《中国统计年鉴》(2013—2021),中国统计出版社 2013—2020 年版。

② 《习近平谈治国理政》第三卷,外文出版社 2020 年版,第 25 页。

到 22463.2 万吨、13018.5 万吨、20822.5 万吨。然而,同一时期我国粮食进口总量也大幅增加,从 2283 万吨增加到 12477 万吨,增长了 4.47 倍。2016 年,我国粮食产量和进口量虽然同步下降,但是对外依存度仍高达 18%。与此同时我国粮食库存总量也是节节攀升。以玉米为例,在 2010 年到 2015 年的短短几年时间内,玉米库存量从 2376 万吨增至 25000 万吨,而这一时期我国的大豆和小麦面积和产量却同步下降。① "玉米严重过剩、小麦基本平衡、大米略有盈余、大豆供需缺口巨大"一段时期内成为我国粮食供给的共生现状。近两年国家高度重视粮食安全,这一状况已经得到有效控制和平衡。

2. 农产品供给质的共生问题。"三量齐增"现象不但直接反映我国农产品量上的供给矛盾,而且更加反映出我国农产品质上的问题。换句话说,"三量齐增"现象既反映了低质无效供给供过于求,也反映了我国高质有效优质供给的不足,即农产品的高质优质高效供给共生困境。近年来随着我国城乡经济社会不断发展,城乡居民生活收入水平也逐渐提高,城乡居民消费结构也发生了巨大变化,尤其是在脱贫攻坚任务完成和农村绝对贫困消除之后,使得城乡居民消费结构向着高质量发展,生存型消费逐渐减少,发展型消费和享受型或休闲型消费逐渐增多。其中,2021 年全国居民恩格尔系数为 29.8%,其中城镇为 28.6%,农村为 32.7%。② 体现在农产品上,城乡居民对农产品的消费需求由注重数量型消费向注重质量型消费转变,由追求温饱生存型生活向追求高质量高品质型生活转变。但是我国农产品市场对城乡居民消费结构转型升级的敏感性不足,所能够提供的大多还只是普通的农产品,附加值更高的优质农产品总量偏低,"三品一标"③产品占整个农产品市场供给总量不足 20%,专业化高质量农产品更是缺乏,大量依赖进口,造成了优质农产品小生

---

① 参见中华人民共和国国家统计局:《中国统计年鉴》(2013—2020),中国统计出版社 2013—2020 年版。

② 参见中华人民共和国国家统计局:《中国统计年鉴》(2013—2020),中国统计出版社 2013—2020 年版。

③ 所谓的"三品一标"即无公害农产品、绿色食品、有机农产品和农产品地理标志的统称。

产与大市场的供需矛盾,从而严重制约我国优质农产品的发展。

3.农产品供给度的共生问题。当前我国农产品供给度的问题主要表现为国内供给与国外供给之间的矛盾,如国内粮食价格与国外粮食价格倒挂。近年来,为了充分调动农民种粮积极性,保证国家粮食安全和缩小城乡居民收入差距,我国水稻和小麦等主要口粮实行了最低收购价政策,对玉米也实行了临时收储政策。但是随着我国农业劳动力人工成本、土地成本及流通成本逐年增加,我国主要粮食收购价和临时收储价也随之不断提高。其中,在2007年至2014年的短短7年时间内,小麦、早籼稻、中晚稻、粳稻的最低收购价分别提高了63.9%、93%、92%、107%,玉米临时收储价也提高了60%左右。与此同时,随着国外金融危机大背景下国际大宗农产品需求的大量萎缩,农产品的价格持续低迷,从而导致我国农产品国内外价格全面倒挂。以2015年数据为例,2015年每公斤小麦、大米、玉米的国内价格分别比国际价格高1.33元、0.91元、1.07元。在我国农产品库存量大和农产品国际国内价格倒挂的情况下,我国对农产品价格保护政策措施比较乏力。其中,目前我国农产品关税水平仅为15.2%,不足世界平均水平的1/4,从而导致国外现代化大农业生产的大量低价农产品涌入我国市场,造成对国内农产品销路的挤压。

(二)农业产业结构融合发展的共生问题

从农业产业融合历史角度上看,农业产业融合先后发生两次产业结构融合革命,第一次是发生在19世纪中叶到20世纪中叶的传统农业生产方式的机械化。第二次是20世纪第三次科技革命所引发的机械农业生产方式的信息化。新一轮农业产业结构融合发端于20世纪70年代数字技术革命引发农业产生方式的数字化。当前我国农村产业结构融合发展的共生问题主要表现在:产业链、价值链及供应链等方面融合共生发展。[1]

---

① 参见王国敏、常璇:《我国农业结构性矛盾与农业供给侧改革的着力点》,《理论探索》2017年第6期。

1. 农业产业链协同融合共生发展。农业全产业链是农业现代化的核心竞争力,是农业一二三产业融合发展的关键环节。随着农业现代化不断推进,农产品的市场竞争已不是单个农产品的竞争,而是涉及农业产业链的竞争,是农业产业链各部相互协同合作的综合能力的竞争。当前,农业全产业链协同融合共生发展的主要问题表现在组织和利益共生两个方面。其一,在农业产业链组织链程度上,由于我国农业基本经营制度是以家庭承包小农户经营为基础、统分相互有机结合的经营制度,这使得我国小农户经营人多地少,经营主体较为分散,从而导致我国农业产业链生产组织化程度比较低。同时由于小农户现代化组织不发达,使得我国大部分农户产业链局限在生产环节,在深加工、流通、销售及服务行业的环节比较少,致使农业产业链组织化水平难以提高。其二,在产业链利益链连接机制方面,由于大量小农户组织化程度不高,使得大量小农户之间利益连接机制不够紧密,利益共享程度不高;新型农业经营主体与小农户之间利益连接程度既不紧密也不够通畅。此外,由于在小农户内部及新型农业经营主体之间存在产业链利益链共享共生发展困境,从而进一步限制农业全产业链做大做强。

2. 农业价值链协同融合共生发展。全产业价值链是全产业链融合的内生动力。新时代以来,我国农村一二三产业融合发展不断提高,农业全产业链不断延伸,但是农业价值链整体水平仍然不高,农业整体附加值偏小,农业保值增值增收效益不多、农业产业利益分配机制不公平及农业产品价值国际竞争力不强等问题依然存在,从而制约农业高质量发展和农业发展动力的后劲。当前农业全价值链融合共生发展的问题主要体现在价值创造和分配两个方面。在价值链创造上,注重产业链纵向的延伸,但是轻视产业链横向挖掘;注重生产种植阶段,轻视生产性服务;重视单个产业资源要素的利用效率,轻视产业要素集聚和城乡要素协同;重视土地、资本及人力硬要素在价值创造中的集聚效应,轻视数据(网络)、品牌、标准等软要素的价值创造功能。在价值链分配上,重视单个经营主体的培育,轻视多元新型经营主体之间的利益联结机制;重视组织化的龙头涉农企业的培育,轻视小农户的利益需求;重视农业生产环节之间的利益联结分配,轻视农业生产性服务及销售之间的利益联结分配;重视农业产业链的按要素分配,轻视农业产业链的按劳分配;重视农业产业链价值分配的效率性,轻视农业产业链价值分配的公平性。

3. 农业供应链协同融合共生发展。现代农产品供应链是多元供应主体相互协同的结果。当前我国农业供应链协同融合共生发展的主要问题表现在交易成本共担和信息资源共享共生两个方面。在交易成本共担共享共生方面,农业供应链的高成本一直是制约我国农业供应链协同共生发展的主要障碍。在生产成本方面,由于农药化肥及地膜等涨价使得农业生产成本高;在物流成本方面,由于农产品供给地区与农产品消费地区的交通不发达,且农产品的生鲜特性,对储藏、配送等物流标准要求高,造成物流成本较高;在融资成本方面,由于农产品风险高、周期长及效益低等原因,使得金融对农产品贷款存在抑制现象,农产品融资成本高。在信息资源共享共生方面,农产品信息共享共生问题一直是造成农产品供应多元协同融合发展中一个重要的不稳定因素。从农业生产角度上说,农产品的周期性、季节性和不确定性造成了农产品信息的不确定性和不稳定性。从供应链主体角度上说,由于农产品供应链主体之间长期各自为政,缺乏有效信息资源沟通交流机制,从而导致生产者(农户)、供应商、中间商、销售商和消费者之间互相信息脱节,信息严重不对称,致使农产品供应链效率整体低下,最终损害农产品供应主体的整体共同利益。①

二、在农业供给侧结构性改革中增强城乡融合发展的共生动力路径

"要坚持新发展理念,把推进农业供给侧结构性改革作为农业农村工作

---

① 参见赵芸、黄解宇:《农产品供应链主体协同机制研究——以山西为例》,《技术经济与管理研究》2019 年第 10 期。

的主线,培育农业农村发展新动能,提高农业综合效益和竞争力。"①在乡村振兴战略背景下要实现产业兴旺,就必须要进一步深化农业供给侧结构性改革,进一步增强农业农村发展的内生动能,进而为实现城乡融合发展提供强劲的共生动力。对此,我们认为,农业供给侧结构性改革要以实现乡村产业兴旺和增强农业农村内生发展新动能为目的,不断优化农业产品品种结构,立足特色农业不断优化城乡区域发展的动力结构,通过城乡产业结构融合不断推动农业高质量发展。

(一)构建农产品结构融合发展的共生体系

针对新时代我国农业供需错位共生的现实困境和激发城乡产业融合发展的内生动力要求,我们认为乡村振兴战略背景下农业供给侧结构性改革主要应该从调整优化农产品产业、品质和保障结构这三个方面着手解决农产品结构融合发展的共生困境。

第一,构建农产品品种结构融合发展的共生体系。在目标导向上,农业供给侧结构性改革要始终按照"稳粮增收、提质增效、质量安全、持续发展"的总目标来谋划,始终坚持藏粮于地的战略方针,在确保主要谷物口粮基本自足、绝对安全的基础上,进一步提高农业生产要素利用效率,进一步调整优化种植业结构及其品种结构,重点解决"三量齐增"问题。在具体实施路径上,要适当调整我国玉米种植的面积和区域,因地制宜地发展饲用玉米、青贮玉米,开展粮草轮作和粮饲兼用型玉米种植;要进一步扩大"粮改豆、粮改饲"试点范围,尤其特别应该鼓励杂粮、杂豆和马铃薯生产,并积极探索建立大豆、棉花、油料、糖料等重要农产品一体化生产保护区;要同时根据生态环境容量和资源可承载能力进一步调整优化区域养殖布局,不断优化畜禽养殖结构,加快发展草食畜牧业,以肉牛、肉羊、奶牛等畜牧业为重点,探索耕地轮作休耕和优质饲

---

① 《习近平关于"三农"工作论述摘编》,中央文献出版社 2019 年版,第 95 页。

草料种植补贴制度,促进粮、经、草、畜的共生发展。此外,在浅山丘陵区,要加快建设人工、半人工草地,积极支持草地改良,提高草地载畜能力,促进草畜平衡共生发展。①

第二,构建农产品品质结构融合发展的共生体系。从战略方法上,要始终坚持质量兴农战略,以市场需求为导向,积极探索品质优良、特色鲜明和附加值高的农产品,并以增加中高端粮食品种供给为主攻方向。在具体实施路径上,一方面以优化农产品产业结构调整为契机,尽快淘汰品质低劣落后的农产品,积极发展无公害、绿色和有机的"三品一标"认证农产品,适应城乡居民消费转型升级需要。重点培育一批专业化的粮食、畜禽产品、林产品、油料及果蔬等特色优质农产品,建立农产品品牌目录制度,提高有机生态环保农产品的影响力和美誉度,进而提高消费者对国内优质农产品的公共信任度。另一方面,政府要加强对优质农产品的监管体制机制,综合运用现代科学技术,如通过物联网、互联网等技术手段来完善农产品从生产、仓储、加工、物流到销售各个环节全过程的安全监管体系,以便能够实现从田间地头到饮食餐桌上的农产品安全健康环保等质量监管全覆盖,全面提高优质农产品质量水平。

第三,构建农产品价格保障结构融合发展的共生体系。当前我国优质农产品有效供给不足和"三量齐增"问题突出,除了农业产业结构和品质结构融合发展不足之外,我国农产品与国外农产品之间的价格"倒挂"也是重要原因。为此我们必须在不断深化农产品尤其是粮食价格体系和储备制度供给侧结构性改革基础之上,进一步强化市场在粮食价格资源配置方面的基础性作用,更好地发挥政府在粮食价格保障支持方面的作用。在方法上,粮食价格供给侧结构性改革应在坚持"市场定价、价补分离"的市场定价机制基础上,同时注意"分品种施策、渐进式推进、强化弹性调控"的方法。在实施具体路径方面,一方面要以玉米收购制度改革为突破口加强对粮食收储供给制度的改

---

① 参见吴海峰:《推进农业供给侧结构性改革的思考》,《中州学刊》2016年第5期。

革,进一步强化市场供求关系在玉米价格体系中的基础作用,解决东北产区与中原产区、玉米产区与玉米销区的价格倒挂问题,以及国内玉米与国际玉米价格倒挂问题;另一方面要加强对稻谷和小麦最低收购价政策供给侧结构性改革,进一步强化对稻谷和小麦市场化的生产补贴机制和市场化风险分担机制。

(二)构建农村产业结构融合发展的共生体系

习近平总书记指出,"要推动乡村产业振兴,紧紧围绕发展现代农业,围绕农村一二三产业融合发展,构建乡村产业体系,实现产业兴旺。"[①]大力推动农村一二三产业融合不仅是加快推进农业农村现代化的重要举措,而且是实现乡村产业振兴的关键;不仅是建设现代农业产业体系、生产体系、经营体系的必然要求,而且是培育农村新产业、新业态、新模式的有效途径;不仅是促进农民持续较快增收的重要支撑,而且也是解决农产品供需错位共生的根本途径。

第一,构建现代化农业全产业链协同融合发展的共生体系。在农业全产业横向联系上,要以农业生产为中心来加强农业与工业融合共生发展,强化农业全产业链的向前、向后延伸,将种子、农药、肥料生产与农业生产连接起来,将农产品加工、销售与生产连接起来,形成上下游各环节紧密衔接、各主体共同参与产业运行的完整产业链,解决农业全产业链上中下游结构性失衡问题(中游强前后两头弱的问题),大力发展智慧农业、有机农业、精致农业及创意农业多元化农业产业链,提高农业的自动化、智能化和生态化水平。在农业全产业链组织化上,要以符合现代市场化经营的专业化组织化农业生产经营主体为依托,有分工有计划有组织地将小农户组织起来,通过"公司+农户""公司+合作社""公司+合作社+农户""龙头+农户"等多元化的现代化农业经营组织来补充、延伸和强化农业全产业链。在利益联结机制方面,可以通过订单

---

① 《习近平关于"三农"工作论述摘编》,中央文献出版社2019年版,第149页。

农业、股份合作、利润返还等多样化的有效的利益联结机制,使生产者、加工者、销售者和服务者有机联结在一起,让包括农民在内的多元经营主体共享农业产业融合发展的增值收益。

第二,构建现代化农业全价值链协同融合发展的共生体系。在农业全价值链创造上,要进一步拓展农业的功能,在坚持农业提供最基本的物质产品经济功能基础之上,深入挖掘农产品及农业所具有的生态功能、社会功能与文化审美景观功能,促进农业与生态环保产业、旅游产业、文化体育产业的相互交叉深度融合发展,形成具有融合性的新业态,赋予农业产业体系的多种功能价值,从而实现农业价值综合效益的提升。如在充分挖掘农业农村自然景观、人文遗迹等资源基础上实现农村一二三产业融合发展,大力发展观光农业、休闲农业以及生态农业等现代化附加值高的新型农业。在农业全价值链分配上,建构多元化利益分配机制。在构建多元化价值链利益分配机制中,必须始终坚持农民的主体地位不动摇,激发农民生产经营的积极性,尤其要特别注重和充分保障小农户利益,解决农业全产业链价值链增产增长而农民增收难的问题。在不断完善订单农业、股份合作、利润返还等利益分配联结机制的同时,大力推广“农户+合作社”“农户+公司”等模式,大力创新“订单收购+分红”“农民入股+保底收益+按股分红”等多种利益联结方式,使其在产业链价值链利益主体中构建分工明确、风险共担、利益共享的产业联合体和命运共同体。①

第三,构建现代化“互联网+”农业全供应链融合发展的共生体系。② 在协同创新模式上,要进一步改善农产品供应链协同融合共生发展的共生环境,构建农产品互联网集成化战略联盟运营体系;打造动态化共享化的互联网流通机制,强化供应链的产供销一体化,进一步加强生鲜农产品信息资源供应链

---

① 参见蒋永穆、陈维操:《基于产业融合视角的现代农业产业体系机制构建研究》,《学习与探索》2019 年第 8 期。

② 参见赵芸、黄解宇:《农产品供应链主体协同机制研究——以山西为例》,《技术经济与管理研究》2019 年第 10 期。

整合;进一步加强互联网供应链点线面之间的对接,进一步创新生鲜农产品电子商务运营模式(B2C、O2O及C2B),推广更加精细化定制化智能化的生鲜农产品供应服务;要根据城乡区域发展差异因地制宜聚合优势资源,建构具有地域特色、产业特色、行业特色的网络供应链生态,打造良好的生鲜农产品电商生态网络圈。在协同创新平台上,可以从供应链前中后三端协同发力。在农产品供应链前端上,通过将互联网、大数据、云计算、物联网等先进信息技术融入到农产品生产中,构建完善的"互联网+"农产品信息平台,同时推动各类农业供应链信息化平台建设,解决农产品供应链信息共生问题。在农产品供应链中段,加速农产品批发市场线上线下的数字化改造进程,建构标准化的智能化的农产品物流服务平台,进而解决农产品供应链物流成本高的共担共生困境。在农产品供应链末端,充分利用区块链技术建构多元互联网供应链金融平台,降低互联网消费平台的融资成本,提高互联网供应链主体消费潜力,解决农产品供应链融资共享共生问题。

第二节 在现代化农业科技协同创新中
增强城乡融合发展的共生动力

改革开放40多年来,我国在经济、科技以及教育等方面都取得了巨大发展,农业科技创新在驱动农业农村现代化和城乡融合共生发展方面发挥了重要作用。但是我国农业科技创新与贡献率(61.5%,2021)仍低于欧美等传统农业科技强国(美国农业科技进步贡献率超过80%,英国和德国均在90%以上),农业科技创新与乡村振兴战略、农业现代化、产业兴旺的内生需求衔接度不够,严重制约了农业科技创新驱动乡村振兴、产业兴旺及城乡融合发展的新动能作用。对此,2018年8月科学技术部在《关于创新驱动乡村振兴发展的意见》中,提出了科技支撑、创新引领乡村振兴和产业兴旺的根本原则、目标和方向。2019年1月14日国家科技部发布实施的《创新驱动乡村振兴发展专项规划(2018—2022年)》指出,科技创新是引领新时代农业高质量发展的第一动力,是乡村振兴战略实施的新动能,是农业农村现代化建设的关键举措。党的二十大明确提出,要强化农业科技创新推动乡村全面振兴和农业高质量发展的积极作用,坚持科技与改革双轮驱动加快建设农业强国。

一、新时代我国农业科技协同创新的共生问题

所谓农业科技协同创新系统就是通过一定的共生组织、模式和机制创新,突破企业、高校、科研机构、政府部门、金融机构等多元创新主体融合共生的壁垒,通过多元创新主体之间协同互动和区域创新要素的资源整合,产生系统叠加的非线性效应,在本质上是一个包括创新主体系统、中介服务系统以及成果应用转化系统在内的创新生态共同体。① 当前我国农业科技协同创新生态系统的共生问题主要表现在以下三个方面:多元创新主体协同融合与共生、资源要素的共享与共生以及科技成果转化应用的共享与共生。

(一)创新主体的协同融合与共生

所谓农业科技协同创新主体主要指参与农业科技协同创新的涉农企业、大学及科研机构、政府和中介机构及新型经营主体等组织和个人。在农业科技协同创新生态共同体或共生体中,尽管多元创新主体对协同创新的重要意义和长远价值取得了相对共识,但是多元创新主体在涉及具体的创新理念、价值目标及管理组织评价等方面却始终存在差异性,因此要充分调节农业科技协同创新生态系统中多元创新主体之间的矛盾和冲突,有效调动多元创新主体的积极性。

从创新目标价值理念差异上看,政府作为政策制度创新的供给主体,主要致力于科技创新的政策制定、科技成果转化应用和协调各个创新主体之间的

① 参见温兴琦:《基于共生理论的创新系统结构层次与运行机制研究》,《科技管理研究》2016年第14期。

利益矛盾和冲突,促进各个创新主体的资源共生共享和优势互补。涉农企业作为科技创新的市场主体,创新的主要目标是通过农业科技创新来促进农业产业创新,提高农业产业效率降低农业产业生产成本,增强农业产业优化升级的内生动能,实现农业高质量发展,获取更多农业产业利润。科研院所和高校作为知识理论、科学技术以及人才创新的智慧主体,主要创新价值目标理念是实现科学理论知识创新和培养农业科技创新人才,将农业科学技术服务于农业生产、涉农企业和新型职业农民。由于多元创新主体在创新价值目标理念方面的差异,政府更加看重创新成果的社会效益和生态效益,企业更加看重创新成果的经济效益,科研院所和大学更加看重创新成果的学术理论价值和创新人才的培养,所以需要多元协同创新主体在创新价值目标理念上进一步融合共生,实现共赢。

从组织管理评价差异上看,多元创新主体对创新的组织管理评价差异也会导致多元创新主体之间的融合共生问题。在管理组织评价模式上,政府创新主体主要从社会和生态综合效益来评价协同创新的绩效,与企业主要从经济效益来评价协同创新绩效存在矛盾和差异;高校科研院所更多地从知识理论创新、科研体制机制和创新人才能力培养方面来评价协同创新绩效,与其他创新主体评价标准也有明显差异。在管理组织评价文化上,政府和科研院所等创新主体的管理组织评价文化以服务社会的公益性文化为主导,注重创新人才培养和技术创新升级,以推动社会经济发展为重要推动力。企业等市场经营主体的组织管理评价文化以求得生存和发展的竞争性文化为主导,强调企业的生存和发展,以推动符合市场需求的产业创新为重要推动力。由于多元创新主体在组织管理评价模式及其评价文化上存在差异,就更需要多元主体在协同创新中增加有效沟通和交流,从而实现多元创新主体在组织管理评价上的融合共生发展。[①]

---

① 参见王宏蕾、张旭东:《产学研协同创新中的主体差异与交互策略研究》,《黑龙江高教研究》2019 年第 5 期。

（二）创新资源要素的共享与共生

所谓创新资源要素是指创新主体所拥有的知识、人才、技术、资本、信息、数据管理及市场等要素资源。在农业科技创新资源要素有限且投入成本较高的情况下，协同创新资源要素之间的有效配置、合理自由流动和高效协同能够最终提高农业科技协同创新生态系统的综合效率，进而增强农业科技协同创新生态系统在促进农业高质量发展和乡村产业兴旺的驱动力。当前我国农业科技协同创新资源要素共享共生问题主要表现为资源要素配置共生和流动共生两个方面。

从资源要素配置共生角度上说，当前我国农业科技协同创新资源要素配置共生主要问题表现在以下几个方面：在协同创新主体上，一些政府性质的农业科研机构的协同创新效率低于高校和企业协同创新效率；大型涉农国有企业拥有大量的创新资源和要素，但是对其农业协同创新效率占比却低于创新资源要素不占优势的中小型涉农企业；涉农高校科研院所无论是在创新人力资源还是财力资源方面都比涉农中小企业占据优势地位，但是涉农高校科研院所之间高校联盟的协同创新效率却低于涉农中小企业之间产业协同创新效率。在创新资源要素配置方式上，相对于通过政府主导配置来说，通过企业市场主导的配置不够，而且通过政府行政方式对创新资源要素配置的效率要低于通过企业市场对创新资源要素配置的效率，而产学研主导的协同创新配置方式严重不足。在创新生态系统区域协同上，中西部农业科技创新资源要素配置效率和集聚程度低于东部地区的配置效率和集聚程度。

从资源要素流动共生角度上说，当前我国农业科技协同创新资源要素流动共生主要问题表现在以下几个方面：在人才创新资源要素流动共享共生方面，与高校科研院所科技创新人才相比，涉农企业的科技创新人才储备严重不足，对农业科技创新人才激励保障政策不到位，从而导致涉农企业的科技创新人才流失严重。在财政创新资源要素流动共享共生方面，由于农业科技创新周期长和成果转化效益不高等因素,导致涉农企业科技创新所需要的财政资本投入相对不足,而政府和高校科研院所的创新科研资金则相对充足。在信息创新资源要素流动共享共生方面,目前农业科技协同创新主体之间并没有建立有效的信息创新资源要素流动机制,形成信息孤岛。[①]

(三)创新成果转化的共享与共生

改革开放以来,我国在推动农业科技成果转化应用上取得巨大成效,但是我国农业科技成果转化率仅为 30%—40%,远低于欧美发达国家(70%—80%),出现"不易用"和"不实用"等产业与技术融合共生问题。农业科技成果转化应用是一个长期的复杂的创新生态系统,是涉及政府、企业、高校、科研院所、中介服务机构及新型经营主体等各类创新主体,在多元协同生态创新体系中转化应用的结果。当前,我国农业科技成果转化应用共享与共生问题表现在以下三个方面:

从供给主体角度上说,存在科技成果多元知识产权制度共生问题。科技成果的知识产权保护制度是保障科技成果转化应用的制度前提。在科技成果转化应用供给初始阶段,如何发挥知识产权激励机制对于激发科技创新供给主体的创新热情和保护科技创新供给主体的合法正当利益至关重要,从而促使涉农高校科研院所及创新企业愿意把农业科技成果的知识产权供给出来。在农业协同创新生态系统中,农业科技成果是一种在混合所有制下的创新成果,其知识产权主体也应该是多元的。但是,在我国知识产权保护制度不完善和碎片化的情况下,我国包括农业科技成果转化在内的知识产权存在产权权属不清晰、权利与义务责任不明、科技成果转化权与优先受让权界限不明、职务与非职务不明等多元混合知识产权共生问题,难以发挥产权对科技创新主体和人才的有效激励。如 2015 年通过的我国《科技成果转化法》虽然对科研

---

① 参见何姝、余军:《创新资源对中国产业结构升级的影响研究》,《工业技术经济》2021 年第 8 期。

人员参与科技成果转化取得收益分配进行了明确规定,但是事后的奖励不能代替事前的激励。如果没有合理明晰的产权界定,一旦从本单位离开后,科研人员将无法对曾经的科技成果有任何的维权手段,这将极大地挫伤科技创新人才的科研积极性。

从推广主体上说,存在多元科技成果价值评价评估制度共生问题。科技成果价值评价评估是科技成果转化应用的重要环节,只有建立科学合理的价值评价评估制度才能够有效促进科技成果转化应用。农业科技成果转化应用中介机构作为服务于科技创新供需的中介组织,一个重要的职能职责就是通过对科技创新成果合理的评价评估,促进科技成果有效转化应用。目前,涉及我国农业科技成果转化的中介组织主要有农业科技成果转化中心、农业技术交易市场、农业技术评估公司、农业科技成果转化法律服务机构、管理咨询机构,以及其他有关科技服务企业。但是长期以来,由于我国科技成果评价评估制度不健全不完善,我国农业科技成果转化应用评价评估方式单一(主要依靠专利转让、许可等方式进行转化),多元评价评估主体缺位(政府主导,企业组织、公众等参与较少),第三方中介评价评估服务机构发育不足,存在总体规模小、服务能力弱、缺乏影响力、专业化不强、评价标准不统一、程序性不足和评价结果实效重视不够等问题,使得民营农业科技成果中介服务机构"难长大"与国有农业科技转移转化机构"难作为"等多元融合共生发展问题长期存在。①

从应用主体上说,存在有效需求与有效供给之间的共生问题。从有效需求角度上说,农业科技成果的需求主体主要包括涉农企业、新型农业经营主体和小农户经营者。这些农业科技需求主体的主要目标是通过使用具有可操作性实用性强的农业科技解决他们在农业生产经营中所面临的实际存在的问题,并通过使用农业科技提高农业生产的效率、农产品质量,着力降低农业生

---

① 参见梁红军:《国家创新体系视域下健全成果评价及转移转化机制研究》,《学习论坛》2021年第4期。

产成本进而提高农产品的竞争优势,在增加农业经济效益的同时努力实现社会效益和生态效益的相互统一。从有效供给角度上说,长期以来,我国在科技成果评价上以学术论文成果为主要科研成果评价标准,但以解决农业高质量发展需求为导向且具有实际应用价值的专利科研成果比较少,从而使得我国一大批农业科技成果难以转化应用到农业产业结构优化升级之中变成真正现实的生产力,从而也使得我国低水平的科技成果无效供给相对过剩与高质量发展需要的农业科技成果有效供给不足的供需错位共生现象突出。农业高质量发展所需的农业科技创新成果有效供给不足从而导致涉农企业和新型农业经营主体的有效需求不足,而农业科技成果的有效需求不足反作用于农业科技成果有效供给,从而导致农业科技成果转化困难。

二、在农业科技协同创新中增强城乡融合发展的共生动力路径

无论是实现产业兴旺还是增强农业农村内生发展动力进而增强城乡融合发展的共生动力,都离不开农业科技协同创新驱动。构建以乡村振兴战略为导向的新型农业科技协同创新生态系统要树立系统论观点,要坚持以激发农业农村内生发展新动能为目标问题导向,既要考虑到宏观主体即城市和乡村之间的区域协同创新生态子系统,又要充分考虑到涉及微观主体即政府、企业、高校科研院所及新型经营主体之间的制度、组织、市场和产业协同创新子系统。其中,农业科技和产业创新是农业科技协同创新生态系统的核心,政府的制度创新、企业的组织管理创新、科研院所的理论知识文化创新、平台中介的社会网络服务创新及新型经营主体的实践创业能力创新则是新型农业科技协同创新生态系统的重要组成部分。

(一)构建多元协同创新主体的价值功能共生体系

要解决农业科技协同创新生态系统中多元协同创新主体的共生困境,最关键是要从系统共生的思维理念角度正确处理好多元协同创新主体在整个协

同创新生态系统中的价值功能定位,按照"目标—任务—计划"的系统协同创新理念来整合多元协同创新主体在创新目标价值理念上的差异。习近平总书记指出:"要优化和强化技术创新体系顶层设计,明确企业、高校、科研院所创新主体在创新链不同环节的功能定位,激发各类主体创新激情和活力。"①

1.发挥好政府的制度创新功能,为农业科技协同创新生态系统做好制度顶层设计。政府在农业科技协同创新生态系统中的主要职能职责是把创新驱动发展战略摆在国家社会经济发展全局中的核心地位,不断推进制度创新,为多元协同创新主体提供的共生制度环境,起到领导、协调、参与和支撑作用。在实施农业科技创新驱动乡村振兴战略方面,政府是整个创新生态系统战略的领导者,可以有效弥补市场失灵更好发挥政府的公共服务功能。在目标价值利益观念冲突方面,政府可以充分利用自己在人力物力财力等资源方面的优势,协调多元协同创新主体之间在目标价值观念和组织管理文化方面的冲突和矛盾,是协同创新共生体中的协调者。在创新资源要素有效配置方面,政府可以通过社会公共服务、公共财政、公共创新政策以及公共管理监督方面成为多元协同创新共生体中的积极的参与者。此外,政府要特别加强对农业科技创新知识产权的保护和监督,为农业科技成果应用转化提供坚实的产权制度基础。

2.发挥好涉农企业市场主体功能,实现科技创新与产业创新的深度有机融合。"建立以企业为主体、市场为导向、产学研深度融合的技术创新体系。"②涉农企业作为产业技术创新的实践主体,需要在技术产业创新决策、科研经费投入和组织管理及创新成果应用转化方面发挥主体性作用。在产业技术创新决策上,涉农企业要充分发挥市场主体作用,坚持以市场需求为导向开展产业技术创新。在科研经费投入和组织管理上,涉农企业要建立农业产业技术创新稳定投入的增长机制,加强对农业基础产业技术创新的研发。在农

---

① 《习近平谈治国理政》第三卷,外文出版社 2020 年版,第 250 页。
② 《习近平谈治国理政》第三卷,外文出版社 2020 年版,第 25 页。

业科技成果转化应用上,涉农企业要充分发挥好科研院所和产业需求之间的桥梁中介作用,促进新技术与新产业链深度融合。

3. 发挥好涉农科研院所和大学的创新平台及基地作用,推动乡村产业兴旺和农业高质量发展。在知识理论创新方面,涉农科研院所和大学要围绕世界农业科技发展最新趋势,积极深入研究农业科技基础理论和关键技术,加强多元化投资渠道,为农业科技创新基础研究提供坚实的资金保障。在科技成果应用转化方面,涉农高校和科研院所要积极完善 TTO(Technology Transfer Office,TTO)机制,大力推荐农业科研成果转化,同时建立相关激励政策机制,激发科研人员转化农业科研成果的积极性和主动性。在创新人才培养和新型经营主体培育方面,涉农高校和科研院所既要培养一批爱钻研、懂科学和擅技术的新型农业科技人才,又要积极培养一批有一定科学理论知识素养和能够灵活运用现代化农业科技技术的新型经营主体和职业农民。[1]

(二)构建创新资源要素开放共享共生平台基地

在组织结构上,创新生态系统是一个非线性耗散自组织共生系统,开放性、非线性、共生性和协同性是本质特征。其中,协同创新人才是协同创新的第一资源,在协同创新中起决定和主导作用;协同创新资本、资金及基金是协同创新的经济基础,为协同创新人才和基础设施提供财政保障。多元创新主体能力的差异,在客观上主要表现为多元创新主体所拥有和占有的创新资源及要素禀赋的差异。因此,要解决农业协同创新资源要素配置位错共生和非市场化自由流动共生问题必须建构创新资源要素开放共享共生基地和平台。[2]

1. 构建农业科技园协同创新中心。农业科技园协同创新中心是实现农业

---

① 参见崔云朋、乔瑞金:《新时代创新主体实践路径研究》,《经济问题》2020 年第 2 期。

② 参见朱建民、陈琳:《英国弹射中心创新生态系统运行模式对中国技术创新中心的启示》,《经济体制改革》2021 年第 1 期。

科技资源要素共享共生的基地,是实现农业科技成果转化的载体,也是国家科技创新中心的重要组成部分。其中,农业创新科技人才和核心关键技术是核心构成要素,一流涉农高校科研机构、创新型涉农企业和政府是核心创新主体,创新资本、基础设施、专业服务、创新政策、创新文化等则是环境要素。对当前农业科技协同创新中创新资源共享共生问题,农业科技园协同创新中心可以通过协同创新服务系统来解决。在主体需要共享方面,农业科技园协同创新中心可以通过人才、知识、信息及创业等公共服务平台实现多元创新主体在人才、知识、信息及创业方面实现资源要素共享。在技术知识资源共享方面,农业科技园协同创新中心可以通过公共技术服务、高端技术支持、知识产权转让以及专利成果应用转化平台等方式强化多元创新主体之间的技术知识共享。在资金资源共享方面,农业科技园协同创新中心可以通过政府财政补贴、支持涉农科技企业上市、成立科技银行和发展绿色普惠金融等方式解决农业科技园创新主体的资金共享共生问题,支持涉农企业通过资本市场做大做强,通过普惠绿色金融提升新型经营主体的创新能力。

2. 构建农业科技协同创新共生网络。农业科技协同创新共生网络可以有效加速农业科技资源、要素及信息的自由流动,促进农业科技理论、知识及技术自由交流,进而可以有效提升农业科技协同创新生态系统内部的人才创新创业能力和资源的有效利用配置效率。针对当前农业科技协同创新中创新资源要素共享共生问题,可以通过农业科技协同创新共生网络平台来解决上述共生困境。在涉农科技企业联盟协同创新共生网络方面,协同创新共生网络可以通过网络的规模效应集聚各类创新企业的资源和要素,从而打破线性创新系统下单一创新企业主体的资源要素限制,实现创新企业主体之间的资源要素共享共生。在产业集群协同创新共生网络方面,协同创新共生网络可以通过网络的开放性来打破线性创新系统的封闭性,并通过市场化方式来配置创新资源要素和促进创新资源要素合理自由流动,从而解决产业集聚创新中的创新资源要素共享共生问题。在城乡区域协同创新共生网络方面,协同创新共生网络可以通过网络的互动性来打破线性创新系统的单向性,改变创新系统内部资源要素非均衡化流动倾向,促进城乡区域创新资源要素在协同创新生态共同体内均衡双向互惠流动共生。①

(三)构建创新成果转化应用主体协同共生机制

针对当前我国包括农业科技成果在内的科技成果转化应用困境,习近平总书记明确指出,必须要不断深化科技体制改革,进一步破除制约科技创新的思想理念障碍和制度机制藩篱的双重困境,推动科技和经济社会发展深度融合,以全面深化科技体制改革释放科技创新活力,加快建立健全国家创新体系,让一切创新源泉充分涌流。因此,要解决好农业科技转化应用中主体协同共生困境必须不断完善我国农业科技成果转化应用体制机制,在农业科技协同创新生态共生体基础之上建构农业科技创新成果转化应用主体协同共生机制,促进农业科技成果应用转化驱动由外生驱动向内生驱动转变。

1.完善农业科技协同创新人才激励机制。要解决农业科技成果转化应用的供给(供应)主体的协同共生问题,就必须要完善我国创新人才评价体制机制和知识产权保护制度,这是深化我国科技创新驱动体制机制改革的关键,也是激发协同创新活力能力的基本制度前提。一方面,要完善协同创新人才的评价激励体制机制。针对当前农业科技创新人才评价上的"五唯"问题,要改革以论文级别、数量和科技进步获奖为评价指标的创新人才评价体制机制,构建以注重科技成果转化率和科技成果转化收益的创新人才评价体制机制,以便形成"绩效评价——创新激励——反馈修正"的科技创新创业人才协同激励机制。另一方面,要完善知识产权保护激励体制机制。要明晰农业科技成果的知识产权保护归属,加快深化以成果使用权、处置权、收益权为核心的改革,着力解决因为知识产权归属不清晰所造成科技成果收益分配不公平的问

---

① 参见连远强:《国外创新网络研究述评与区域共生创新战略》,《人文地理》2016年第1期。

题,同时进一步提高科技成果成功转化后对科研人员的利益分配比例,以便进一步激发科研人员的积极性和创造性。①

2.完善农业科技成果转化协同市场交易机制。科技成果转化和推广的中介主体是打通科技成果供给(供应)主体与应用(需求)主体的"梗阻协同"的关键所在。针对当前我国农业科技成果转化应用中的共生问题,我们认为应该主要从以下三个方面着手:一是完善农业科技成果应用的中介服务体系,在推动高校科研院所的成果应用转化中心建设的同时充分借鉴西方发达国家的经验,成立一批专业化符合市场需求的技术中介、咨询、经纪、信息、知识产权、技术评估、科技风险投资、技术产权交易机构等边界组织,强化中介服务的桥梁纽带地位。二是注重专业化服务人才或技术经纪人队伍建设。建构专业化市场化中介服务组织必须夯实专业化服务人才和技术经纪人才队伍建设,加强从业人员知识培训,构建懂科技、会管理、善经营的复合型成果转化经纪人队伍。三是提高科技成果转化应用的中介信息服务能力。供给主体与需求主体之间的科技成果信息梗阻是造成农业科技成果转化的一个重要困境。通过中介组织市场化信息平台建设,着力解决科技成果转化应用中信息碎片化的现象。要突出中介服务机构在科技成果认定、知识产权交易、投融资和法律咨询代理等方面的专业能力,构建农业科技成果信息数据共享机制,推动中介服务平台与国家和其他省市等关联信息的集聚、迭代和共享。

3.建构以需求为导向的成果转化供需共生机制。当前我国农业科技成果转化应用率不高的一个重要原因就是我国农业科技成果与农业科技应用主体的实际需要之间存在不符合的状况,从而一定程度上导致农业科技成果供需错位共生。要解决我国农业科技成果转化应用的供需共生困境,我们认为从需求侧角度上说主要应该从以下三个方面着手:在战略需求上,我国农业科技创新供给主体要积极面向乡村振兴战略、产业兴旺和农业供给侧结构性改革

---

① 参见刘瑞明、金田林、葛晶、刘辰星:《唤醒"沉睡"的科技成果:中国科技成果转化的困境与出路》,《西北大学学报(哲学社会科学版)》2021 年第 4 期。

的需要来开展农业科技创新,积极主动深入基层,了解乡村产业振兴、特色产业培育和生态农业发展需要解决的科技难题来确定农业科技创新的目的和方向。在企业需求上,要针对乡村涉农企业规模小、能力弱等特点研发一些既能够解决农业实际问题、能够切实增加企业收益的经济实用低成本的小型农业科技,同时要切实降低转让费,这样才能够增强乡村涉农企业的经济承受力和市场购买力,进而扩大农业技术成果转化应用率。在新型农业经营主体和小农户需求上,要针对新型农业经营主体和小农户科学文化素养不高及高科技实际操作能力不强的特点,研发一些便于新型农业经营主体和小农户掌握及操作的农业科技产品,保证农业科技成果能够在小农户手中大量实际应用,提高农业科技成果的转化应用率。①

第三节 在现代化农业经营体系中增强 城乡融合发展的共生动力

改革开放 40 多年来,农村基本经营体制改革在推动农业农村现代化和城乡融合发展中发挥了重要的基础性制度动力作用。但是随着我国城乡融合发展进程的加快,传统统分结合的农业经营方式不但严重制约了我国新时代农业高质量发展,而且还直接导致农村内生发展动力不足,不利于城乡融合高质量发展。对此,我们不能无视农业现代化、信息化、专业化、规模化、组织化和市场化的客观要求,固守传统家庭本位的小农户经营,而是要积极培育新型职业农民,着力提高小农户的现代化经营能力;同时也不能背离我国的基本国情,不能改变农村基本经营制度,而是要在现代化农业经营体系中促进新型经营主体与家庭农户经营有机融合共生发展。

---

① 参见宋保胜、刘保国:《科技创新助推乡村振兴的有效供给与对接》,《甘肃社会科学》2020 年第 6 期。

一、新时代我国农业经营体系融合发展的共生问题

进入新时代以来,我国农业经营体系有了巨大发展。在新型农业经营体系的主体建设方面,我国已经形成了家庭农场、农民合作社、龙头企业等多种新型经营主体和合作服务型、企业服务型和科技服务型等多种服务型主体。在新型经营体系的运行机制模式方面,我国逐步形成了以"农户+合作社"为代表的农户—体化经营服务模式、以"公司+合作社+农户"为代表的农户与企业合作模式和以"规模经营+专业服务"为代表的市场化交易模式,为农业农村现代化增添了新动能。

(一)制度的融合共生

在制度逻辑上,坚持和完善农村基本经营制度是构建新时代新型农业经营体系的一个根本性制度前提问题,也是涉及构建新型农业经营体系的重大原则和方向的问题。改革开放以来,我国确立了以家庭联产承包责任制为基础的统分结合的农村基本经营制度,是农业农村现代化和产业兴旺的制度基石,极大地解放和发展了农村社会生产力。但是随着农业现代化和城镇化不断发展,家庭联产承包统分结合的经营体制的弊端也日益表现出来,主要表现为分得过散、经营规模小、经营方式粗放、组织化程度比较低、统得不够、社会化服务水平低、人口老龄化严重、劳动力结构突出等问题,从而阻碍了农业竞争力和创新力的发展,进而影响农业农村可持续高质量发展和城乡融合共生发展。为此,党的十九大和二十大都明确提出要大力培育家庭农场、专业大户、专业合作社等新型农业经营主体,发展多种形式的农业规模经营和社会化服务主体,着力构建集约化、专业化、组织化、社会化相结合的现代农业经营体系,为新时代我国农业农村可持续高质量发展提供强劲的新动能。

从农业现代化角度上说,坚持多种所有制经济集约化共同经营和多元主体融合发展是农业现代化的必然要求,新型农业经营体系则是实现农业现代

化多种所有制经济集约化共同经营融合发展的共生制度形式。其中,新型经营体系又要以农村土地规模化经营为前提,这就要求推进农村土地经营制度改革。如果说传统农业经营制度是一种建立在土地小块分散经营基础之上的小户型制度,那么新型农业经营体系的制度基础就是建立在土地规模化经营基础之上的集约型制度。因此,构建新型农业经营体系在解决好原有农业基本经营制度对新型经营主体和服务主体发展的制度性约束的时候,必须正确处理好与农村基本经营制度融合发展的共生问题。

(二)主体的融合共生

就新型经营主体融合的共生关系来看,当前我国新型农业经营主体融合共生发展应注意以下几个方面的问题:一是要保持适当的发展速度。这主要体现在农村土地流转和规模化经营上,速度过快容易导致农地利益失衡和矛盾冲突不断,增加了农业农村高质量可持续发展的不稳定因素。二是要保持适当的发展规模。过度规模化可能背离农民愿望和地方实际需要,违反规模适度的要求。三是避免过度企业化经营。虽然国家鼓励城市工商业资本下乡、社会资本参与乡村振兴,但是资本化经营应该限定在企业经营范围内,否则会导致农村集体经济的虚化,从而背离富民兴农的初心和使命。四是要避免农企经营非农化倾向。在经济发展新阶段和“双循环”发展格局下,一些涉农企业为了追求更高利润,脱离和退出农业生产经营第一线,这就背离了服务农业、振兴农村、富裕农民的宗旨。①

(三)能力的融合共生

从新型农业经营主体角度上说,虽然新型农业经营主体快速发展,数量不断增多,但是规模小、实力弱、规范化程度不高是普遍存在的问题,无论是在组

---

①　参见王德福:《新型农业经营体系建设的实践错位与路径反思》,《毛泽东邓小平理论研究》2016年第2期。

织生产能力还是市场运行能力,无论是社会服务能力还是盈利增收能力等方面都存在巨大的差异,主要表现为以下几个方面:一是有的农民合作社主体在发展、带动以及服务小农户上能力不足。二是有的新型农业经营主体规模偏小、基础薄弱、质量不高,没有形成完整的全产业链,生产经营主要局限于农产品产销环节,而农产品精深加工和开拓市场能力不足,难以抵御自然和市场风险,从而影响了自身发展能力和对农户的带动能力。三是有的新型农业经营主体运行机制不完善,不少集体经济组织缺乏完善的现代化企业管理制度和财务制度,使得不少农民合作社在股权设置、盈余返还、利益保障等方面,与合作社法律法规的要求存在较大差距。

从小农户角度上说,与新型农业经营主体的现代化生产经营及服务能力存在较大差距,这在低收入家庭农户中表现尤为明显,如在生计生存能力方面,由于农户自身缺乏过硬的现代化生产种植技能和科学文化水平,使得单纯依靠体力劳动谋生的农户生存生计能力较差;在市场运作能力方面,许多农户缺乏现代化市场营销能力,其自身的融资能力低下,运用外生力量拓展自身发展能力严重不足;在社会化服务和盈利增收能力方面,当前一些农户自身敢于勤劳致富的内生动力不足,存在"等要靠"等政府救济救助思想,集体化组织化观念淡薄,缺乏必要的社会交往交际能力,致使农户依靠社会资本盈利增收能力薄弱。①

(四)组织的融合共生

理顺新型经营主体的组织化经营与新型农村集体经济的集体化经营的关系至关重要,这关系到农村基本经营制度和农村集体经济持续健康稳定发展,同时也关系到家庭小农户与新型经营主体之间融合共生发展的组织基础。从组织共生角度上说,当前新型农业经营体系中组织融合共生发展主要是要处

---

① 参见张永亮:《论贫困农户自我发展能力提升》,《湖南社会科学》2018年第1期。

理好以下几方面的矛盾：

1. 农村集体经济组织的经济基础薄弱与其法定的组织主体重要地位之间的矛盾。在主体功能地位作用上，无论是推进农业农村现代化还是实现乡村振兴战略，无论是实现农民生活富裕还是促进城乡融合发展，农村集体经济组织都应该发挥主体作用，没有农村集体经济组织主体功能的发挥，尤其是没有农村集体经济组织的强大的经济发展功能，农业农村就不可能真正实现产业兴旺与生活共同富裕的有机统一，也不可能实现城乡融合发展。但当前我国一些地方农村集体经济组织的经济基础薄弱，集体经济组织"空心化"问题突出，集体经济组织产业滞后，整体竞争力不强。

2. 农村集体经济组织的经济管理功能落后与乡村振兴所要求的集体经济有效管理之间的矛盾。当前一些地方农村集体经济组织的经济管理能力和驾驭市场风险能力低下的一个根本原因在于，管理职能上的二重性即政治职能与经济职能没有能够完全分离。我们知道，村委会作为我国农村基层组织，是一种村民自治结构，享受高度的自主权；改革开放前的人民公社"三级所有，队为基础"是当前我国农村集体经济组织的雏形。村委会和村级集体经济组织是基层的"政—经"组织。但是一些农村地区由于乡村两级职能不清，许多村委会行政化严重；加上农村集体经济组织的经济基础本身比较薄弱，使得村委会代替农村集体经济组织履行经济管理职能，不能有效促进农村集体经济组织发展。

3. 农村集体经济组织土地产权模糊与农业现代化土地产权清晰之间的矛盾。土地是农业产生的最基本要素，是农村集体经济组织最重要的资源。如何有效进一步盘活农村集体土地资源，发挥最大效能，对促进乡村产业兴旺、乡村振兴和城乡融合发展至关重要。当前一些地方农村集体土地产权不明确、土地流转程序不规范、土地流转和征用补偿价格不合理以及土地利用的"非粮化"和"非农化"现象突出，影响农民对集体经济带领村民共享发展的积极性。[1]

---

[1]　参见杨博文、牟欣欣：《新时代农村集体经济发展和乡村振兴研究：理论机制、现实困境与突破路径》，《农业经济与管理》2020年第6期。

(五)利益的融合共生

回顾历史,理顺新型农业经营主体与家庭小农户之间的利益融合关系至关重要,这不仅关系到新型农业经营体系的持续健康稳定发展,也关系到农村基本经营制度的巩固和完善。当前小农户家庭经营主体与新型经营主体之间利益融合的共生主要是要解决好以下问题:

1.完善利益融合调节机制,建立紧密型利益联结机制。利益融合调节机制是小农户与新型经营主体利益融合联结的关键。调查发现,一些地方由于小农户与新型经营主体之间的信任不足,使得双方都不太愿意利益共享共担,在产业链、供应链和价值链中互动比较少,只以直接的要素租赁、产品购销关系等方式进行利益融合,紧密稳固的利益联结机制尚未成为主流,而且对合作后的劳动力、资本等生产要素资源的配置缺乏科学设计,没有处理好"统"与"分"的关系,从而导致监督成本高、激励不足、绩效降低等问题。

2.健全利益融合分配机制,完善市场化利益分配方式。利益融合分配机制是小农户与新型经营主体利益融合联结的核心。当前一些地方小农户与新型经营主体之间利益分配不合理主要表现为市场化利益分配机制不健全,政府在利益分配机制中干预过多。

3.完善利益融合保障机制,提高紧密型利益融合联结机制的稳定性。利益融合保障机制是小农户与新型经营主体之间紧密利益融合联结持续稳定的基础。通过调研发现,应健全现有法律对土地经营权的转入、抵押和公司股份的流转、继承等问题的规定;为失地小农户利益提供有力保障,在农业企业经营主体的税收激励方面提出更多的优惠政策支撑。①

---

① 参见钟真、涂圣伟、张照新:《紧密型农业产业化利益联结机制的构建》,《改革》2021年第4期。

二、在现代化新型农业经营体系中增强城乡融合发展的共生动力路径

党的二十大明确强调："巩固和完善农村基本经营制度,发展新型农村集体经济,发展新型农业经营主体和社会化服务,发展农业适度规模经营。"①增强城乡融合发展的共生动力,首先要增强农村发展的内生动力,就必须构建新型农业经营体系;要构建新型农业经营体系就必须在坚持和完善农业农村基本经营制度基础上进一步壮大培育多元新型经营主体,大力发展新型集体经济,促进家庭经营小农户生产经营与现代化大农业规模化经营的有机衔接融合共生,构建新型多元经营主体融合共生发展的内生机制。

(一)坚持和完善农村基本经营制度

无论是要正确处理好农村基本经营制度与新型农业经营体系之间的制度共生关系,还是新型农业经营体系内部的主体共生关系及与小农户融合发展的共生关系,都必须以坚持和完善农村基本经营制度为基本前提。这是因为,农村基本经营制度是完善和发展新型农村集体经济的根本制度与共生前提。

1.坚持农村基本经营制度的本质属性不动摇。农村土地集体所有制是农村基本经营制度的本质核心。坚持农村基本经营制度不动摇主要体现在坚持农村土地集体所有权性质不动摇。习近平总书记强调指出:"坚持农村土地农民集体所有。这是坚持农村基本经营制度的'魂'。……农村基本经营制度是农村土地集体所有制的实现形式,农村土地集体所有权是土地承包经营权的基础和本位。"②这就要求我们在涉及农业农村任何阶段任何领域的改革都必须始终坚守农村土地集体所有这个红线,不能以任何形式削弱农村土地

---

① 习近平:《高举中国特色社会主义伟大旗帜　为全面建设社会主义现代化国家而团结奋斗——在中国共产党第二十次全国代表大会上的报告》,人民出版社 2022 年版,第 31 页。

② 《习近平关于社会主义经济建设论述摘编》,中央文献出版社 2017 年版,第 173 页。

集体所有这一根本的社会主义基本经济制度。这就要求在农村土地规模化集约化经营过程中,必然旗帜鲜明地反对农村土地的私有化,创新和探索农村集体土地产权化有效形式,确保农民有效行使农村集体土地所有权。只要农村土地集体所有制不动摇,在此基础上的各种农业农村改革措施就能够顺利实施,社会主义基本经济制度基础就难以动摇,广大农民群众的根本利益也就能够得到有效切实的保障。

2.完善农村基本经营制度的核心路径。如果说坚持农村集体土地制度不动摇是坚持农村基本经营制度的本质核心,那么积极推进农村集体土地制度"三权分置"改革则是完善农村基本经营制度的核心路径。一方面,进一步稳定农户对农村集体土地的承包权。2019年11月,《中共中央国务院关于保持土地承包关系稳定并长久不变的意见》明确指出,家庭承包经营的基本制度长期不变,农业生产以家庭经营为基础,普通农户可以继续长期承包集体土地,"第二轮承包到期后再延长三十年"相关权利受国家法律保护。另一方面,要放活农地经营权。党的十九大报告明确指出,"巩固和完善农村基本经营制度,深化农村土地制度改革,完善承包地'三权'分置制度"。党的十九届四中全会决定也明确指出:"健全劳动、资本、土地、知识、技术、管理、数据等生产要素由市场评价贡献、按贡献决定报酬的机制。"①只有放活农村土地经营权才能有效提高农村土地利用效益,才能够为培育和发展多元化新型经营主体所需要土地的规模化经营提供土地制度前提。

(二)建构多元化共生型的新型农业经营主体

构建多元化共生型的新型农业经营主体既可以有效解决新时代农业经营主体问题,可以有效维护家庭经营的主体地位,又可以加快传统小农业向现代化小农业转型升级。习近平总书记指出:"广大农民在实践中创造了多种多

---

① 《中共中央关于坚持和完善中国特色社会主义制度　推进国家治理体系和治理能力现代化若干重大问题的决定》,人民出版社2019年版,第19页。

样的新形式,如专业大户、家庭农场、专业合作、股份合作、农业产业化经营等。"①与其相联系,"家庭承包、专业大户经营,家庭承包、家庭农场经营,家庭承包、集体经营,家庭承包、合作经营,家庭承包、企业经营,是农村基本经营制度新的实现形式。"②

1.坚持家庭经营在农业生产经营的中心基础性地位不动摇。中外乡村振兴和城乡融合共生发展实践经验表明,以家庭为基础的农业生产依然是现代化农业经营的主要载体,家庭经营依然是农业经营最基本和最普遍的组织形式。家庭经营在整个农业现代化经营制度的基础性地位主要体现在以下两个方面:从数量上说,在今后可预见的相当长的历史时期内,在各类农业经营主体当中,家庭经营依然是农业经营的主体,大国小农的基本国情决定了我国农业经营的主体依然是家庭经营。从关系上看,各类新型农业经营主体都是建立在家庭经营基础之上,各类新型农业经营主体内嵌在家庭经营之中,而不是游离在家庭经营之外,都必须与家庭经营建立广泛的紧密的联系,都要融入和带动家庭经营,集体经营、合作经营、企业经营等多元化农业经营方式都是对农村基本经营形式的拓展和补充,普通家庭经营本身也是家庭农场等经营组织赖以形成的丰厚土壤和载体。

2.坚持多元融合共生发展的新型农业经营主体。从结构功能角度上说,家庭农场以家庭为基本生产经营单位,是家庭经营的扩充,在粮食生产中应该与家庭农户一起合力发挥骨干作用;农民合作社是家庭经营的组织化形式,集生产主体与服务主体、普通农户与新型经营主体于一身,是联系农民和服务新型经营主体的桥梁组织,可以发挥骨干作用;农业企业作为现代化大农业的经营组织,在组织生产、市场运作、营销管理、农业技术、人力资源以及融资抗风险等方面具有优势,在带动和服务家庭经营方面也有独特优势,可以发挥领头

---

① 《习近平关于"三农"工作论述摘编》,中央文献出版社2019年版,第52页。
② 《习近平关于"三农"工作论述摘编》,中央文献出版社2019年版,第53页。

作用;社会化服务组织作为专业化农业服务主体,可以为农业经营主体提供市场信息、农资供应、绿色技术、农机维修以及农产品销售等方面的生产性服务,在实现小农户与新型经营主体融合共生发展中发挥支持保障作用。在乡村振兴战略背景下,各类农业经营和服务主体坚持多元融合共生发展理念,一方面,在各类经营主体之间建立紧密的利益联结机制,充分发挥各自优势;另一方面,坚持规模化、专业化、组织化和社会化的发展方向,避免同质化发展模式。

(三)发展壮大新型农村集体经济

习近平总书记指出:"要把好乡村振兴战略的政治方向,坚持农村土地集体所有制性质,发展新型集体经济,走共同富裕道路。"[①]如果说在改革开放初期,为激发农民农户生产的积极性、主动性和能动性,我国有效解决了"分"的问题;那么随着农业现代化水平的不断提高,"统"的问题则应该受到高度重视,而且只有通过新型农村集体经济发展才能够有效地把农村的人力、物力、财力重新组合起来,才能够有效地实现小农户与新型农业经营主体有机衔接融合共生发展,实现乡村产业兴旺和城乡生活共同富裕。

1. 发展壮大农村集体经济助力乡村产业兴旺。农村集体经济是我国公有制经济的重要组成部分,是农业农村现代化的经济基础,是保障农村基本经营制度社会主义方向的制度基石,是农业生产组织化的必然要求,也是农民实现共同富裕的制度保障。发展壮大农村经济对乡村振兴的主要作用意义体现在:一是农村集体经济可以通过公有制经济组织化规模化经营助力实现农业现代化。同家庭经营相比,农村集体经济最大的优势是可以把千万家庭经营组织起来,与农业企业公司化经营一样,可以以集约化、规模化、组织化以及社会化的经营方式形成规模效应,从而提高农业生产效率。二是农村集体经济

---

① 《习近平谈治国理政》第三卷,外文出版社 2020 年版,第 261 页。

可以通过公有制经济组织形式保证农民实现共同富裕。实现农村共同富裕是乡村产业兴旺的价值目标所在,也是中国共产党的初心使命。大力发展农村集体经济不但可以进一步有效巩固脱贫攻坚成果,解决农村相对贫困,而且还可以有效缓解当前因为新型农业经营主体所带来的农村内部贫富差距问题,解决农村代际贫困。

2.因地制宜发展多种形式新型集体经济组织。大力发展多种形式新型(村社)集体经济组织是新时代促进乡村振兴、产业兴旺和城乡融合发展的重要路径,也是实现小农户与新型经营主体融合共生发展的有效载体。一是以农村土地产权制度创新发展新型集体经济组织形式。随着农村集体产权制度"三权分置"改革的不断深入推进,农村集体产权也逐渐明晰,农村集体经济中土地制度产权模糊问题得到有效解决,从而为发展多种新型集体经济组织形式提供了可靠的土地制度基础。在此基础上,可以"发展多种形式的股份合作"①。如可以发展产业生产型或服务型集体经济、土地入股型或分红型集体经济、生产经营型或劳动服务型集体经济等多种形式。二是以组织管理创新推动农村集体经济新发展。如可以充分借鉴现代企业管理制度加强对农村集体经济资产的内部管理监督,又如还可以充分利用互联网、大数据、人工智能等现代信息技术构建现代化农村集体经济资产管理信息化平台,提升农村集体经济及其资产管理的信息化水平,从而创新发展农村集体经济组织。

(四)建构小农户与新型经营主体的融合共生路径

在乡村振兴战略背景下,我们认为小农户与新型农业经营主体在本质上是一个命运共生体,既是利益共生体,同时也是责任共生体。我国的小农户与新型经营主体共生道路主要体现在既不走消灭小农经济的资本主义现代化大

---

① 《习近平关于社会主义经济建设论述摘编》,中央文献出版社2017年版,第201页。

农业(寄生偏利型共生)之路,也不走封闭保守落后的自然经济小农业之路,而走小农户与新型经营主体"互利型"的协同共生现代化之路。

1.建构内生嵌入型农业经营主体。"统分矛盾"是农业经营的一对基本矛盾。在新型经营主体多元化和小农户分散化的双重背景下,要实现小农户与新型经营主体互利共生,最关键的是要在小农户与新型经营主体之间建构利益共享、责任共负和风险共担机制,形成互利共赢共生型组织模式。当前要破解小农户与种植大户、家庭农场、农业企业及农业社会服务组织在利益调节、分配及保障等利益联结和共享方面的问题,最关键是发挥新型集体经济组织的主体作用、组织作用和引导作用,重新把小农户个人利益与新型经营主体的个人利益统一到新型集体经济组织利益共同体之下,重新构建小农户与新型经营主体之间的利益共同体,而农民专业合作社是社会主义市场经济条件下发展适度规模经营、发展现代农业的有效组织形式。对此,我们认为走小农户组织化集体化发展道路是我国小农经济现代化的根本方向。可以通过农村合作社、村社集体组织和农民专业合作社等新型集体经济组织实现小农户与大集体的有机融合,这也是小农户经营振兴的关键所在。

2.建构内生型小农户政策保障体系。新时代乡村振兴战略是通过内生型农业政策把分散的小农户打造成现代化新型农业经营主体的生力军。第一,建立健全新型职业农民培育体系,全面提升小农户的专业化职业化生产经营能力。一方面要制定科学合理的农业从业资格标准,对小农户进行职业资格认定,确定职业农民的不同等级,并颁发职业资格证书;另一方面要建构系统化、多层次和多领域的新型职业农民培训制度,快速提升小农户的人力资本、社会资本和文化资本。此外,要建立职业农民退休制度,解决小农户后顾之忧,安心从事农业生产。第二,健全农业社会化服务体系,激发小农户内生动力。一方面要鼓励、支持和引导建立多元化农业社会化服务组织,建构完善和全方位的农业社会化服务体系,为小农户提供育种、生产、营销、科技、金融、保险等全方面服务;另一方面还要培养一支经验丰富、业务熟练的高质量农业社会化服务队伍,从而将小农户与合作社、龙头企业和其他市场中介组织有机联合起来。①

① 参见陈龙:《中国特色小农振兴道路:战略方向、路径选择与政策保障》,《西北农林科技大学学报(社会科学版)》2021年第1期。

第三章 在生态宜居中提高城乡
融合发展的共生质量

"乡村振兴,生态宜居是关键。"①在城乡融合发展共生逻辑体系中,生态宜居作为城乡融合发展的生态共生单元主体,是乡村全面振兴的必要条件,也是新时代提高我国城乡融合发展共生质量的必然要求。习近平总书记指出:"生态宜居,是乡村振兴的内在要求,从'村容整洁'到'生态宜居'反映了农村生态文明建设质的提升,体现了广大农民群众对建设美丽家园的追求。"②改革开放 40 多年来,我国城乡经济社会发展取得巨大成就,但同时环境也承载了巨大的压力,广大农村不同程度地出现自然生态恶化、土地资源退化、森林面积减少、生物多样性锐减等生态环境问题;另外,城乡生态文明建设发展不平衡,农村生态文明建设不充分,其主要表现为生态规划意识薄弱、农村绿色生态环保产业不强等,这些都是新时代实现乡村全面振兴、生态宜居和提高城乡融合发展的共生质量必须解决好的重要问题。

---

① 《中共中央国务院关于实施乡村振兴战略的意见》,人民出版社 2018 年版,第 13 页。
② 《习近平关于"三农"工作论述摘编》,中央文献出版社 2019 年版,第 22 页。

第一节　在城乡国土空间一体化共生规划中
提高城乡融合发展的共生质量

所谓城乡国土空间规划,就是对城乡国土空间的开发利用及保护预先作出空间和时间上的安排,是城乡各类开发利用和保护建设活动的基本依据。2015 年 9 月,《生态文明体制改革总体方案》提出,"构建以空间治理和空间结构优化为主要内容,全国统一、相互衔接、分级管理的空间规划体系,着力解决空间性规划重叠冲突、部门职责交叉重复、地方规划朝令夕改等问题。"[1]2019年 5 月,《中共中央国务院关于建立国土空间规划体系并监督实施的若干意见》(下文简称《若干意见》)正式公布,标志着国土空间规划体系"多规合一"的顶层设计和"四梁八柱"基本形成。

一、城乡国土空间规划的共生问题

国土空间二元规划是城乡二元制度下的重要制度安排。改革开放以来,随着城乡融合发展进程的加速,建立在城乡二元结构基础之上的计划性城乡二元规划也越来越不适应城乡多元主体融合共生背景下的一体化城乡发展需要,二元城乡规划对城乡融合发展的束缚和弊端也日益凸显,城乡规划中的绿色发展理念和生态规划的缺失也成为制约提高城乡融合发展共生质量的障碍,主要表现在:政府与市场、开发与保护、效率与公平等方面的耦合共生问题。[2]

(一)市场与政府的耦合共生问题

从历史上看,随着西方资本主义工业化和城镇化的不断发展,资本主义矛

---

① 《中共中央国务院印发〈生态文明体制改革总体方案〉》,人民出版社 2015 年版,第5 页。

② 参见吴殿廷、张文新、王彬:《国土空间规划的现实困境与突破路径》,《地球科学进展》2021 年第 3 期。

盾不断激化,土地私有化自由放任政策的市场失灵和土地开发外部性问题的负面效应日益凸显出来,土地利用的"公共地悲剧"问题也随之日益严重,于是西欧发达资本主义国家在土地"私有财产神圣不可侵犯"的信条之上附加了"为了公共利益的需要除外",如著名的"美国田纳西河流域规划"。总的来看,西方国家的空间规划是为解决市场失灵和土地开发外部性问题产生的一项政府干预规划。社会主义国家也在国民经济等特殊领域作计划或规划。我国从1953年开始实施第一个五年计划,直到2000年一共制定施行了十个五年计划。从"十一五"开始,五年计划被改为五年规划,其功能定位也由组织经济社会运行转向引导市场主体经济行为,充分发挥政府在市场经济中调节、监管及服务的功能。

改革开放后,随着我国市场经济不断完善,在进一步弱化各类规划中的政府行政干预因素的同时,进一步强化了市场对资源配置的决定性因素。但是由于我国计划经济的惯性、对社会主义市场经济规律认识不足以及社会主义市场经济体制不完善等诸多现实原因,使得我国城乡国土空间规划功能定位一度比较模糊。这其中的原因不仅与我们对政府与市场在社会主义市场经济发展中主体功能定位认识的不科学不规范有关,还与当前政府自身的城乡国土空间规划主体和管理体系不统一有关。长期以来,我国形成了"九龙治水"的城乡国土空间规划格局,虽然也发挥了作用,但随着经济社会发展,其制约我国城乡国土空间功能发挥的负面影响也凸显出来。由于城乡国土空间规划主体、技术标准及规划期限的不同,使得城乡国土空间规划碎片化问题严重,政府在涉及各类城乡国土空间规划时依然是各自为政,空间管制分区重叠冲突、规划打架时有发生,生态空间有效管控难,严重影响了城乡国土空间的开放、利益和保护,成为新时代城乡高质量融合共生发展亟待破解的难题。①

---

① 参见马永欢、李晓波、陈从喜、张丽君、符蓉、苏利阳:《对建立全国统一空间规划体系的构想》,《软件科学》2017年第3期。

（二）开发与保护的耦合共生问题

从目标理念上说,国土空间规划大致可以分为两种类型,一类是以开发目标为导向的发展规划,如各类区域规划、城乡规划、开发区规划等不一而足;一类是以保护为目标导向的空间规划,如各类环境保护规划、生态治理规划和土地利用规划等。发展性空间规划以社会空间的发展为目标,经济 GDP 的增长和人民生活水平的提高是其主要考量指标,侧重于战略引领和政策指导,聚焦社会经济发展中的近中期发展目标,具有指导性和针对性。与发展性空间规划的经济性、发展性和超越性不同,环境保护规划、土地利用规划与生态治理规划等管理治理性空间规划以社会空间的管理治理为目标,关注的重点不是为什么发展、发展什么和怎样发展,而是经济社会发展空间存在的场域问题,或者说是一定社会经济发展过程中所面临的资源、能源及环境承载限度和限制问题。管理治理性空间规划侧重于空间组织和空间开发,更加侧重于中长期的可持续发展问题,具有基础性和约束性。

传统城乡发展规划往往重视开发利用等发展现实问题,轻视城乡国土空间开发利用和发展中的管理治理问题,从而导致城乡国土空间发展重增量、重规模、重扩张的粗放式发展,一定程度上助推了高投入、高消耗、高污染、低产出的粗放式经济增长模式,导致能源资源透支、自然环境不堪重负、优质生态产品短缺,成为新时代我国城乡绿色高质量融合发展必须解决好的问题。现行大多数的国民经济和社会发展规划、城乡规划、开发区规划、产业发展规划和旅游发展规划等都已经开始充分考虑对资源环境生态等空间的规划,生态规划理念落后、衔接不够和管理乏力等问题得到一定扭转。城乡融合高质量发展,就要转变经济发展方式,推行绿色发展方式,进而改变城乡国土资源的开发利用方式和管理治理方式。因此,面对实现城乡绿色高质量融合发展的目标要求和新时代我国城乡经济社会所面临的资源环境的客观现实制约,如何处理好发展性规划与空间规划的关系就成为新时代我国城乡国土空间规划提高城乡融合发展的共生质量所必须处理好的问题。①

(三)效率与公平的耦合共生问题

在传统城乡二元结构制约下,我国城乡国土空间规划一度存在"效率偏好"和生态环境正义不足的问题。从空间角度上说,城乡国土空间规划在本质上应该反映城乡两个空间的产生、形成和发展,以及城乡之间交流、互动和融合共生发展的关系。城乡国土空间规划作为一项重要公共政策,要求在土地资源利用、空间社会资源分配上体现公平正义。由于城市与乡村在地理、资源及人文方面的客观差异,城市与乡村差异化的非均衡发展也是正常现象。但是城乡非平衡发展不应导致城乡发展空间公平正义的缺失。在新中国成立之初,为了快速实现工业化强国梦想,我国确立了城市偏向的城乡二元经济发展体制,城乡共生空间由自然分工向社会制度人为分割转变,城市与乡村被人为分割为不对等的两个社会发展空间。长期以来,为了适应我国城镇化战略的需要,无论在发展速度、发展质量还是发展水平上,城市和乡村都是不平衡、不对等的关系,这种建立在城市偏向的城乡二元结构基础之上的城乡国土空间规划正义问题,随着经济社会的发展和改革开放的深入,成为摆在党和政府面前亟待解决的突出问题和矛盾。新时代以来,我国实施乡村振兴战略,对解决这一矛盾作出了顶层设计,强调要坚持工业反哺农业、城市支持农村和多予少取放活方针,推动城乡规划、基础设施、基本公共服务等一体化发展,增强城市对农村的反哺能力、带动能力,形成城乡发展一体化的新格局。

二、在城乡国土空间规划一体化中提高城乡融合发展的共生质量路径

在新时代城乡融合发展规划上,一方面,必须首先厘清城乡国民经济和社

---

① 参见董祚继:《新时代国土空间规划的十大关系》,《资源科学》2019年第9期。

会发展规划、国土开发利用空间规划及生态环境保护规划三者之间的融合共生关系,破除城市偏向的城乡二元结构对城乡规划的束缚和影响,摒弃传统城镇化战略的思维惯性;另一方面,要在乡村振兴战略视域下对不同部门的主体功能区规划、土地利用总体规划、城乡规划、环境保护规划等融合共生到城乡国土空间规划之中,并建立全国统一、责权清晰、科学合理、绿色低碳、高质高效的城乡国土空间规划体系。

(一)坚持政府与市场的耦合共生

政府与市场的关系是新时代我国城乡国土空间规划供给主体,是事关有效发挥城乡国土空间规划、提高城乡融合发展共生质量的关键和核心所在。要正确处理好城乡国土空间规划中的规划与市场关系,关键是要处理好政府与市场关系,构建有为政府与有效市场耦合共生的城乡国土空间规划制度。

1.构建市场主导型的城乡国土空间规划资源利用体制机制。一是要坚持问题导向思维,防止面面俱到思维,不能按照传统经济发展方式把城乡国土规划变成单纯的经济规划和产业规划,而是立足于乡村振兴和城乡融合高质量发展问题来设计城乡国土空间规划。二是要坚持系统思维,防止条块分割思维,不能像计划经济时代那样对城乡生产要素的流通和分配事无巨细和包罗万象地任意分配,而是坚持城乡要素在城乡统一市场中合理自由双向流动,强化规划的整体性、协调性和交互性。三是要坚持底线思维,防止集中管控思维,除了对涉及国家安全(生产安全、金融安全和生态安全)、城乡融合高质量发展的重大民生工程加强规划管控以外,对涉及市场经济中的微观经济活动主体和企业发展具体目标不宜做高强度集中管控。四是要坚持动态弹性思维,防止数量化确定化思维,强化城乡经济社会发展系统的动态性思维,进而实现城乡国土空间规划与利用的良性融合共生。

2.构建政府引导型的城乡国土空间规划生态保护体制机制。一是要夯实政府对城乡国土空间规划中"三线一单"①的宏观调控职责。由于市场经济自身无法克服的缺陷使得市场无法自觉保护生态环境,必须充分发挥政府对市场经济中的资本力量的驾驭作用,才能实现市场经济与生态环境的和谐共生。二是要夯实政府对城乡国土空间规划中城乡产业融合发展规划的宏观调控职责。无论是实现城乡产业融合发展还是绿色发展都必须充分发挥政府在城乡产业宏观调控中的积极作用,这对农村产业兴旺、生态农业和整个城乡产业数字化发展起到关键作用。三是要夯实政府对城乡国土空间规划中社会基本服务供给规划的宏观调控职责。实现城乡基本公共服务均等化是政府调节城乡收入分配差距实现城乡融合高质量发展的重要路径。由于基本公共服务的基础性、公益性和普惠性使得很难通过完全市场供给来增加购买服务,这就要发挥政府在城乡公共资源分配中的规划作用,用基本公共服务目标均等化规划来促进乡基本公共服务均衡化。

(二)坚持发展与空间的耦合共生

乡村振兴战略背景下要解决城乡国土空间规划中开发和保护的耦合共生困境,最关键是要处理好新时代城乡国土空间规划中发展规划和空间规划之间的职责分工和边界认定。如果说保护和整治是相对城乡国土的管控性空间规划而言,那么开发和利用则是相对城乡国土空间规划的发展性规划而言,要在坚持保护和整治的基础和前提下开发和利用,尤其要坚持生态优先绿色发展理念。②

1. 构建发展规划与空间规划的衔接共生体制机制。规划衔接是发展规划与空间规划协同共生的前提。目前我国发展规划和空间规划的衔接在原则和程序上都是清楚的,衔接的重点在于发展的总体方向布局、刚性约束性指标及重点工程项目风险防控方面,但是两大类型规划的衔接机制还不是很明确。

---

① "三线一单",是指生态保护红线、环境质量底线、资源利用上线和生态环境准入清单。
② 参见黄征学:《发展规划和国土空间规划协同的难点及建议》,《城市规划》2020年第6期。

这主要是因为改革开放之后我国规划主体多元化,尽管在法律制度层面要求加强各类规划衔接,但是缺乏实际操作保障衔接机制,关注的重点往往在规划的规模大小上,而在规划的发展方向、空间格局、重大工程、重大项目和风险管控等核心规划内容上,发展规划与空间规划衔接度不高不深。在乡村振兴战略背景下构建城乡国土空间规划的发展规划和空间规划的衔接共生体制机制要坚持生态宜居绿色发展理念,就必须要聚焦于促进乡村振兴来谋划城乡融合高质量发展,聚焦于提高城乡融合发展质量来规划城乡产业融合高质量发展,聚焦于城乡生态文明建设来优化城乡生态空间布局。

2. 构建发展规划与空间规划的实施共生体制机制。规划实施是发展规划与空间规划协同共生的生命力。由于发展规划和空间规划在功能定位、职能职责及规划期限上的不同,使得两类规划在实施过程中产生协同实施共生困境。这不仅仅由于两类规划协同衔接共生不够,而且还因为两类规划利益冲突导致协调衔接不够,这在涉及城乡发展的土地利用规划、城乡接合部规划和农村林业规划方面表现得特别突出。为了有效解决发展规划和空间规划存在的利益冲突和利益困境,一方面,可以通过建立规划审议制度利益共生体来协调两类规划利益主体的矛盾,对涉及争议的规划部分可由发展规划与空间规划部门协商决定;另一方面,必须协调好发展规划和空间规划之间的监测和评估,加强发展规划的年中监测和空间规划的动态预警监测体制机制建设,加强发展规划和空间规划之间的执法监督协同,依托大数据实现国家规划综合管理信息平台和国土空间基础信息平台之间的数据信息协同共生。

(三)坚持效率与公平的耦合共生

从发展空间公平正义角度上说,新时代城乡发展不平衡和农村发展不充分,既有城乡二元结构所导致的城乡发展空间的权力制度性公平正义的问题,又有由城乡市场发育程度差异和资本聚焦差异所导致的城乡发展效率性公平正义的问题。新时代要提高城乡融合发展质量,就要在坚持绿色发展理念引领下正确处理好城乡高质量高效率与城乡公平正义的耦合共生问题,构建效率与公平动态平衡共生的城乡国土空间规划体制机制。

1. 构建经济、社会与生态效益耦合共生的城乡国土空间规划体制机制。一方面,城乡国土空间规划要始终坚持以绿色高质量发展为目的,树立绿色GDP观念,既不应该以牺牲城乡自然生态环境为代价来换取一个地区的经济增长,也决不能以牺牲农村发展空间正义来换取城镇盲目扩张发展。在核算GDP实际增长的时候,一定要把生态成本考虑在内。另一方面,在实现经济效益和生态效益统一的时候,还要考虑该经济发展规划对城乡民生福利和社会共享发展的社会效益的影响。如果一个经济活动尽管可以带来一定程度的经济GDP增长,但如果违背了城乡发展空间的公平正义,增加了城乡共生共享发展的不和谐因素,这样的经济发展和产业规划也是应该避免的。此外,要坚持经济效益、社会效益和生态效益协同共生发展的可持续性,既不能超出资源环境承载力的限度过度发展,也不能一味地单纯坚持生态优先过度限制经济发展而影响城乡人民生活的改善和增进城乡公平正义的福祉。①

2. 建构城乡代内代际空间正义的城乡国土空间规划体制机制。实现城乡空间正义不仅仅要正确处理好城乡代内效率公平正义,还要处理好代际效率公平正义之间的关系。一方面,在城乡代内效率公正方面,新时代城乡国土空间规划要通过科学谋划使城乡国土资源优化配置和高效利用,以便进一步激发各类城乡经济发展主体潜能。但是城乡经济发展速度效率的激发不能无视城乡收入分配的巨大差距,应该着力纠正城镇化规划过程中资源资本过度集中于城镇发展的现象,通过新时代城乡国土空间规划积极引导资源和资本进一步向西部农村地区、老少边穷地区聚集,促进城乡发展空间代内公平正义。另一方面,在城乡代际效率公正方面,新时代城乡国土空间规划要充分考虑一

---

① 参见叶轶:《论国土空间规划正义与效率价值实现》,《甘肃政法学院学报》2017年第5期。

个地区、城市及乡村的资源环境承载力来设计短期规划和长期规划、常规基础规划和特色专项规划，必须坚持节约、集约和循环的低碳绿色规划设计理念，以便为子孙后代留足充分的发展资源、良好的发展环境和有利的发展机会，实现城乡发展的代际效率公正。

第二节　在现代化生态农业中提高城乡融合发展的共生质量

党的十九大报告作出乡村振兴重大战略部署，把农业绿色发展上升为国家战略，大力发展生态农业。在乡村振兴战略背景下提高城乡融合发展的共生质量，不仅需要城乡发展规划与城乡空间规划的耦合协同共生，还需要提高农业发展质量，以高质量农业发展为城乡融合高质量发展奠定坚实的农业基础。要坚持农业高质量发展，除了坚持创新发展理念增强农业发展新动能之外，还要坚持绿色发展理念，转变传统农业发展方式，提高农业绿色发展水平，走现代生态农业发展道路，唯其如此，才能实现我国农业高质量发展，从而提高城乡融合发展的共生质量。

一、传统农业生产方式与生态农业的耦合共生问题

改革开放40多年来，虽然我国生态农业有了很大进展，也取得了一些成就，但是生态农业发展总体质量不高，科技含量不强，以使用化肥、农药为主要特征的"石化农业"生产方式所导致的生态环境污染、农产品健康质量问题、农业产品价值不高等人与自然和谐共生问题并没有得到根本解决。在乡村振兴战略生态宜居的要求下，传统农业生产方式与新时代大力发展的生态农业主要有以下几方面的耦合共生问题。[①]

---

① 参见杨文欤:《乡村振兴战略下生态农业发展困境及对策构建》,《农业经济》2019年第11期。

（一）绿色发展理念的耦合共生问题

从发展理念上说，新时代我国大力发展现代化生态农业，就是要破除传统石化高碳农业理念发展对农业经营主体的束缚，树立现代化生态农业绿色发展理念，形成科学统一的生态农业绿色发展理念共识。

从人与自然和谐共生的现代化或生态宜居角度来看，人类农业发展经历了原始农业、传统农业、石化农业及现代化生态农业的四个历史阶段。一般说来，石化农业作为一种现代农业，是工业文明对传统农业的现代化、工业化、机械化的结果，其能源动力结构是依靠工业文明的石化燃料、农药化肥和动植物激素高投入获得农业的高产出，以便满足人民日益增长的粮食、工业原料等物质产品的需求。石化能源的大规模应用标志着人类由农业文明向工业文明的转变，也标志着传统自然金属手工农业向现代化工业机械化农业的转变，机械力和电力开始取代人力和畜力，化肥逐渐取代自然肥料，土壤轮作逐渐被机械化的自由种植取代，虫害和草害可以通过化学药剂加以控制，科学实验和农业科技成果开始应用在农业生产中，农业在数量和质量上都得到较大的快速发展。但现代工业机械化农业大量使用无机化肥农药，摒弃了传统自然农业有机循环的发展方式，导致了土壤肥力的快速下降。

我国是世界上的农业大国，化肥和农药的使用量在世界上也是最大的国家之一，2012 年我国农用化肥施用量（折纯量）高达 5838.8 万吨，农药使用量（折百量）为 31.1 万吨。近十年，特别是国家实施乡村振兴战略、大力发展生态农业以来，这一状况得到了较大扭转。据农业农村部指导发布的《中国农业绿色发展报告 2022》显示，我国农业绿色发展水平持续提高。2021 年，全国农用化肥施用量（折纯量）5191 万吨，连续 6 年下降；农药使用量（折百量）为 24.83 万吨；2021 年全国农业绿色发展指数 77.53，较上一年提高 0.62，比 2015 年提高了 2.34。全国农业环境保护治理取得新进展。全国三大粮食作物统防统治覆盖率达 42.4%，主要农作物绿色防控覆盖率为 46%，农药包装废弃物回收率达 58.6%；全国农作物秸秆综合利用率达 88.1%，比 2020 年提高 0.5 个百分点，畜禽粪污综合利用率超过 76%，农膜回收率稳定在 80%以上。

(二)绿色产业体系的耦合共生问题

如何处理好产业与生态环境有机融合共生是人类进入工业文明之后持续关注的话题，也是提高城乡融合发展质量的必然要求。从产业体系角度上说，石化高碳非循环产业体系与绿色低碳循环产业体系的耦合共生问题，是新时代我国大力发展现代化生态农业的产业实践中必须处理好的问题。

1. 现代化大生态农业绿色产业结构仍需完善。从产业生态化角度上说，传统石化农业由于过度使用化肥、塑料薄膜和农药，远远超过农业农村的自然生态环境的自净能力和自我循环能力，掠夺式和粗放式的石化农业发展方式不但造成了资源极大浪费，而且还造成了生态环境的污染和破坏。从生态产业化角度上说，传统小农经济自身蕴含的生态价值产业化程度也不高。目前我国生态农业产业化体系尚未形成规模，规模小、低效益和小循环的小农型生态农业还比较普遍。此外，由于我国农产品的市场体系不健全不完善等现实原因，使得我国生态农业的市场交易和服务还处于起步阶段，政府对生态企业发展生态农业相应的产业政策和激励制度还不够，致使企业发展生态农业积极性不高，不利于生态农业产业化和规模化发展。[1]

2. 生态能源发展尚不平衡不充分。从能源生态化角度说，我国的能源生态化程度不高，对石化能源依赖比较大，对现代清洁生态环保新能源需求量巨大，而可再生清洁新能源供给却严重不足。从效率角度说，生态农业绿色低碳循环，新能源利用规模小，利用效率不高且分散，农业农村清洁环保能源利用效率总体较低。城乡清洁可再生新能源分配不均衡问题依然存在。农业所获

---

[1]　参见许鹏：《供给侧改革背景下我国生态农业产业化发展路径研究》，《农业经济》2018年第 6 期。

取的清洁再生新能源与新型工业化所获取的清洁再生新能源是不平等的。此外,由于农业农村的清洁可再生能源基础设施落后,专业化市场化现代能源服务体系不健全不稳定,进一步加剧了农村环保新能源的使用,致使大量低质石化能源依然用于生态农业生产之中,不但制约着石化农业的绿色转型,也进一步加剧了对农村的土地、空气和水的污染。

(三)绿色科技创新的耦合共生问题

科技是一把双刃剑,在增强人类改造自然环境能力的同时,也助长了人类破坏自然生态环境的能力,引发了生态环境危机。自从工业革命以来,人类科技力量飞速发展,人类可以借助科技力量大规模地征服和改造自然,由于人类对科技不合理的利用,使得人与自然原始和谐的共生关系也随之被打破,引发了一些生态环境问题。

1. 自然资源能源浪费严重。在石化农业发展过程中,与石化农业相关的科技创新在推动石化农业发展过程中有着不可替代的作用。在第二次工业革命之后,特别是 20 世纪中叶以来,农业机械化程度不断提高,农药化肥的问世,动植物育种和科学种植养殖技术的不断发展,农产品不断丰富,产量也大幅度增加。但是随着大量石化农业科技推广应用发展,也产生了一些生态环境和能源负面效应,带来了大量资源能源浪费的问题。虽然不能说科技创新造成了自然生态环境的破坏,但是在资本逻辑和石化能源制约下的石化农业科技的过度应用,确实造成了对农业农村自然生态环境的极大破坏和极大浪费。目前,全球主要的石化能源中,石油只能够维持人类半个世纪的消费,煤炭也最多只能维持一个世纪。当这些不可再生的石化能源枯竭了,清洁可再生能源也不能够支撑人类能源消费的时候,全球将面临能源危机,而自然生态资源过度利用和能源危机问题将对人类的生存和可持续发展构成巨大威胁。

2. 自然生态环境的污染严重。一方面随着现代石化农业的发展,石化农业科技应用范围也越来越广泛。而大规模石化农业科技应用不但会造成自然资源过度开发和利用,越来越多的资源被消耗,大量生产和大量消费必然伴随着大量排放,大大超出农业自然生态环境承载力、自我净化能力和自我循环能力,从而造成生态环境污染。另一方面,随着石化农业科技水平的不断提高,大量生产大量消费必然产生大量的垃圾,进一步加剧了生态环境污染。与传统农耕文明时代生产的石头、木料及砖块等自然性废物垃圾不同,现代石化农业产生的大量科技垃圾本身是难以降解和污染性非常高的非自然化的人工科技产品。如石化农业的塑料农膜的大量使用所产生的白色垃圾在自然自我净化和自我循环之外,需要花费很长时间才能完全降解。又如大量农药化肥的使用会造成农业土地的重金属污染,也需要很长时间才能够完全降解分化掉。

二、在现代化生态农业中提高城乡融合发展的共生质量路径

在乡村振兴战略背景下提高城乡融合发展的共生质量,不仅需要绿色高质量城乡国土空间规划,而且需要提高农业发展质量,以高质量发展为城乡生态宜居和融合共生奠定坚实的产业基础。大力发展生态农业既是农村产业兴旺的必然要求,又是农业高质量发展的有效路径;既满足人民群众对美好生活的内在需要,又可以有效解决石化农业所带来的生态环境问题,还是应对城乡绿色低碳"双循环"新发展格局的必然选择。①

(一)树立现代化生态农业绿色发展理念

现代化生态农业绿色发展理念是发展现代生态农业的理论先导。习近平指出,推进农业绿色低碳循环发展,大力发展生态农业是农业生产生活方式的一场革命,是农业现代化的必然要求,也是农业供给侧结构性改革的主攻方向。要构建现代化生态农业就必须有科学的现代化生态农业绿色发展理念。

现代化生态农业发展理念是对近现代石化农业的高碳非循环发展观反思

---

① 参见马丽:《乡村振兴背景下高效生态农业发展战略研究》,《农业经济》2018 年第10 期。

的结果,是一种建立在现代绿色生物科技基础之上的智慧循环农业。早在 20 世纪 70 年代,人们就对传统工业文明下石化农业带来的弊端进行了深刻的反思,意图寻求一种更加有利于农业可持续发展的生产方式,更加有利于人与自然和谐共生的农业现代化模式,生态农业逐渐成为人们替代石化农业优先考虑的实践路径。1971 年,美国土壤学家威廉姆·奥伯特率先提出了"生态农业"的概念。1981 年,英国农学家沃·克·沃辛顿将生态农业定义为"生态上能自我维持、低输入、经济上有生命力,在环境、伦理和审美方面可接受的小型农业"。① 1992 年以后,可持续发展战略成为全球发展战略,生态农业的理论与实践在世界各国均得到了较大的发展。但是欧美生态农业陷入"生态中心主义",片面强调自然生态优先性,否定现代工业文明发展的积极成果,不是一种真正的以人民为中心的现代化农业绿色发展理念。

我国在 20 世纪 80 年代也开始了生态农业的相关研究和探讨。1981 年,叶谦吉教授认为中国特色生态农业应该是现代科学技术和传统农业相结合的产物,是经济效益、生态效益和社会效益相互统一的现代化农业模式。1987 年,马世骏等认为生态农业应该按照"整体、协调、循环、再生"的原理来组织农业生产,进而实现人与自然和谐共生。1991 年,厉以宁认为生态农业主要依靠农业自生内循环来实现,是一种稳定可持续发展的农业。1996 年,钟晓青认为生态农业是一种可持续发展的农业模式,是在可持续发展战略下实现农业经济发展与生态环境有机良好循环的有效路径。我国政府也从 20 世纪 80 年代起,在全国建设了一大批生态农业示范区。如今,大力发展生态农业已成为全体人民的共识。现代化生态农业是一种面向现代化的绿色智能化大农业,是传统可持续发展生态农业与现代信息化智慧农业相互耦合共生的结果;始终坚持人与自然和谐共生的现代化发展理念,坚持把自然环境生态的外部性变成农业发展的内生动力和目标;坚持依托新型工业化和现代化绿色智

---

① 转引自骆世明等:《农业生态学》,湖南科技出版社 1987 年版,第 5 页。

能科技实现农业经济效益、社会效益和生态效益的融合共生共享。①

(二)构建现代化生态农业产业体系

新时代我们要大力发展现代化生态农业,不仅仅要树立绿色低碳循环发展理念,还要把绿色低碳循环发展融入到现代化农业生产体系之中,变革传统石化农业产业体系,建构绿色低碳循环产业体系,实现农业产业体系生态化和农业生态价值产业化。如果说人与自然和谐共生是现代化生态农业的根本目标,那么现代化绿色低碳循环产业系统就是实现人与自然和谐共生现代化发展的根本实践路径。可以从两个方面构建现代化生态农业产业体系。

1. 大力提高生态农业产业化比重。一方面,提高传统石化农业的生态化程度,促进传统农业生态化。在农业产业体系内部,要进一步激活传统石化农业内在的绿色产品需求,大力发展非生态农业中的绿色产品,尽量采用无害的、低害的农药和新工艺、新技术,大力降低石化农业原有产业体系中石化能源和原料的投入,实现少投入、低消耗和高产出;要尽可能把污染物和有害物质消除在石化农业生产过程之中,尽量减少对农药化学试剂的应用,尽量减少石化农业生产中的废物排放,尽量用可再生能源替代化石能源,达到清洁生产的目的。另一方面,提高传统农业生态价值产业化规模,促进小农经济生态产业化。要进一步加大绿色低碳循环生态农业在整个农业生产体系中的比重,进一步优化具有土地资源环境承载能力的现代化生态农业产业结构布局,大力发展生态畜牧业,如内蒙古、宁夏、新疆、青海、西藏五大牧区实现由传统畜牧业向生态畜牧业转型;大力发展生态养殖业,做大做强海洋生态农业,大力发展海洋粮食、海洋菜园和海洋牧业。

2. 大力发展绿色低碳循环能源体系。绿色低碳循环生态农业呼唤绿色低碳循环清洁能源。面对我国"贫油、少气和多煤"的能源状况,新时代要大力

---

① 参见赫修贵:《生态农业是中国发展现代农业的主导》,《理论探讨》2014 年第 6 期。

发展现代化生态农业,大力发展可再生新能源,实现能源的生产绿色化和绿色消费革命最为关键。生态农业的能源革命的关键是构建清洁、高效和安全的能源保障体系。针对当前石化农业对石化能源依赖高的问题,要积极推进石化农业的石化能源生产的绿色化,实施绿色煤炭工程,提高石化农业能源的集约化程度,加大对清洁生态环保能源的开发利用规模和效率。针对城乡绿色低碳清洁环保新能源供给不平衡、发展不充分的问题和城乡能源正义问题,要以提高城乡融合发展质量为目标,在乡村振兴战略和城乡区域发展战略引导下统筹规划城乡新能源的产业布局、能源供给、公共服务和基础设施,利用"互联网+"智慧能源系统实现城乡绿色低碳清洁新能源协同共享共生发展。①

(三)加强现代化生态农业科技创新

科学技术是第一生产力,也是推动经济社会持续发展的重要革命性力量。如果说创新是新时代引领经济高质量发展的第一动力,那么绿色科技创新就是引领现代化生态农业发展的第一动力。因此无论是传统石化农业生态化还是小型生态农业产业化,无论是传统石化能源绿色生态化还是清洁可再生能源产业化都离不开绿色科技创新。

1.树立现代化绿色科技守正创新理念。习近平总书记指出,绿色科技创新要突出问题导向,着力解决现代科技所带来的生态环境破坏和污染问题,着眼于推动经济社会绿色高质量发展。绿色科技守正创新要树立生态农业系统观,要特别注重农业内部的农、林、牧、副、渔各行业的内生循环,相互利用资源和能源,变废为宝,提高现代化生态农业系统内的农业生物能转化率和农业废物的再循环,从而缓解资源能源的有限性与现代化生态农业的资源能源需要之间的矛盾关系;要加强高效生物有机化肥和生物、物理及化学等病虫害的综

---

① 参见李全生、张凯:《我国能源绿色开发利用路径研究》,《中国工程科学》2021年第1期。

合防治技术的应用,减少化肥和农药的应用数量和次数,降低农药化肥对农业农村自然生态环境的污染和破坏,增强现代化生态农业可持续发展能力;要通过现代生物科技工程、现代信息技术工程及现代环境监测技术等绿色现代化科技创新,极大增强生态农业的市场化、规模化、信息化和智能化水平及能力,从而提升现代化生态农业的经济、社会和生态效益有机共生共享发展。

2.加强现代化生态农业绿色科技应用推广创新。当前,我们生态农业所需要的绿色科技除了守正创新理念不强之外,还与现代化生态农业绿色科技创新有效供给体制不足,研发和应用现代化生态农业绿色科技人才不强有极大关系。在有效供给制度方面,要进一步推动生态农业的绿色科技体制机制创新,改革城乡分割的绿色科技创新体系,建构城乡融合共生的绿色科技创新体制;进一步加强绿色科技知识产权保护,通过知识产权的合法收益来激发涉农企业绿色科技创新的内生动力,进一步加大政府、银行、金融机构对涉农企业的资金投入,强化绿色金融外生驱动涉农绿色科技创新力度,完善涉农企业绿色科技创新的风险保障分担机制。在科技创新人才方面,在进一步加强对绿色科技创新人才的培养之外,还特别要加强对新型经营主体的培育培养,加强对新型职业农民的培育培养力度,着力提高新型职业农民应用绿色科技的技能训练,拓宽新型职业农民技能培训的广度和深度,成立一批绿色科技咨询公司、教育培训机构和信息化服务机构。

第三节　在农村生态环境治理中提高
城乡融合发展的共生质量

党的十八大以来,以习近平同志为核心的党中央高度重视生态环境治理问题,特别重视农村生态环境治理问题,发表了一系列重要理论和思想,"没有美丽乡村,就没有美丽中国""中国要美,农村必须美"等已成为大家耳熟能详的金句。新时代要实现城乡环境协同治理,就必须要破除城乡二元生态环境治理结构,既反对传统工业文明的城市中心主义,也反对传统农业文明的乡村中心主义,只有在城乡生态治理一体化共生基础上构建城乡生态环境治理共同体或共生体,才能实现城乡生态环境正义和提高城乡融合发展的共生质量。

一、农村生态环境治理中存在的多元共治共生问题

改革开放以来,伴随着我国城乡经济社会快速发展,同时也面临前所未有的生态环境问题,农村尤为突出,也特别难治理。其中,城乡二元结构是产生上述问题的主要原因。城乡二元结构不但导致了城乡环境治理主体不清和环境治理公平正义的问题,而且也阻碍了城乡环境治理多元共治主体格局的形成;使城市获得大量的生态环境治理资源占据主导话语权,同时也导致农村生态环境治理被边缘化甚至丧失生态环境治理的话语权;这种状况不但不利于农业农村内部的可持续共生发展,而且最终也会阻碍提高城乡融合发展的共生质量。

(一)多元协同共治主体的共生问题

多元共治主体是对传统一元化治理主体反思的结果,旨在倡导以综合应用多元主体、多种力量和多种方式来保护和治理生态环境问题。在城乡二元结构背景下,由于城乡二元分割和城市偏向的共生体制环境的束缚,农村生态环境治理中多元主体不能够很好协同,主要表现为政府治理主体的权威性和有效性不足,企业、个人及社会力量等非政府治理主体的主体性不够两个方面。

1.基层共治主体。在治理责任理念上,乡村基层政府绿色 GDP 发展理念不强,轻视环境保护,把生态环境的保护作为软性指标,结果往往为了短期GDP 增长而牺牲生态环境。在治理功能上,乡村基层政府往往比较注重事后监督管理,不注重事前预警监测和事中过程服务;往往过度重视企业事后环境

治理监管而轻视政府自身环境监管和服务;往往重视政府环境保护部门的职能责任,而轻视政府总负责人的环境责任。此外,当前基层生态环境监管系统不完善不统一,地方政府监管各部门之间有效协调不够。在城乡协同治理上,环保资金投入存在偏重城市而忽视农村的问题。

2.非政府共治主体。从市场经济角度看,企业作为经济发展主体,既是环境污染排放的主体,又是环境治理的主体,承担不可推卸的环境治理责任。但是由于有些企业为单纯追求经济利益,认为生态环境治理会增加企业运行成本从而减少企业利润,故而在生态环境治理主体能动性方面不足。尤其是在农村地区,由于缺乏相应的生态环境治理技术、环保基金和环境监管,使得一些农村地区企业对生态环境治理投入严重不够,造成农村生态环境进一步恶化。从社会层面角度上说,在非政府社会组织参与环境治理方面,由于人才和资金限制使得非政府治理主体参与农村环境治理主动性不高。在公众参与环境治理方面,农民的生态优先绿色发展理念有待进一步提高,当生态环境问题影响到自己切身利益的时候,才向政府和企业提出自己的生态环境保护权益,而自身在生态优先绿色发展理念上的主体能动意识不强。①

（二）多元协同共治机制的共生问题

由于传统城乡二元结构的束缚,没有相应的多元共治机制,使得乡村基层政府自身内部多元共治协调机制不健全,无法有效整合政府自身内部的生态环境治理资源共生共享,从而难以有效整合多元利益主体的治理资源,实现多元利益主体的治理资源共生共享。

1.多元利益协调机制有待加强。利益协调机制的重要性在于可以有效化解政府内部、公私之间和个体之间的利益冲突及矛盾,形成治理价值共识。在城乡二元结构下,农村生态环境治理长期受到计划经济条件下公共行政权力

---

① 参见张志胜:《多元共治:乡村振兴战略视域下的农村生态环境治理创新模式》,《重庆大学学报(社会科学版)》2020年第1期。

主导,政府对农村生态环境治理大包大揽,政府既要在宏观上对农村公共环境治理制定相关制度和政策,又要在微观上肩负环境治理和环境监测的职能职责,但是乡村基层地方政府在唯 GPD 诱导下,对农村生态环境治理存在"无动力治理"状态;企业基于利益和成本考虑,则把对城市的污染向农村转移;民间社会组织虽然参与,但其发挥的功能作用有限,仅限于环境保护教育、自然资源保护倡议和动员公众参与环境治理等方面。加上慈善文化不足、力量弱小和参与机制不完善,使得协同共治中的主体受多方掣肘;公众和农民自愿参与积极性也忽高忽低。由于当前政府与企业、社会组织及公众(农民)没有形成生态环境治理利益共同体,缺乏对各个利益主体的相互有效协调机制,从而导致各个利益主体各自为政。

2. 多元利益整合机制有待加强。如果说协调机制是实现多元共治的前提,那么整合机制则是实现多元共治的关键,关乎农村生态环境治理多元共治绩效的提升。在二元体制下,农村生态环境治理已经形成以企业为主体的市场型整合机制、以政府为主体的政府型整合机制、以社会组织为主体的社会组织或社区自治型整合机制,但是三种整合治理机制都有各自的短板。基于市场机制来整合农村生态环境所需要的资源和信息则会产生消费不足或供给不足。生态环境破坏负外部性和生态治理正外部性的矛盾使得遵循市场整合机制的企业更加显得力不从心。基于政府机制来整合农村生态环境,由于投入不足、治理协同力不够及主动治理责任伦理主体性不强等现实原因,限制了政府机制整合作用的有效发挥。基于社会机制来整合农村生态环境,又由于社会组织力量不足、农村社会资本短缺等现实原因,也限制了社会机制的有效发挥。

(三)多元协同共治能力的共生问题

在城乡二元结构背景下,政府作为唯一的治理主体,需要具备超强的行政控制能力。而在多元共治体系下,强调治理主体的多元性、参与性和互动性,包括政府、企业、社会组织及公民在内的多元主体共同参与协同治理。当前，我国农村生态环境治理中也存在多元共治能力的共生问题。

1.政府主体统筹协同治理能力有待加强。在城乡二元结构背景下，政府行政权力和执行力被部门化，政府职能也因为部门、层级及地区等被碎片化。环境保护治理职能也被人为分割到政府不同职能部门之中，各种生态环境治理职能又被分割到不同职能部门，形成生态环境治理的"多头治理"，大大制约了政府对城乡生态环境治理的综合决策能力、执行能力、区域协调能力及合作协同共治能力等。因此，当经济发展与生态环境出现矛盾的时候，当城镇化与农业农村现代化发展出现冲突的时候，地方政府及其环境保护部门则因为部门利益和职能职责碎片化而无法统筹协调地方政府部门之间的权力和冲突。

2.非政府主体参与协同治理能力有待加强。在城乡二元结构下，因多元主体环境治理的目标差异和价值利益偏好不同等原因，使得无论是企业还是社会组织，无论是农民还是市民，这些非政府主体参与农村生态环境协同治理能力都比较低。对于企业来说，由于企业利润导向、技术创新能力以及政府对企业监管等原因，使得企业在农村生态环境协同共治中主动发挥作用的动力不足。尤其是当企业治污成本高于治污收益而环境处罚成本又过低的时候，企业往往会选择逃避自己的环境责任，甚至会变本加厉污染生态环境。对社会组织及公众来说，社会组织和公众参与农村生态环境多元协同共治的宣传、科普及教育比较多，但是真正参与生态环境决策和监督的人比较少，有的缺乏环境保护主体意识和主人翁意识，有的甚至认为生态环境治理只是政府和企业的事情；社会组织和公众参与农村生态环境多元协同共治有序化能力比较低，常常在"冷参与"与"热参与"之间游离徘徊。[①]

---

① 参见詹国彬、陈健鹏：《走向环境治理的多元共治模式：现实挑战与路径选择》，《政治学研究》2020年第2期。

二、在农村生态环境多元共治中提高城乡融合发展的共生质量路径

党的十九大报告提出,要"构建政府为主导、企业为主体、社会组织和公众共同参与的环境治理体系"①。在传统城乡二元结构背景下,政府的主体角色定位不清和非政府主体的能动性不高,治理主体越位、缺位和错位现象突出,使得多元主体协同共治农村生态环境治理绩效不高,城乡生态环境治理正义问题突出,当前迫切需要打破城乡二元结构,通过建构城乡生态环境治理共同体来破解当前农村生态环境多元主体协同共治的问题,从而最终实现城乡生态环境治理正义。②

(一)构建多元协同共治的共生主体

城乡生态协同共治共生体既是构建农村多元主体协同共治共生治理体制机制的基础和前提,又是实现城乡生态融合共生发展的题中之义。为此,厘清政府主体的职能职责,加强政府主体与非政府主体的整合协同,充分发挥组织协同力,构建政企民社多元主体协同共治共生的组织治理体系对于提高农村生态环境多元主体协同共治绩效具有重要意义。

1. 优化重组政府内部协同共治组织架构体系。在纵向上就必须要厘清中央政府与地方政府在农村生态环境治理中的职能职责,中央政府要制定统一的涉及城乡和农村生态环境治理的法律规划,对实施涉及城乡发展和农村生态环境治理的城乡国土空间规划,主要负责跨地域跨区域跨流域大江大河的生态环境治理和全国城乡生态环境治理基础设施建设等。地方政府则除了执行中央政府统一部署的环境法规和政策文件以外,还主要负责本地区城乡和

① 《习近平谈治国理政》第三卷,外文出版社 2020 年版,第 40 页。
② 参见李宁:《城乡生态共同体:新时代乡村生态治理的现代转型》,《云南行政学院学报》2021 年第 3 期。

农村生态环境的治理、保护和改善。在横向上,要将分散在水利、国土、林业、城乡及环境保护等各个职能部门中的生态环境治理的组织结构和科室重组整合到生态环境部门之中,通过构建"大部门"治理结构来打破城乡二元结构对城乡和农村生态环境治理所造成的制度分割障碍,统一制定农村生态环境治理的标准,才能有效避免城乡二元制度背景下农村生态环境治理"政出多门"所造成的治理碎片化和片面化,从而真正激发政府主体在农村生态环境多元协同共治中的主导作用。

2. 重构政府主体与非政府主体在多元共治中的主体性关系。当前在农村生态环境多元治理体系中,普遍存在主体越位、错位和缺位现象,不能发挥有效主体协同作用。在政府主体职能职责方面,政府主要提供多元协调共治的制度供给,做好农村生态环境治理的服务和监管,在简政放权中对企业、社会组织和公众(农民或市民)参与多元共治提供更多赋权工作,适当向企业和社会组织让渡放权,同时加强政府对农村生态环境治理的监督问责考评制度建设。在企业方面,企业主要担当起自己环境治理的主体责任,把城乡和农村生态环境治理职能职责落实在企业生产消费和经营管理的全过程之中,革新生产技术淘汰落后产能,着力降低消耗和污染,坚持绿色低碳循环生产,促进人与自然生态环境和谐共生。在社会组织和公众(农民或市民)方面,要不断提高自身的环保意识和环保责任,改变自己不利于生态环境治理的生产生活消费方式,追求文明健康环保低碳理性的生活方式,实现人与自然生态环境和谐共生。

（二）构建多元协同共治的共生机制

当确定好多元利益主体的职能职责之后,如何保障多元利益主体的有效行为就变得至关重要。由于不同利益主体的政治博弈使得协同合作关系很难自发形成,这就需要在不同利益主体之间强化认同和合作,构建多元协同共治共生机制,才能有效提高多元协同共治绩效。就当前农村生态环境治理多元协同共治共生问题来说,构建多元利益主体协调机制和整合机制至关重要。

1.构建多元利益主体协调机制。在政府主体内部协调方面,要发挥好政府在农村生态环境治理中的主体作用,主要在于要破除城乡二元分割协调机制,构建城乡融合共生协调机制。在纵向上,要按照权责利相互统一的原则,合理划分中央政府和地方政府各级各类环保机制的财权和事权,构建城乡融合共生的"垂直领导"体系。在横向上,则要构建以生态环境保护部门为主体,国土、城乡、财政及农业部门为重要参与成员的沟通协商协调机构,以便实现农村生态环境治理的"大部门治理"。在政府与非政府主体之间的社会协调方面,要特别注重政府与非政府主体之间的利益协调。环境治理表面上是处理人与自然的和谐共生关系,实质上是处理人与人之间的关系,而人与人之间关系的本质是一种建立在社会生产基础之上的物质利益关系。在农村生态治理中,利益协调的关键和重点是通过产权来界定利益主体的边界,通过社会公共信任网络和平台来找准各个利益主体之间的利益共同体的平衡点和契合点,通过利益协调补偿机制来矫正利益失衡问题。①

2.构建多元利益主体整合机制。在治理目标理念整合方面,要以公共价值理性来反映多元主体协同共治中普遍存在的利益工具理性,整合多元利益主体中政府利益部门化和企业、公众的自利倾向,以公共精神为核心的多元协同共治文化共生体来重塑政府与企业、公众、社会组织之间的信任关系,强化政府、企业、社会组织以及公众尤其是农民自身的环保责任意识。在机构组织职能整合方面,按照权责利相互统一的原则,将农村分散环境保护职能整合到统一的生态环境保护职能部门之中,重点加强政府多元共治主体的监督职能权重,从而提升农村生态环境保护职能部门在农村生态环境治理中的权威性。在过程内容整合方面,要树立系统工程整体性思维,注重城乡生态环境治理过

① 参见张诚、刘祖云:《从"碎片化"到"整体性":农村环境治理的现实路径》,《江淮论坛》2018年第3期。

程的联动性和治理信息的共享性,既要注重农村生态环境的治理方面,又要注重将生态环境共治共生理念融入农村经济社会发展全过程之中;既要注重农村生态环境治理政策制定的步骤性和阶段性,又要注重农村生态环境治理政策实施的可持续性和整体性。

(三)提升多元协同共治的共生能力

习近平总书记指出:"制度的生命力在于执行。"①坚持完善生态文明制度,不仅仅要提高政府多元协同共治环境的能力,而且还要提高企业、社会组织及公众的多元协同共治能力。当前农村生态环境治理出现了市场机制、政府机制、社会机制的失灵以及多元共治共生的失效,要求我们推动生态环境治理能力的现代化,提升多元协同共治共生的治理能力。

1.提高政府主体的多元协同共治共生能力。提高政府的生态环境多元协同治理能力并不是要消解政府的主体能力,而是要更加充分地发挥好政府的主导能力。充分体现政府在制定国土空间规划、城乡经济社会发展规划和生态环境治理规划等方面的主导能力,为城乡和农村生态环境治理提供基础设施服务和公共产品,依法行政和依法监督,出台相关激励措施和生态补偿政策积极引导和支持企业、社会组织和公众参与多元协同治理。提高政府对农村生态环境治理的动员协调执行能力,必须进一步加大对农村生态环境治理的人力物力财力的投入,完善好农村生态环境治理相关法律法规的修订;明确地方政府对农村环境治理的生态责任,坚决破除地方保护主义和部门利益对生态环境责任的侵蚀和干扰,切实加强对破坏和污染农村生态环境的问责力度,严格落实"党政同责,一岗双责"的生态责任追究问责制度;通过特许经营、奖励、补贴补偿等多种形式积极引导社会资本和社会力量有序参与到农村生态环境多元共治体系中来。

---

① 《习近平谈治国理政》第三卷,外文出版社 2020 年版,第 128 页。

2.提高非政府主体的多元协同共治共生能力。在新时代农村生态环境治理的多元主体协同共治体系中,政府不再是唯一的治理主体,政府主要是一个主导性主体,真正的治理主体是企业、社会组织和公众。对于企业主体来说,企业要真正发挥在多元共治中的主体能力作用,必须采取有效措施实现绿色生产和绿色经营,积极培育绿色发展的企业文化,引进高素质绿色经济管理人才,及时披露和公布企业环保信息,依法主动接受政府和社会公众的环保监督。对于农民主体来说,可以通过绿色环保赋权农民正确认识自己在乡村振兴和农村生态环境治理中的主体地位,通过绿色教育培训提高农民现代化环保意识,通过让农民掌握绿色生产技术而养成绿色生产生活方式。对社会组织主体来说,可以通过与社会资本合作、公众募捐等形式拓宽社会组织的资源渠道,通过社会组织之间资源整合共享和农村社区组织"在场"等形式提高社会组织参与农村生态环境多元共治的组织协同管理能力。①

第四节　在城乡生态文明制度中提高城乡融合发展的共生质量

习近平总书记指出:"保护生态环境必须依靠制度、依靠法治。只有实行最严格的制度、最严密的法治,才能为生态文明建设提供可靠保障。"②制度是国家繁荣富强和人民幸福安康的重要基石,制度优势是国家发展的最大优势。城乡生态文明建设作为一项系统工程,无论从统一城乡国土空间规划还是统筹城乡绿色生态产业发展,无论是实现城乡环境治理正义还是提高城乡环境治理能力,都必须依靠科学规范、系统完善和运行高效的生态文明制度系统的支撑和保障才能够发挥真正的作用。

---

① 参见张志胜:《多元共治:乡村振兴战略视域下的农村生态环境治理创新模式》,《重庆大学学报(社会科学版)》2020年第1期。

② 《习近平关于社会主义生态文明建设论述摘编》,中央文献出版社2017年版,第99页。

一、城乡二元结构背景下生态文明制度协同共生问题

在城乡二元体制背景下,有限的环保资源和资金主要投入到了城市生态环境治理之中,致使农村生态环境问题由于缺乏足够的资金而得不到有效治理。当前,新时代乡村振兴战略的生态宜居要求、绿色发展目标等,对城乡生态文明制度协同共生提出了更高要求。

(一)生态产权制度二元协同共生问题

产权制度既是所有制的核心又是经济所有制关系的法律表现,既是市场经济制度的基石又是发挥市场机制作用的根本制度前提。虽然我国一直在进行全国城乡国土空间内的自然(生态)资源资产产权制度改革,并且在统一确权登记、有偿使用、节约集约利用、空间用途管制、保护修复等方面取得巨大成就。但在传统城乡二元制度影响下,城乡自然生态资源资产产权主体平等问题并没有得到根本解决,城乡生态产权主体地位不平等和农村生态产权权能发展不充分问题十分突出。

第一,城乡生态产权主体的地位不平等。从产权主体结构体系上看,就在国家产权体系中的地位来说,城市生态产权的国有主体明显高于农村生态产权的集体主体,使得双方在生态产权市场交易中处于不平等的地位,农村在与城市生态产权市场交易中往往处于劣势,农民的正当合法生态权益得不到有效保障。从产权职能职责分工上看,由于城乡二元结构的原因,城乡生态产权分别由林业、水利、土地、矿产和环境五大资源管理部门管理,而每个部门管理又有相应不同的法律法规,使得多头立法、多"部"划权、交叉执法、立法与监管空白并存,不但生态产权与地理空间和土地资源共生关系被人为割裂,而且造成农村生态产权主体权利边界不明晰,造成农村生态环境污染治理的"公共地悲剧"时有发生,农民与地方政府之间因为生态产权不明晰所造成的利益纠纷也时有发生。

第二,农村生态产权权能发展不充分。在传统城乡二元结构背景下,城乡的市场化程度也呈现二元性,与城镇快速市场化相比,农村市场化无论是在多元主体还是水平能力方面都远远低于城镇的市场化程度。由于城乡生态产权在市场化程度上的发展差异,使得城乡生态产权权能发展失衡,如农村地区生态产权大多数不具有发展权,使得农村地区生态产权很难通过市场经济公正公平地开发利用来支撑农业农村的发展;又如农村地区大多数生态产权还没有对等的使用收益权和抵押担保权,使得农村地区自然生态资源优势不能够很好支撑农村集体经济的发展,也不利于调动广大农民群众的积极性。此外,由于地方政府对农村自然生态资源资产单纯通过行政管理和国土空间规划来取代市场对自然生态资源资产的配置,也严重阻碍了农村生态产权的市场化,使得农村自然生态资源资产既得不到有效的开发利用,也得不到有效的保护。①

(二)生态补偿制度二元协同共生问题

经过 40 多年的发展,我国生态补偿制度不断完善,生态补偿主体不断多元化、生态补偿机制和方式也不断多元化,生态补偿资金和资本力量不断增强,但是在传统城乡二元结构影响下,我国生态补偿制度城乡协调力度不够,不同生态功能区生态补偿制度不均衡,农业生态补偿制度供给严重不足。

1. 不同生态功能区生态补偿制度不均衡。为更有效地保护自然生态环境,我国于 2010 年颁布的《全国主体功能区规划》开始将国土空间划分为优化开发区域、重点开发区域、限制开发区域和禁止开发区域四大类。其中,对限制和禁止开发区域进行生态补偿是平衡这两类区域经济社会发展差异的必要手段。由于东西部以及城乡之间经济社会发展的地区差异,不同生态功能区的生态补偿在资金和能力上有较大差距,北京、上海、广州等地区由于有充

---

① 参见谭荣:《自然资源资产产权制度改革和体系建设思考》,《中国土地科学》2021 年第 1 期。

足的生态资金、多元化的生态补偿主体和多样化的生态补偿机制,使得优化和重点开发地区的生态功能与社会经济发展能够形成良性循环;而广大限制和禁止开发的中西部农村地区,由于当地缺少生态补偿资金而只能单纯依靠政府财政转移支付和对口支援来进行生态补偿,使得这些农村地区生态得不到有效保护,经济又得不到有效发展,城乡发展差距得不到有效缓解,不利于这些地区经济社会的绿色高质量转型发展。

2.农业生态补偿制度不充分。农业生态补偿是生态补偿的一个重要方面。2016年国务院办公厅发布的《国务院办公厅关于健全生态保护补偿机制的意见》明确指出,要建立以绿色生态为导向的农业生态治理补贴制度。我国农业生态补偿主要依靠政府补偿,缺乏有效的多元化市场化的生态补偿制度,农业生态补偿制度供给严重不足,主要问题表现在:一是农业生态补偿体系缺乏系统性、统一性和完整性,生态补偿内容和范围过窄;二是农业生态补偿主体比较单一,补偿资金严重不足,而且地区差异比较大;三是缺乏科学有效的生态补偿标准,并且缺乏定量的具体而明确的规定,导致农业生态补偿实践过程中缺乏可操作性的补偿标准;四是农业生态补偿方式单一,往往采取货币化的资金直补方式,不能有效激发农业发展动能,不能从根本上解决农业在绿色高质量发展转型中所面临的生态技术、生态人才及生态产业方面的困境,缺乏市场化内生长效补偿机制。

(三)生态考核制度二元协同共生问题

习近平总书记指出:"只有实行最严格的制度、最严密的法治,才能为生态文明建设提供可靠保障。"① 2015年9月中共中央国务院印发《生态文明体制改革总体方案》,明确要求"完善生态文明绩效评价考核和责任追究制度"。②

---

① 《习近平关于社会主义生态文明建设论述摘编》,中央文献出版社2017年版,第99页。

② 《中共中央国务院印发〈生态文明体制改革总体方案〉》,人民出版社2015年版,第24页。

但是在传统城乡二元结构背景下,城乡生态文明评价考核体系不够统一,生态功能区生态评价考核的差异性和差别化也不足。

1. 城乡生态评价考核目标体系不统一。在城乡二元制度背景下,城乡生态文明建设目标评价和考核制度体系"碎片化"主要表现在以下两个方面:一是目标评价和考核制度供给主体多元。比如《关于开展"海洋生态文明示范区"建设工作的意见》是由国家海洋局发布,《关于加快开展全国水生态文明城市建设试点工作的通知》由水利部印发,《国家生态文明建设试点示范区指标(试行)》由原环境保护部印发,《农业部"美丽乡村"创建目标体系》则由原农业部下发,《推进生态文明建设规划纲要(2013—2020年)》则由原国家林业局印发。二是目标评价和考核的各项指标体系设计不够系统科学合理。如原环境保护部主导的"国家生态文明建设试点示范区"指标体系,偏重于环境保护指标的评价;国家发展改革委主导的"国家生态文明先行示范区"指标体系,则偏重经济增长、能源领域指标的评价,这样就使现有指标体系基本上都侧重部门利益,目标设计过于行政化,对生态系统生产总值(GEP)评价和考核关注不够。

2. 生态功能区生态评价考核责任差异性不足。如果说城乡生态宜居绿色发展目标评价和考核制度"碎片化"是城乡二元制度下生态文明建设评价和考评的一个痼疾,那么生态宜居和绿色发展目标评价和考核所表现出来的"同质化"则同样是一个需要关注的重要问题。从实践上说,城乡生态宜居和绿色发展目标评价考核的重点和指标体系应当基于不同主体功能区生态环境禀赋和生态文明建设目标要求的不同而有所区别。但我国现行《绿色发展指标体系》和《生态文明建设考核目标体系》都未能充分体现各个主体功能区中不同生态环境功能定位的差异性。比如《绿色发展指标体系》对所有主体功能区适用相同的一级指标和二级指标,并且指标权数相同。《生态文明建设考核目标体系》仅针对沿海省份增加"近岸海域水质优良比例"子目标并赋予2分分值(对非沿海省份则删去此子目标)。用同一指标体系去衡量全国城乡生态宜居和绿色发展建设水平并依此排序既不科学也不合理。

二、在城乡生态文明制度一体化中提高城乡融合发展的共生质量路径

党的十八大以来,我国相继出台了有关生态文明建设方面的100多部法律法规,极大地推进了我国城乡生态文明制度的一体化共生进程。其中,《中共中央关于全面深化改革若干重大问题的决定》和《生态文明体制改革总体方案》等文件的出台,标志着中国特色生态文明制度体系的"四梁八柱"基本形成。对此,我们认为只有在城乡生态文明制度的一体化共生发展中,才能真正把城乡国土空间规划、生态农业发展、城乡生态环境协同治理落到真正的实处,才能够为乡村振兴和城乡绿色高质量发展提供强有力的制度保障。

(一)构建一体化生态产权制度

生态产权作为生态文明制度的基础性制度,对生态产权市场交易制度、自然资源有偿使用和生态补偿制度、生态文明绩效考核和责任追究制度等绿色发展制度都具有支配地位。只有建立城乡一体化生态产权制度,才能为生态文明各项制度确立相应的交易主体、赔偿主体、补偿主体、考评主体以及责任追究主体,才能使城乡国土空间内的自然生态资源做到权有其主、主有其利、利有其责。[①]

1.构建城乡统一的明晰的生态产权主体。一是要健全国家中央政府直接管理的生态资源资产管理制度。这就要求在统筹城乡国土空间规划下修改完善相关法律规划,明确国务院自然资源资产管理部门的职能职责,全国重点的自然生态资源资产由国务院自然资源资产管理部门代表国家统一管理、规划、开发利用和保护。二是要积极探索地方政府委托代理关系。建立健全地方政

---

① 参见《关于统筹推进自然资源资产产权制度改革的指导意见》,人民出版社2019年版。

府委托代理管理自然生态资源资产的清单制度,同时加强对生态资源资产的管理监督制度,着力调整中央政府与地方政府的生态资源资产收益和支出比例结构,加强地方政府对生态资源的修复力度。三是要进一步明确农村集体所有的生态产权的主体地位。积极推进农村集体生态产权统一确权,在此基础上,完善农村集体经济对自然生态资源资产的管理权、经营权,从而确保农村集体经济中的自然人、法人及非法人组织在城乡生态产权市场交易中能够公平公正参与竞争。

2.完善农村集体所有生态产权权能体系。农村集体所有生态产权权能体系既要保证农村集体所有生态资源资产高效的开发利用,也要保证农村集体所有生态资源资产收益公平分配,进而能够实现生态、经济和社会效益三者有机统一。为此,要提高农村集体所有生态资源资产有偿使用的市场化程度,全面提升农村集体所有经营性生态资源资产使用权的资源配置效率;要健全农村集体所有生态资源资产转让权的市场化程度,降低经营性生态资源资产的市场交易成本,从而降低经营性生态资源资产在优化资源配置中的外部消耗;要进一步改革农村集体所有经营性生态资源资产收益权的分配机制,保证农村集体所有生态资源资产,尤其是土地增值收益和农村宅基地增值收益更多倾向于农民主体,有效保证农民弱势产权主体的使用权、转让权和收益权的合法正当权能。此外,必须加强政府对农民的经营性生态资源资产的公共基础设施建设投资,为农民的经营性生态资源资产产业化和市场化奠定基础。

(二)构建一体化生态补偿制度

统筹城乡生态补偿制度既是实现乡村振兴生态宜居的重要内容,也是实现城乡融合发展的重要制度路径。虽然我国重点生态功能区和农业区实施生态补偿制度已经多年,但是由于我国城乡生态补偿还面临补偿范围偏小、补偿标准偏低、补偿形式单一、补偿长效机制不足、城市对乡村补偿不等值等问题;

因此,统筹城乡生态补偿制度的重点和难点是构建有利于乡村振兴和城乡融合共生发展的一体化生态补偿制度。①

1. 构建多元化的生态补偿制度。在构建多元补偿主体方面,就要始终坚持中央政府在主导纵向生态补偿基础之上鼓励地方政府发挥在跨行政区域和跨流域的横向生态补偿作用,以中西部农村地区为重点,鼓励经济发达且受益生态产品和服务的地区、城市和企业直接参与中西部落后地区的生态补偿;在构建多元生态补偿领域方面,要以生态系统共生思维和生态公共产品理念来重新整合生态补偿的内容,针对森林、草原、湖泊、海洋等多种生态系统的不同特性制定不同的生态补偿方案,针对传统小农业和现代化生态农业实施不同的生态补偿政策,实现分类补偿和综合补偿的有机统一;在多元化生态补偿方式方面,在坚持货币化生态补偿基础之上,尝试非货币的补偿方式。此外,要在明晰的生态产权基础之上进一步明确多元生态补偿供给主体之间的权责利相互统一协同,尤其要明确城市对乡村、工业对农业的生态补偿的主体责任。当前,多元补偿主体参与性不高,一个主要原因就是多元补偿供给主体之间的权责利边界不清,影响多元主体参与生态补偿的积极性。

2. 构建市场化的生态补偿制度。目前,我国生态补偿主要以政府补偿为主,但是政府财政难以有效满足生态补偿资金的巨大需求,因此必须建构市场化的生态补偿机制。由于我国市场化生态补偿还处于发展起步阶段,无论是市场化的补偿工具还是市场管理制度都不够完备。着眼于乡村振兴战略和城乡融合共生发展,要在明晰城乡生态产权和丰富农村生态产权权能基础之上构建多层次的市场化生态交易制度。对此,要深入推进城乡国土空间规划视域下生态确权工作,明确生态所有权的边界,明确市场主体参与生态补偿权责利界限,协调好政府补偿与企业市场补偿之间的目标冲突,实现城乡生态所有权、经营权、承包权的分置运行机制,为完善市场主体横向参与生态补偿机制

---

① 参见贺涛、孙华贵:《关于推进乡村振兴中市场化生态补偿机制的思考》,《环境保护》2018 年第 17 期。

奠定制度基础。在多层次市场化生态补偿机制建设过程中,要加快碳排放交易制度、排污权交易制度和排放监测能力建设,实现生态补偿从政府"输血"到市场"造血"的转变,加强对市场主体的生态权利和义务的法律制度保护。

(三)构建一体化生态考核制度

2019年党的十九届四中全会明确提出要建立生态文明建设目标评价考核制度,目的是进一步强化各级政府和党政领导干部的生态责任,推动我国生态文明建设事业高质量发展。建立完善的生态文明建设目标评价和考核制度是推动我国乡村生态振兴和城乡绿色高质量发展的重要制度保障,是我国生态文明制度体系和能力现代化的重要制度安排。

1. 构建城乡一体化生态文明建设目标评价考核体系。在评价和考核的生态目标责任上,乡村生态振兴或生态宜居与城乡绿色高质量发展目标评价和考核应该始终坚持党政同责和一岗双责的原则,既要突出党对生态文明建设的领导责任,又要突出政府在生态建设中的主体责任。在评价考核具体办法上,应由国家统计局、国家发展改革委、生态环境部会同财政部、自然资源部、水利部、农业农村部、国家林草局及国家海洋局等部门联合组织实施。年度评价按照生态宜居和绿色发展指标体系实施,主要评估各地区资源利用、环境治理、环境质量、生态保护、增长质量、绿色生活、公众满意程度等方面的变化趋势和动态进展,绿色发展指标体系则可以由国家统计局、国家发展改革委、生态环境部会同有关部门联合协同制定。五年规划目标考核内容主要包括城乡经济社会发展中的生态环境资源刚性约束性指标,考核目标体系则可以由国家发展改革委、生态环境部会同有关部门联合制定。

2. 构建差异化差别化生态功能区评价考核体系。在差异化评价考核体系上,对优化开发区,应该重点评价考核城市的环境质量管理和绿色创新驱动能力等;对重点开发区,应该重点评价考核主要污染物排放总量控制和污染防治设施建设与运行等;对限制开发区中的重点生态功能区,应该重点评价考核其生态服务功能和提供生态产品的能力及生态系统的完整性、稳定性等;对限制开发区中的农产品主产区,应该重点评价考核耕地保有量和土壤环境、农村污染源防治和农村人居环境改善等;对禁止开发区,应该重点评价考核自然文化资源的原真性和完整性保护水平和动态变化等。在分类划分等级上,可以将东部沿海城镇化水平高的发达地区如北京、上海、天津、广东、浙江等作为一类来排序和划分等级;可以将中西部如河北、山西、安徽、河南、湖北、重庆、陕西等城镇化水平较低的农产品主产区,作为一类来排序和划分等级;可以将西部如西藏、甘肃、宁夏、青海和新疆等关系全国或较大区域的生态安全功能区,作为一类进行排序和划分等级。①

---

① 参见李昌凤:《完善我国生态文明建设目标评价考核制度的路径研究》,《学习论坛》2020 年第 3 期。

第四章 在乡风文明建设中缩小城乡融合发展的共生差距

"乡村振兴,乡风文明是保障。"①在城乡融合发展共生逻辑体系中,乡风文明作为城乡融合发展的文化共生单元主体,是乡村全面振兴的内生动力所在,也是缩小城乡融合发展共生差距的必然要求。习近平总书记指出:"乡风文明,是乡村振兴的紧迫任务,重点是弘扬社会主义核心价值观,保护和传承农村优秀传统文化,加强农村公共文化建设,开展移风易俗,改善农民精神风貌,提高乡村社会文明程度。"②改革开放以来,我国乡村文化建设得到了极大发展,但是由于城乡二元结构的长期影响,使得城乡文化融合发展不平衡,农村文化发展不充分。如果没有乡村文化的高度自觉自信自省,没有乡风文明,没有广大农民群众的精神文明素养的提高,乡村全面振兴就会因失去内在精神文化动力支撑而失去内生发展动能,就难以完成乡村全面振兴的目标和任务,更不可能实现城乡融合共生发展。如果说乡村产业兴旺和生态宜居关注的是城乡融合发展中物质文明和生态文明方面的共生差距问题,侧重于乡村物质和生态文明建设,实现乡村产业(经济)和生态振兴,那么乡风文明则主要关注的是城乡精神文明方面共生发展的差距问题,侧重于乡村文化和精神

---

① 《中共中央国务院关于实施乡村振兴战略的意见》,人民出版社2018年版,第16页。
② 《习近平关于"三农"工作论述摘编》,中央文献出版社2019年版,第22页。

文明建设,实现乡村文化振兴和城乡文化融合发展。

第一节 在激发农民文化主体意识中缩小城乡融合发展的共生差距

农民作为乡村文化振兴的生产供给者,其自身的主体意识高低直接决定乡风文明建设水平的高低和乡村文化振兴质量的高低,成为乡风文明建设和乡村文化振兴的主体前提。在传统城乡二元结构背景下,城乡文化发展不平衡,农村文化发展不充分,乡村文化文明处于相对落后状态。尽管导致乡村文明落后的原因复杂多样,但是农民文化主体意识不强是主体性根源。因此,要坚持以人民为中心的乡村文化振兴,就必须进一步激发农民在文化振兴中的主体性,着力全面提高新时代农民的科学文化素养、思想政治和道德素质水平,才能够促进乡村文化振兴,进而缩小城乡融合发展的共生差距。

一、农民文化主体意识存在的共生发展问题

新时代乡村振兴战略所实现的现代化不仅仅是物质的现代化,而是以人民为中心的现代化,其核心是农民思想文化的现代化,激发农民在乡村振兴中的文化主体意识。

(一)科学文化素养方面

改革开放以来,我国在农村地区实施了大量科普工作,提高了农民科学文化素养,遏制了农村陈规陋习,激发了农民文化主体意识,缩小了城乡公民科学文化素养差距。但是由于历史欠账太多、城乡科普资源分配不均和农民固有小农意识的消极影响,使得农民科学文化素养依然不能满足乡村振兴的文化需要,与城市公民的科学文化素养还有不小差距,主要表现为科技创新发展意识不强、现代化科技知识不足和现代化科技教育培训不够等几个方面的

困境。

1. 科技创新发展意识相对不强。观念保守,思维陈旧和创新意识不强是传统小农意识的思维特征,也是新时代激发农民主体性的思想障碍。与经济文化生活相对丰富的城市市民相比,广大农民由于长期生活在相对比较封闭的农村,尤其是对年龄比较大的农民来说,科学知识文化水平有限,接受新知识的能力偏低,容易被小农意识所左右,产生小富即安、封建迷信和因循守旧等固有的思维窠臼。这在老少边穷的中西部农村地区尤为明显。小农意识既是新时代农民精神思维文化贫困的主要表现,也是导致精神思维文化贫困的思想根源。在脱贫攻坚中表现出来的贫困群众的"内生动力不足""等要靠"及"不劳而获"等不思进取的思想既是传统小农意识的必然体现,同时又是新时代农民对乡村文化不自信的一种体现,没有充分发挥思想精神文化能动性,通过科技创新意识来克服物质贫困,在增强自身内生发展动能之中解决物质贫困。

2. 现代化科技知识相对不足。农民现代化科学技术文化知识相对不足既是农民科学文化素质不高的主要表现,也是导致农民精神思维文化贫困的主要根源。进入新时代以来,尽管我国大力培育新型职业农民,大力提高农民的科学知识素养,但是在城镇化的驱动下,由于乡村人口空心化和老龄化比较严重,农业从业人口大多数是一些思想守旧思维僵化和学习能力比较低的中老年农民,这些农民大多由于缺乏现代化科学技术,也缺乏改变贫困的技术能力和科学知识的内在支撑。根据相关部门数据显示,2018 年农民的科学素质达标率为 4. 93%,而同期城镇达标率为 11. 55%。农民科学素质达标率仅占全国平均科学素质达标率的 58. 21%(全国为 8. 47%),是城镇居民的 42. 7%。①

3. 农民科技教育程度相对较低。这是导致农民精神文化贫困的教育根

---

① 参见高畅、高航:《科普供给侧问题分析及改革路径探索》,《科学管理研究》2020 年第 3 期。

源。在农业现代化日新月异的今天,农业创新技术层出不穷,而要掌握这些新型现代化农业科技只有通过教育和培训才能够提高农民的科学知识文化水平,培育一批有知识有文化有技术的高素质农民,只有让农民掌握现代化的农业科技创新成果,才能让农民充分发挥在产业兴旺、生态宜居、乡风文明、治理有效和生活富裕中的主体性作用。然而,一个客观的事实是,新时代农民无论是学历教育文化程度还是职业教育培训力度都远远落后于城市市民,而留在农村从事农业的小农户的学历教育文化程度和职业技能培训力度也低于新型职业工人和青壮年农民工学历教育层次和职业技能培训力度。

(二)民主法治意识方面

列宁曾指出:"文盲是站在政治之外的。"[1]改革开放以来,广大农民群众的民主意识和法治素养不断提高,但是与城市市民的民主法治意识和素养相比,农民的民主法治意识相对落后,成为基层民主政治建设发展和法治乡村建设的主要阻力,也是激发农民文化主体意识能动性必须克服的障碍。当前,农民民主法治意识的不强主要表现为农民对民主法治意识认知水平低、对民主法治意识认同模糊和民主法治意识实践能力不足等问题。

1.民主法治意识认知水平低。由于小农意识、城乡二元区隔和农民陈规陋习的历史和现实的诸多限制,使得农民在对民主法治意识的科学认知方面仍然与城市市民存在不少差距。主要表现为以下两个方面:一是对民主意识认知不全面不科学。由于农民自身的科学文化认识相对有限,使得农民对民主的认识趋于情感化、利益化和家长化,没有从人民民主的本质和民主政治建设发展角度理解民主的本质、功能和意义,没有把民主作为乡村治理现代化的公共精神的体现,把人民当家作主的民主简单等同于农民自己作主,而不考虑国家和集体利益。二是对法治意识认知不全面不科学。在日常生活中,农民

---

① 《列宁全集》第33卷,人民出版社1957年版,第59页。

只对于涉及自己眼前切身利益相关的法律知识感兴趣,而对于与自己眼前切身利益看似不相关的法治知识则漠不关心,对于法治与法制、权力与权利、民主与政治、法律与政策、法律与规范、法规与道德、法律与惩罚、违法与犯罪等之间区别与联系认识不清,对法律程序正义知之甚少。

2.民主法治意识认同度不高。当前农民民主法治意识相对淡薄,除了农民自身民主法治知识不全、农民普法教育不够等主观认知层面的原因以外,还有农民对民主法治意识缺乏认同,没有把民主法治意识化为自己内心遵守的行为准则,没有在内心深处把民主法治意识作为精神价值。一些人甚至仅仅把民主法治当成为自己利益服务的工具,当民主法治有利于自己的时候就想到用民主法治来维护自己的利益,当民主法治与自己的私人利益相违背的时候,就把人情作为自己的行为准则,因而造成了民主法治与私人利益、人情世故的矛盾和纠葛,造成一些农民民主法治信仰不坚定。由于一些农民没有把民主法治的知识上升为内生情感价值认同的民主法治信仰,也就不会有发自内心的心理认同、情感认同和价值认同,缺乏对民主法治必要的敬畏心,知法而犯法就是典型表现。

3.民主法治意识实践能力不足。在农村基层协商民主政治实践中,有的农民的协商民主参与能力不足,有的农民把民主当成维护个人利益的工具,把协商民主理解为协商利益,认为可以通过协商民主来争取更大利益的时候就积极参与协商民主,选举对于自己有利的代表,而不从集体利益角度和公共精神角度参与协商民主政治。当农民认为协商民主不能够为自己带来利益的时候,就对协商民主采取事不关己的态度。在农村法治乡村建设实践之中,有些农民把法治仅仅当作维护个人利益的工具,不考虑法治本身的公正性。有的农民由于缺乏必要法律知识和法治素养,当不能通过合法途径维护自己的正当权利的时候,就试图通过托人情和找关系等方式来维护自己的合法权利,当无法通过托人情和走关系维护自己的正当合法权利的时候,就失去了对法治的信心。

（三）道德伦理意识方面

恩格斯说："一切以往的道德论归根到底都是当时的社会经济状况的产物。"①改革开放以来,随着乡村经济社会发展,尤其是农村市场经济发展带来的农村利益主体的多元化,农民个体意识、权利意识和主体意识逐渐增强同时也带来农民道德意识的分化,导致农民道德信仰价值分化甚至迷失。当前农民道德信仰价值迷失主要表现在道德信仰价值共识、道德信仰价值公共精神和道德信仰价值取向等几个方面。

1. 现代化道德价值共识方面。改革开放以来,随着传统乡村共同体的不断变迁,尤其是新时代以来,农村经济结构日益多样化,乡村生产生活方式日益物质化,农民群众也日益分化,不但有传统小农户,还有适应农业现代化的新型农业经营主体。由于小农户与新型农业经营主体在经济地位、世界观、人生观及价值观上不同,最终导致当前农民群众在道德生活上的多样化、道德价值信仰上的多元化和道德价值标准上的多重化,这也一定程度上冲击着传统一元化的意识形态和乡土道德价值观,造成了部分农民无法在道德信仰价值方面形成共识。在道德信仰价值多元化的现实环境下,由于农民群众在利益、知识、教育及其经历上的差异,使得一部分农民不能认识和鉴别正确的道德信仰价值观,受到拜金主义、个人主义及虚无主义等的影响,从而产生道德价值信仰标准的模糊和混乱,不利于形成现代化道德价值共识。②

2. 现代化公共精神方面。公共精神是重塑道德信仰价值共识的精神思想基础。中国传统乡村拥有深厚的公共精神,但是随着农民个体性道德价值观觉醒,村庄群体性道德价值观衰落,传统乡村公共精神也随之衰落,主要表现为以下几个方面:一是在农民个人权利意识提升的同时个人对乡村的责任或

---

① 《马克思恩格斯文集》第 9 卷,人民出版社 2009 年版,第 99 页。
② 参见霍军亮:《乡村振兴战略下的农村公民道德建设》,《西北农林科技大学学报(社会科学版)》2020 年第 5 期。

义务意识却在萎缩,不愿意参与乡村公共事务;二是特别重视个人经济利益的表达却忽视乡村公共事务民主政治参与,对与自己经济利益关系极大的乡村政务参与性高,而对与自己无直接利益关系的乡村政务漠不关心;三是个人利益至上,缺乏合作意识,只讲权利不要责任和义务,在乡村公共事务中搭便车心态严重,农民之间社会信任缺乏,害怕合作导致自己个人利益受损;四是部分农民的家族亲族的小共同体意识得到强化,而对乡村的大共同体意识却严重不足,缺乏对乡村共同体价值认同。

3. 现代化核心道德价值取向方面。改革开放以来,随着城市工商业文明开始嵌入到乡土农村文化之中,传统乡村共同体和人民公社集体经济的瓦解,特别是农村家庭联产承包制责任制的确立,使得传统社会和人民公社的整体主义和集体主义道德信仰价值取向在农民道德信仰价值取向中逐渐消退,注重个人经济利益、个人权利意识的个人主义功利化的价值观逐渐在农民道德信仰价值取向中占据主导地位。有的农民为了个人一己私利,而不惜有损诚信。在这种道德功利化的价值观下,部分农民在追求个人经济利益实现的同时,往往急功近利,不考虑整体利益、长远利益和集体利益,只注重局部利益、眼前利益和个人利益。

二、新时代激发农民文化主体意识的共生发展路径

在乡村振兴战略背景下,激发农民文化主体意识对乡村文化振兴和缩小城乡文化共生发展差距有着重要的意义。一是通过激发农民文化主体意识,有助于提高农民对党关于乡村振兴战略和乡村文化振兴的认知认同,从而增强农民的集体行动能力,成为乡村振兴战略的有力抓手;二是通过激发农民文化主体意识,改变农民精神思想文化贫困问题、民主法治意识淡薄和道德伦理信仰迷失等现实思想政治道德问题;三是通过激发农民文化主体意识,可以有效提高农民的民主法治思维素养,提高农民参与乡村民主政治建设能力,从而为乡村治理有效奠定多元共治思想文化基础。

（一）加强对农民的现代化科学文化素养教育

习近平总书记指出："没有全民科学素质普遍提高，就难以建立起宏大的高素质创新大军，难以实现科技成果快速转化。"①农民是我国科学素养建设的重点人群，不仅仅是因为农民数量大，还因为农民是乡村振兴的主体，提高农民科学文化素质，对乡风文明建设和缩小城乡居民科学文化素养差距至关重要。新时代提升农民科学文化素养，既要紧紧服务于乡村振兴战略，又要努力缩小城乡居民科学文化素养共生发展的差距，促进城乡居民科学文化素养协调共生发展。

1. 加强对农民科技创新发展理念培育的力度。只有农民树立创新发展理念，才能够有效克服小农意识的依附性，为激发农民文化主体意识提供创新思想前提，进而缩小农民与城市市民在创新发展理念、创新思维和创新能力上的发展差距。在农民科技创新发展理念培育的具体路径上，一是要加强对农民的科技文化信仰培养，让农民真正相信科学相信技术才是推动经济社会发展的正道，才是推动经济社会发展创新动力源泉所在，从而坚决摒弃农村陈规陋习、封建迷信和邪教等传统旧文化落后思想对农民的消极影响。二是加大对农民的科技劳动创新意识的培养力度，要让农民真正懂得任何政府、社会及个人的帮助只是手段，自己的美好幸福生活只能依靠自己的劳动创造和奋斗，而且还要让农民懂得只有懂科学会技术爱劳动的人才能够在乡村振兴之中立于不败之地，只有不断提高自己科学文化素养才能够不断克服自己的思维僵化和"等要靠"心理，自己的幸福美好生活才能够持久和稳定。

2. 加强对农民科学技术文化知识科普的力度。农业科技创新发展需要我们培养教育一批科技型新农民。一是要实施乡村振兴科普行动，积极推进城乡科普服务标准化建设，着力促进城乡科普资源均等化，解决城乡科普资源分

---

① 《习近平关于社会主义经济建设论述摘编》，中央文献出版社 2017 年版，第 153 页。

配不均,农村科普力量不强等问题,重点提高革命老区、少数民族地区、边疆地区和脱贫地区等地区农民的科学技术文化水平。二是要积极推进科普供给侧结构性改革,解决农业科学技术创新与农业科学技术文化普及相互脱节问题,探索适应乡村振兴战略和农民科普需要的科普模式,如"科普+党建、文化、产业、旅游"等新科普模式,并积极建构政府、市场和社会多元主体协同农村科普资源供给体制机制,提高农村科普供需绩效。三是要大力培养科普人才,着眼于乡村振兴战略需要、提高农民现代化科学文化素养和缩小城乡科学文化素养差距来培养农村科普人才,加大财政对农村科普人才培养力度,全面激活农村科普人才的主体动力,规范农村科普人才学校教育培养体系。

3.构建城乡融合发展教育体系。城乡融合发展教育体系是提高农民科学文化素养的制度保障。一是要建构有利于培养提高农民科学技术文化水平的城乡教育共生发展体制机制,坚决破除原有的农民教育体制机制对激发农民文化主体意识的制度束缚,始终坚持以人民为中心的价值立场,以激发和提高农民主体性为目的,坚持教育为了农民依靠农民发展。二是要建构有利于提高农民科学技术文化水平的多类型农村教育体系,既要加强对小农户的成人继续教育,助力提高普通小农户应用现代化科学技术的能力;同时又要加强新型职业农民的现代化科学技术文化的职业教育,让新型职业农民成为乡村振兴主体中不可或缺的重要生力军。三是要构建有利于提高农民科学技术文化水平的多层次农村教育体系,进一步促进城乡教育资源均等化,进一步夯实城乡义务教育共生发展的基础;同时加强高等教育对农民教育的支持力度,深度开发农村人力资源,缩小农村农民与城市市民在高等教育方面的差距。

(二)加强对农民的社会主义民主法治观教育

加强对农民的社会主义民主法治观教育是激发农民文化主体意识的重要内容。当前农民民主法治意识不足,不仅限制了农民参与基层协商民主的能力和合理合法维权能力,而且导致了农民对参与基层民主政治积极性不高和基层"三治"融合困境,最终抑制了农民在乡村文化振兴和治理有效的主体性发挥。因此,培育一批具有民主法治意识的新农民是乡村振兴激发农民主体性的必然要求,是乡村文化振兴的内在需要,也是乡村治理多元共治的题中之义。

1. 加强对农民的社会主义民主观的教育。加强对农民的社会主义民主观教育,拓展人民民主全过程内涵,丰富基层协商民主的具体形式,既是社会主义人民民主的本质要求,也是加强农民思想政治教育的重要内容。农民只有接受社会主义民主观教育,才懂得维护自己民主权利的重要性,才能发挥自身人民当家作主的主体性,才会具有积极参加乡村公共事务、集体和国家民主政治的主体意识。一是要加强对农民对人民当家作主的社会主义民主本质意识的教育,让农民树立起人民当家作主的主人翁意识,充分保障农民的选举权、监督权等基本民主权利。二是要加强对农民的全过程民主意识的教育,加大对农民的民主选举、民主协商、民主决策、民主管理以及民主监督等全过程民主意识培养,从而保证基层民主与集中、过程与效率的有机统一。三是要加强对农民的协商民主意识的教育,切实提高农民参与基层协商民主能力,充分维护农民自己的合法权益,发挥农民在基层多元协商民主中的主体性作用。①

2. 加强对农民的社会主义法治观的教育。具有浓厚民主法治意识的农民会有效促进农村基层民主政治有序发展。当前农村基层民主建设中存在的一些问题不仅仅有农民民主素质不高的原因,还有农民法治意识不足的原因。只有把人民民主制度化法治化才能有效解决这些问题,为人民民主持续健康稳定发展提供坚实的制度基础。在具体培育路径上,一是要进一步加强对农民的普法教育,不但要向农民普及有关于全过程人民民主的法律知识,还要向农民普及维护个人基本权利、民法等涉及基本民生的相关法律知识。这是农民提高社会主义法治素养的基本前提。二是要注重农民良好的法治思维的培

---

① 参见蔺正明:《全过程人民民主对人类政治文明的新贡献》,《马克思主义研究》2021年第9期。

育,让农民成为知法、懂法、守法和用法的现代法治化公民,不断引导农民摆脱封建落后的人治思维,树立法律面前人人平等的现代化法治思维。三是要积极引导形成良好的法律习惯,使得农民内心的法律意识、思维和素养与自身的法律习惯和行为相互结合,达到知行合一。

(三)加强对农民的社会主义道德价值观教育

习近平总书记指出:"精神的力量是无穷的,道德的力量也是无穷的。"①加强农村公民道德建设,对于乡风文明和激发农民主体作用有重要的意义。一是通过加强农民道德教育,为乡村振兴奠定思想道德基础;二是通过加强乡村传统道德信仰价值观教育,有利于进一步激活传统乡村道德价值的当代价值;三是通过加强农民的社会主义核心价值观的教育,进一步强化广大农民群众的道德风险、责任、规则和生态道德意识。

1.加强对农民的社会主义核心价值观教育。必须进一步强化社会主义核心价值对农民的引领和凝聚作用,让社会主义核心价值观成为农民价值观的最大公约数。一是要把政治思想教育贯穿于农民社会主义核心价值观道德教育的始终,积极组织广大农民群众深入学习习近平新时代中国特色社会主义思想,不断加强广大农民群众的"四个意识"和"四个自信"教育,着力提高农民运用马克思主义立场观点方法看问题和做事情的能力;二是要根据农民农业农村实际情况来加强对农民社会主义核心价值道德教育,加强社会主义核心价值观与农民日常生产生活、农村优秀乡土文化和农民传统生活习俗相结合,注重社会主义核心价值观教育与乡规民约、家庭美德、职业道德和社会公德教育相互结合;三是要充分利用和挖掘农村先进道德模范的示范带头作用,为社会主义核心价值观的培育和践行提供先进道德模范示范作用,增强社会主义核心价值观道德教育在农民道德信仰价值观教育方面的针对性和实效性。

①　《习近平谈治国理政》,外文出版社 2014 年版,第 158 页。

2.加强对农民社会主义公共精神培育。公共精神的本质是建立在公共利益基础上的公共价值。农民公共精神的缺乏,不但导致了乡村公共环境恶化,而且导致乡风恶化,最终阻碍乡村全面振兴。乡村振兴不但需要通过个人利益来激发农民个体的主体能动性,更需要通过公共利益基础上的公共精神价值来把分散的农民个体性主体力量汇集成社会性的公共集体力量,实现个人利益与集体利益的共生共享。一是培育农民公共精神要坚持以农民利益为本,精准瞄准农民的所思所想所盼所需,将乡村发展的公共利益与农民的个体利益有机结合起来,使得农民公共精神的培育不是一种与农民个人利益无关的抽象虚假利益共同体,从而增强农民在推进乡村振兴中的主体责任感。二是培育农民公共精神要以充分调动农民的主体能动性为目的,充分保障农民参与乡村公共事务的合法权利与正当利益,促进农民把参与乡村公共事务的权利与义务有机结合起来,从而激发农民参与乡村公共事务的主体能动性。

3.加强对农民社会主义新集体主义价值观教育。改革开放以来,随着市场经济的不断发展,不但导致农民道德价值共识困境和农民公共精神的缺失,而且导致农民集体主义道德观的淡薄。走出个人利己主义道德对集体主义道德的侵蚀,最有效的途径是在农民公共利益基础之上建构与个人利益共生的新集体主义道德观,切实加强对农民的社会主义新集体主义道德价值观教育。在具体培育路径上,一是要坚持用社会主义新集体主义价值观引领乡村新型集体主义经济组织,构建个人与集体之间的利益共生体,既要反对不顾集体整体利益的极端个人利己主义,也要反对漠视个人利益或个人权利的抽象集体主义价值观,为农民认同集体主义价值观奠定坚实的公共利益基础。二是要积极发展农民群众性公共组织和民间社团,积极引导农民正确认识"自我"与"集体经济""乡村"和"国家"之间的辩证关系,努力克服传统小农自由主义和现代市场利己主义对农民集体主义价值观的消极影响。

第二节 在优秀乡土文化传承中缩小
城乡融合发展的共生差距

习近平总书记指出:"传承发展提升农耕文明,走乡村文化兴盛之路。"①所谓乡村文化或乡土文化就是指我国广大农民在长期的乡村农耕文明实践基础之上所形成的物质文化和精神文化总和。乡土文化的共生性主要体现在以下几个方面:一是物质性与精神性的原生统一性,乡土文化包括传统技艺、民族服饰、民俗活动等物质形态文化,同时这些物质形态文化也反映和承载着一定的乡规民约、道德信仰和民族宗教的历史精神文化;二是个性与共性的原生统一性,鲜明的地域性、民族性、多元性是乡土文化的显著特性,正所谓"十里不同俗,百里不同风",乡村文化相互融合共生形成了生机勃勃的乡土文化共同体。

一、优秀乡土文化传承的共生发展问题

在乡村振兴战略背景下,传承发展优秀乡土文化,必须解决好如下问题:乡土文化传统传承不足、乡土文化资源保护性利用不够、乡土特色文化产业发展质量不高等。

(一)乡土文化传统传承不足

如果说优秀乡土文化是中华优秀传统文化的根脉,那么农耕文化则是乡土文化的根脉,是中华优秀传统文化的本体。2018 年中央 1 号文件明确指出要"切实保护好优秀农耕文化遗产,推动优秀农耕文化遗产合理适度利用"②。在工业化、城镇化和市场化的现代化背景下,农耕文化的功能和价值在现代乡

---

① 《习近平关于"三农"工作论述摘编》,中央文献出版社 2019 年版,第 122 页。
② 《中共中央国务院关于实施乡村振兴战略的意见》,人民出版社 2018 年版,第 17 页。

村社会中受到了冲击和质疑,尤其是农村人口的"空心化"导致农耕文化传承主体缺失,致使农村文化创造性转化和创新性发展严重不足,农村产业的"碎片化"同时也导致乡村传统文化传承路径的单一。

1.农耕文化传统价值认同度低。在传统农耕文化时代,村民在农耕文化共同体基础之上形成强烈的农耕文化认同。但是随着工业化和城镇化的发展,乡村由传统农耕文化走向现代工业文化,由封闭走向开放,城乡文化交流日益频繁,城乡价值观冲突也日益加剧,乡土农耕文化认同危机也日益凸显。在城乡文化交流和碰撞环境下,尤其是在工业文明驱动下,人们往往把传统农耕文化与现代工业文化形而上学地孤立割裂开来,对现代性城市文化盲目地崇拜,简单地抛弃甚至否定农耕文化。此外,由于农民自身对文化鉴别能力比较低,把当前现实农村经济上落后简单归结为文化落后,尤其是农耕文化的落后,产生农耕文化的自卑心,对农耕文化不自信;将城市经济上的发达简单归结为城市文化的先进,认为城市工业文化取代农村农耕文化是必然的。上述主客观方面原因最终导致包括广大农民在内的现代人对传统农耕文明的价值、功能和意义认同比较低。

2.农耕文化传承主体缺失。农民是农耕文化的创造者、传承者和发展者。在城镇化和农业转移人口市民化的推动下,农村人口的"空心化"是一个不争的事实,农耕文化的主体缺失,乡土文化传承人才不足成为当前农耕文化传承和乡土文化振兴的巨大障碍。对传统一代农民来说,尽管对农耕文化有强烈的认同感,也有丰富的农耕文化经验和情感体验,但是由于年龄、体能、技能、知识及其学习能力等主客观原因使得其对传统农耕文明的传承"有心无力"或"力不从心",无法承担起传承农耕文化的重任。对现代新生代农民来说,相对于传统一代老农民,他们有学历、有知识、有文化、有技能等各方面优势。但是农村相对落后的经济状态,使得青年一代农民成为青年农民工,在城市与乡村之间来回"候鸟式"地移动,缺乏父辈对农耕文化完整的集体记忆和深厚的生命体验,对传承农耕文化是"有力无心"。

3.农耕文化传承模式单一。在传统农耕文明中,耕读教育和耕读传家是传承农耕文化的主要模式、路径和机制。汉文帝首创"耕读型"国家,此后的历代王朝沿袭汉代耕读教育治国方略,使农耕文化与耕读教育传承了两千多年,成为我国官学之外村民平民子弟农耕文化传承和知识技能学习的主导模式。近代以来,随着科举制度的废除,乡绅阶层的消亡,宗法氏族的没落,传统建立在小农经济基础之上,以村社为地理空间,氏族为单元,以儒家伦理为核心的亦耕亦读的传统耕读模式也由于失去社会存在基础而逐渐式微。改革开放以来,伴随着工业化和城镇化的推进,尤其是农村人口的"空心化"、老龄化和生存方式的"迁徙化",以传统耕读模式传承农耕文化的模式更是步履维艰,无法满足农业农村现代化的实际需要,也无法起到传承农耕文化的积极作用。①

(二)乡土文化资源保护性利用不够

对乡村振兴来说,保护和利用乡土文化资源既是乡村振兴的基本目标任务,也是乡村全面振兴的内生动力所在。然而在乡土文化资源保护和利用过程之中,存在对乡土文化资源过度利用而保护不足的问题。如在乡土文化资源保护性利用中乡土文化价值不突出,保护性利用发展模式同质化严重,乡土文化发展个性不突出,保护性利用发展理性不足,存在无序盲目"内卷化"等乡土文化发展困境。

1.乡土文化资源保护性利用中乡土文化价值不突出。乡土文化资源作为乡村发展的特色资源,是一种以文化方式存在的发展资源,具有客观自然物质性和主观人文精神文化性。但是,乡土文化资源的文化性与经济性的二重属性,并不是平行的二重属性,而是本质与现象、内容与形式的二重属性。换句话说,文化性是乡土文化资源的本质属性,是乡土文化资源的"本"和"体";经

---

① 参见刘亚玲、雷稼颖:《耕读文化的前世今生与现代性转化》,《图书馆》2021年第4期。

济性则只是乡土文化资源的"末"和"用"。乡土文化资源的文化与经济二重特性决定了在乡土文化资源保护性利用发展中必须坚持文化价值优先经济价值其后,经济价值为发展文化价值服务而不是相反。但是在当前乡土文化资源保护性利用发展过程之中,存在过度看重乡土文化资源在乡村产业发展中所起到的经济作用的现象,忽视了对乡土文化资源的保护为先的原则;过度重视乡土文化资源在乡村旅游的实际功能的现象,而忽视乡土文化资源所承载体现的深刻的历史文化价值和丰富的民俗民族文化内涵。

2. 乡土文化资源保护性利用发展模式同质化严重。地域性、民族性和独特性是我国乡土文化资源的本质显著特性。但是近年来随着乡村产业和乡村旅游大力发展,在对乡土文化资源保护性利用发展过程之中,表现为一种同质化的发展模式,主要表现为对乡土文化资源开展古镇旅游、名人遗迹及商业化文化节日等利用发展模式。造成当前乡土文化资源保护性利用同质化问题的原因主要表现为以下两个方面:有的对乡土文化资源保护性利用发展缺乏长远的文化资源保护性利用发展规划,急于利用乡土文化资源来获取短期的经济利益,忽视对乡土文化资源的保护;有的对乡土文化资源的内在文化精神价值缺乏深层的价值认同,往往只看重乡土文化资源外在的物质形式。这种现象在经济相对落后的中西部农村地区尤为严重,进一步加剧了当地村民对乡土文化的不自信和自卑心理,不能起到在保护性利用中传承乡土文化资源的目的,也就失去乡风文明、文化振兴及乡村全面振兴可以依赖的内生发展动力。

3. 对乡土文化资源保护性利用发展价值理性不够。以往在一味追求GDP 的刺激下,对乡村文化资源保护性利用发展理性不够,陷入低效的带有破坏性的"内卷"中。在发展理念上,乡土文化资源规划利用片面地把经济理性作为乡土文化资源规划利用的主导理念,缺乏对乡土文化资源的文化生态规划系统理念,没有充分意识到乡土文化资源只是乡村产业振兴和文化振兴的一个方面,乡土文化资源的保护利用必须与现代科学技术、乡村基础设施和城乡基本公共服务均衡化一道才能发挥系统协同力量。在发展实践上,西部一些欠发达农村地区具有一定乡土文化资源特色的乡村小镇,在搞古镇开发利用的时候,盲目学习我国东部发达地区乡村文化旅游古镇开发模式,大搞建设,投入大量人力物力和财力来建设超大型雕塑和雕像,不顾及当地乡土文化资源和生态环境的资源承载力,也不顾及市场消费需求,既造成了乡土文化资源的破坏,也造成了经济资源的极大浪费。①

(三)乡土特色文化产业发展质量不高

乡土特色文化产业对传承乡土文化、乡村文化振兴具有生产实践基础性作用,是推动我国中西部农村地区的内生发展路径。进入新时代以来,我国大力发展文化产业,特别是大力发展具有乡土特色、民族特色和历史特色的乡土文化产业,使得农村文化产业得到极大发展。但由于城乡二元结构的影响、农村经济相对落后及产业结构体系等因素的限制,使得出现乡土特色文化产业发展总体质量不高,乡土特色文化产业发展创新动力不足和乡村特色文化产业市场化程度低等问题。②

1. 乡土特色文化产业发展总体质量不高。不可否认,一段时间以来,人们把乡村文化产业发展单纯理解为乡村工业的发展,忽视乡土文化资源的文化价值,对乡土文化资源进行过度性的商业开发。这种乡村文化工业发展既没有充分发挥乡土文化资源的固有的比较优势,也没有真正做到对乡土文化进行生产性保护传承的作用;既不能满足城市对乡土文化的精神需求,同时也进一步加剧了乡土文化在现代文化中的衰落;既不能有效传承优秀乡土文化的核心价值,还有可能传播一些低俗和庸俗不良文化价值观。如有些乡村文化

---

① 参见周琦:《乡村经济振兴过程中传统文化资源应用的失当现象与完善路径研究》,《云南行政学院学报》2020 年第 1 期。
② 参见詹绍文、李恺:《乡村文化产业发展:价值追求、现实困境与推进路径》,《中州学刊》2019 年第 3 期。

企业在打着保护、利用和弘扬乡土非物质文化遗产名义下,看重的只是乡土文化资源的外在物质经济价值,而对乡土文化资源内在的精神文化价值视而不见,对一些非常珍贵的非物质文化资源进行过度商业化利用而遭到破坏;甚至有些乡村文化产业不是利用优秀乡土文化资源,传播正能量,而且利用乡土中封建文化糟粕和乡村低俗文化习俗,使得乡村低俗文化盛行,封建迷信和色情暴力等低俗文化产品泛滥。

2.乡土特色文化产业发展市场化程度低。当前乡土特色文化产业供给总体水平不高和供给结构发展不平衡与乡土特色文化产业市场体系不健全有直接关系。主要原因是长期以来的城市偏向的城乡二元体制的影响依然存在,导致农村要素向城市的单向度流动,城乡资源要素处于非等价的不公平的交换之中,影响到乡土特色文化资源产业化规模做大做强,主要表现在:乡土特色文化市场主体偏少,发展质量总体不高,没有形成文化产业高质量发展态势;乡土特色文化产业多以民间工艺和家庭小作坊居多,缺乏大型龙头文化企业带领示范作用,企业的资本运作能力普遍不强;大多数乡土特色文化产业主体缺乏长期系统的产业发展规划,缺乏对乡土特色文化资源创新技术的投入和研发,不能将乡土特色文化资源优势变成产业优势,文化产品和服务附加值比较低和竞争力不强;具有创新意识和市场开拓能力的乡土特色文化产业人才短缺,致使乡土特色文化产业的管理能力、创新能力和技术融合力总体不强。

3.乡土特色文化产业发展管理体制相对落后。当前乡土特色文化产业发展总体质量不高与当前乡土特色文化产业发展管理体制相对落后也有关系。在文化产业管理职能结构上,一些地方的乡土特色文化产业发展管理仍然受到传统城乡二元结构和计划经济体制的影响,导致乡土特色文化产业发展管理效率、效能以及效益都比较低下。在涉及文化产业监管方面,乡村对乡土文化资源产业化缺乏长效监督机制,尤其是对一些破坏乡土文化资源和比较低俗的乡村文化产业缺乏有效的监管,导致无序的非理性的发展;在涉及乡土特色文化产业投入方面,一些基层政府把乡土特色文化产业作为"形象工程"和"政绩工程",而在涉及乡土特色文化产业所需要的公共服务和基础设施投入则相对较少,对涉及乡土特色文化产业的企业、新型农业经营主体是管理多而对公共文化服务则相对不足。①

二、新时代优秀乡土文化传承的共生发展路径

在乡村振兴战略背景下,面对乡土文化传统传承不足、乡土文化资源保护性利用不够及乡土特色文化产业发展质量不高等乡土文化传承现实问题,只有创新农耕文化传承路径,才能进一步凸显农耕文化在乡风文明和文化振兴中的内生动力作用;只有创新乡土文化资源保护利用的路径,才能进一步体现乡土文化资源在农业农村现代化和乡村文化现代化中的积极作用;只有创新乡土特色产业发展路径,才能进一步推进乡村文化产业高质量发展,进而增强乡村产业兴旺的内生动力,在提高乡村物质文明生活水平中复兴和振兴乡土文化,继承和弘扬乡土文化的价值理念,守住乡风文明文化发展的"根与魂",进而缩小城乡融合发展共生差距。

(一)创新农耕文化传承路径

在乡村振兴战略背景下,面对农耕文化传统价值认同危机,农耕文化传承主体缺失和农耕文化传承模式单一等农耕文化传承的现实问题和困境,我们认为创新农耕文化传承路径关键在于通过重构农耕文化现代化核心价值体系,增强农民对传统农耕文化的价值认同,积极培育多元化农耕文化传承主体和创新农耕文明传承方式,增强传统农耕文化传承的主体能动性和客体活动性。

1.重构农耕文化现代化核心价值体系。当前农民对农耕文化价值认同度

---

① 参见绍文、李恺:《乡村文化产业发展:价值追求、现实困境与推进路径》,《中州学刊》2019 年第 3 期。

比较低,一个重要原因就是农耕文化价值与乡村实际生产生活相脱节,无法满足农民对美好生活的精神需求。为此,要提升广大农民对农耕文化价值的认同感,最关键是对传统农耕文化价值进行价值功能性重构,深入阐述农耕文化价值的当代意义和实践价值。如深入阐发和挖掘农耕文化中"天时地利人和"和"天人合一"的生态价值观,强调"天人合一"的生态价值观与绿色发展理念和乡村生态宜居及绿色高质量发展的积极意义和作用;如深入阐发和挖掘农耕文化中"孝悌为本"的伦理价值观在乡村治理中的积极作用,发挥其在"三治融合"新型乡村治理体系中的功能;如深入阐发和挖掘农耕文化中"知行合一"的教育价值观在乡风文明社会主义核心价值观认同和践行中的积极作用。通过对传统农耕文化价值观的现代化重构和阐述,从而打通传统农耕文化价值与现代乡村生活的价值隔膜,增强农民和村民对传统农耕文化的价值认同。

2. 积极培育多元化农耕文化传承主体。面对当前农村人口老龄化和青年农民主体力量缺失的现实状况,单纯依靠传统小农户农民无法承担起传承农耕文化的重任,因此必须培育包括小农户在内的多元化农耕文化传承主体,激发多元主体传承农耕文明的主体热情,加强对优秀农耕文化传承主体的选拔、培育培养和扶持。一是要坚持农民在传承农耕文化中的主体地位,培育农民自身对农耕文化的自觉自信自强,以农民自身的文化需要为导向激发农民传承农耕文化的热情,同时特别注重农民的创新思维的培养,增强农民创造性转化和创新性发展农耕文明的能力。二是要实施农耕文化人才振兴聚集工程,积极引导新型农业经营主体、企业市场、社会组织及市民参与农耕文化的创造、生产和消费,在政府引导下形成以农民为主体、市场和社会参与联动的多元化农耕文化传承主体体系。三是要完善农耕文化主体传承职称激励体制机制,通过稳定充足的财政投入来保障对农耕文化传承主体教育培养的支持力度。

3. 创新农耕文化传承方式方法。要充分发挥农耕文化在乡村文化振兴中的积极作用,必须创新农耕文化传承的方式方法,让农耕文化通过一定有效形式和路径方式方法对乡村文化振兴发生实际作用,也只有把作为价值文化的农耕文明置于现实农业生产农村发展和农民生活之中,农耕文化才能得以真实有效传承,得以创造性转化和创新性发展。一是要创造性转化传统农耕文化社会中的耕读传承方式方法,注重家庭的耕读文化传承模式,同时注重文化需求驱动模式,通过满足乡村精神文化需要来创造性转化耕读文化传承模式。二是要强化现代化科学技术在农耕文化传承方式中的应用,形成"农耕文化+网络""农耕文化+数字""农耕文化+智能"的多元化技术型传承路径。三是要打造一些现代化农耕文化和耕读教育的平台载体,依托农民丰收节等活动丰富农耕文化传承的活动载体,依托互联网、影视节目等平台丰富农耕文化宣传载体,依托文创园、产业基地等阵地丰富农耕文化创意载体。①

(二)创新乡土文化资源保护利用路径

在乡村振兴战略背景下,面对当前乡土文化资源保护性利用存在的文化价值不凸显,发展模式同质化和价值理性不足等问题和困境,我们认为要创新乡土文化资源保护利用的路径,关键是坚持保护文化价值优先资源利用在后的整体性发展理念;强化对乡土文化资源整合,走具有创意性个性化生产性保护利用道路;树立文化生态系统发展理念,创新乡土文化资源保护性利用传承实践机制。

1.坚持传统乡土文化价值优先的整体性发展理念。保护与利用是乡土文化资源发挥内生动力的两个基本原则。乡土文化资源的保护是乡土文化资源利用的基本前提,而乡土文化资源的合理利用则是乡土文化资源的功能价值实际体现,保护的目的是为了能更好地可持续利用,合理利用则又是为可持续地保护。一是要坚持乡土文化资源的历史总体性原则,在对乡土物质文化遗

---

① 参见黄意武:《中华优秀传统文化创造性转化、创新性发展面临的障碍及破解路径》,《重庆社会科学》2020年第5期。

产和非物质文化遗产的可持续利用时,都要在保护的前提下充分遵循和保留乡土文化资源的本来历史原貌和历史印记,从而彰显乡土文化资源的历史厚度和历史记忆,进而记录乡土文化资源的历史进程。二是要坚持乡土文化资源的可持续性发展原则,通过对乡土文化资源的可持续性发展和生产性保护来实现乡土文化资源的自我更新和永久存在的根本动力,从而让具有深厚历史文化内涵的乡土文化资源通过可持续保护性利用服务于广大农民群众对美好精神文化生活的需要,也只有这样才能充分发挥乡土文化资源的内生发展动力作用。①

2. 坚持走具有创意性个性化的生产性保护利用发展道路。在乡村文化与乡土旅游融合高质量发展背景下,乡土文化资源成为乡村"文旅"融合高质量发展的重要文化资源,也是增强乡村产业振兴和文化振兴的内生动力所在。要避免当前乡土文化资源利用的同质化倾向,恢复乡土文化资源多元共生的内生发展状态,走具有创意性个性化的生产性保护利用发展道路,走具有乡土文化资源特色的乡村文化旅游发展道路,必须在坚持生态可持续发展原则基础上坚持走乡土文化资源生态性保护与生产性保护融合共生发展的路径。对于划定为属于生态性保护的乡土文化资源,必须坚持只能保护,不能利用更不能开放,以便保持乡土文化资源原生状态,体现乡土文化资源的个性原则。对于划定属于生产性保护的乡村文化资源,也要遵循生态化可持续发展原则,在坚持文化价值功能优先的前提下合理发挥乡土文化资源的经济价值,但是绝对不能为一时短期经济利益对乡土文化资源进行过度的开发利用。

3. 创新乡土文化资源生产性保护利用的实践机制。要解决当前乡土文化资源中生产性保护利用发展的文化价值理性不足的问题,最关键是要建立多元化的生产性保护利用体制机制。毫无疑问,乡土文化资源的生产性保护利

---

① 参见陈兴贵、王美:《反思与展望:中国传统村落保护利用研究 30 年》,《湖北民族大学学报(哲学社会科学版)》2020 年第 2 期。

用开发是一个系统工程,是一个涉及政府、村民、企业、游客以及社会组织在内的多元保护利用共同体。不同保护利用主体因为自己的利益诉求不同,在多元保护利用共同体中的功能和作用也不同。在乡土文化资源的保护利用问题上,政府是利用主体,更是保护主体,应该发挥主导作用;村民作为乡土文化资源的创造者,也是乡土文化资源开发利用的享受者,同时更是乡土文化资源的积极保护者;企业作为市场经济主体,无疑首先是乡土文化资源的利用开发者,同时也是乡土文化资源的保护性利用者;游客和社会组织是乡土文化资源受益者,同时也是乡土文化资源保护和利用的重要参与者。①

(三)构建乡土特色文化产业高质量发展路径

在乡村振兴战略背景下,面对乡土特色文化产业发展总体质量不高,供给结构不均衡、乡土特色文化资源市场化程度低、文化产业要素市场体系不健全和乡土特色文化产业管理体制落后的诸多现实困境,我们认为可以通过对乡土特色文化产业进行供给侧结构性改革,健全乡村文化产业要素市场体系和改革完善乡村文化管理体制机制,增强乡土特色文化产业的供给力、创新力和服务力,有效推进乡土特色文化产业高质量发展。

1.坚持乡土特色文化产业高质量发展的乡土文化价值本位特质。文化是文化产业发展的"内在灵魂"。离开乡土特色文化价值的乡土特色文化产业既满足不了人民群众日益增长的多样化的高品质文化需求,也与实现乡土文化振兴的初心使命南辕北辙。在乡村振兴高质量发展阶段,可以从以下几个方面来突出乡土特色文化产业的乡土特色文化价值特质。一是要将乡土特色优秀文化资源视作乡土特色文化产业发展的生命线,准确把握当前人们对乡土优秀传统文化需求的多样化、个性化和品质化的发展趋势,让乡土特色文化产业的经济价值服务乡土特色文化价值,让乡土特色文化产业既有形更有魂。

---

① 参见陈兴贵、王美:《反思与展望:中国传统村落保护利用研究 30 年》,《湖北民族大学学报(哲学社会科学版)》2020 年第 2 期。

二是要充分发挥政府在乡土特色文化产业发展中的主导作用,充分发挥公有制企业在乡土特色文化产业中的带头示范作用,这样才能把乡土特色文化产业的文化效益、社会效益和生态效益放在首位,在坚持乡土文化价值前提下实现乡土特色文化产业的文化价值、社会价值、生态价值和经济价值的有机统一。

2.健全乡土特色文化产业高质量发展的文化市场体系。一是要建构城乡"双循环"市场体系。这就要着力破除城乡二元市场体制,促进城乡生产要素双向自由流动和平等交换,加快城市文化产业企业"走进乡村",同时促进有实力能力的乡土特色文化产业企业"走向城市"。二是要积极构建多元化的乡土特色文化产业市场经营主体。为此,既要积极培育一大批具有创新意识、品牌意识和科技含量的文化骨干龙头企业,又要大力支持小微企业和新型农业经营主体;既要大力支持和扶持乡村中小微文化企业走出去,又要大力支持乡土特色文化企业创新发展。三是要积极培育乡土特色文化产业的市场中介服务组织。为此,应积极引导乡土特色文化企业与乡村绿色普惠型金融机构开展全方面多维度合作,积极鼓励社会各类投资主体通过多种方式参与乡土文化产业高质量发展,拓宽社会资本投资乡土特色文化产业的领域、范围和渠道,建立规范有序的乡土特色文化产业投融资体制机制。

3.创新乡土特色文化产业高质量发展的管理体制机制。一是要建立乡村文化产业协同管理体制机制。为了进一步提高乡村文化制度供给质量和效率,就必须要进一步突出城乡二元结构下对乡村文化管理的行政束缚和条块化分割的制约,构建一种"大文化"管理服务模式。二是积极推进人力资源、物力资源和财力资源向乡村基层政府倾斜。如在县级政府可以设立跨部门的"县域文化产业发展指挥部",协同推进县域与乡镇村乡土文化产业融合发展问题;为了进一步加强乡镇文化站文化产业管理服务职能,适当增加一个文化产业岗位编制,引导带动乡镇、村级文化产业发展。三是要加强对乡村文化产业发展的政策供给力。在建立完善乡土文化产业市场准入机制和监管机制的同时,还要着力打造金融政策体系、税收体系、投融资体系与文化产业政策的有机衔接,形成促进乡村文化企业做大做强的体制机制,并积极统筹协调调动各部门,为乡土特色文化产业的高质量发展提供强大的政策合力。①

第三节　在农村公共文化服务高质量发展中
缩小城乡融合发展的共生差距

党的十九大报告指出:"完善公共文化服务体系,深入实施文化惠民工程,丰富群众性文化活动。"②2021 年 3 月 5 日,习近平总书记在参加十三届全国人大四次会议内蒙古代表团审议时的讲话中明确指出:"要发展优势特色产业,发展适度规模经营,促进农牧业产业化、品牌化,并同发展文化旅游、乡村旅游结合起来,增加农牧民收入。"③如果说"十三五"时期农村公共文化服务的重点是推进城乡公共文化均等化,那么"十四五"时期农村公共文化服务的重点则是推进城乡公共文化服务体系一体化建设,即实现农村公共文化高质量发展和城乡公共文化共生发展。

一、农村公共文化服务高质量发展的共生问题

在传统城乡二元结构背景下,城乡公共文化服务发展是不平衡的,农村公共文化服务发展是不充分的,农村公共文化服务发展水平长期落后于城市公共文化服务水平,其服务质量不高且效益低下。城乡公共文化服务发展水平不平衡和农村公共文化服务发展不充分不仅进一步扩大了城乡融合共生发展和精神文明的差距,而且导致农村基层公共文化服务供给不足,影响乡村秩序

---

① 参见范建华、秦会朵:《"十四五"我国文化产业高质量发展的战略定位与路径选择》,《云南师范大学学报(哲学社会科学版)》2021 年第 5 期。
② 《习近平谈治国理政》第三卷,外文出版社 2020 年版,第 34 页。
③ 《习近平论"三农"工作和乡村振兴战略》(2021 年),中华人民共和国农业农村部 http://www.moa.gov.cn/ztzl/xjpgysngzzyls/zyll/202105/t20210524_6368245.htm。

的稳定和谐关系,为乡村治理有效带来困境和障碍。在乡村振兴战略背景下,农村公共文化服务高质量发展主要面临如下问题:多元主体供给不足、"文旅"融合共生发展不足、农村公共文化服务数字化赋能不足等融合共生发展困境。

(一)公共文化多元主体融合供给不足

在"十三五"时期,我国大力推进城乡基本公共服务均等化,改变了单一政府型行政供给模式,建构了政府主导、社会组织、市场企业和社会资本参与的多元主体协同供给体制机制,从而有效解决了农村公共文化服务供给总量不足和供给主体单一等有效供给不足的问题。但是由于当前主体力量不平衡、合作意识不强、合作供给和保障机制不健全等原因,使得多元供给主体融合供给不足。

1. 多元主体融合供给目标不明确。公平与效率融合共生发展是新时代农村公共文化服务高质量发展的目标要求。在我国农村公共文化服务实践中,高效率与高公平并没有达到最合理的共生。当前农村公共文化服务面临着供需错位的问题。从公平角度上说,城乡不同地区的人民对公共文化服务的获得感存在较大差距,而且由于企业市场和社会资本介入农村公共文化服务,使得一些农民对农村公共服务的公共性感受不足。从效率上说,当前农村公共文化服务产品普遍存在低质低效供给多而满足美好生活需要的高品质文化服务产品不足的问题。对于具有经济价值的服务过度发展,而对丰富人的精神文化需要的公共性精神文化产品则供给不足,供给成本不降反增。

2. 多元主体融合供给主体不明确。在政府主体方面,基层政府,尤其是乡镇政府的公共文化服务职能不显和供给能力不足是导致农村公共文化服务供给低效的关键原因。由于财力、人力和物力的限制,农村基层政府既不能很好解决"提供什么""由谁提供""怎么提供"等公共文化服务关键问题,也不能很好履行自己对多元主体的协调、组织和监督职能职责,往往重视监管而忽视合作,造成公私关系的紧张。在市场主体方面,由于农村公共文化服务投资成本大,盈利空间较小,效益低下,使得企业市场主体参与农村公共文化服务内生动力不足,难以有效实现效率与公平融合共生目标。在社会组织主体方面,由于当前我国社会组织普遍存在专业化程度不高、服务能力不强、独立性不足、行政色彩浓厚等问题,使得社会组织参与农村公共文化服务能力不足。

3.多元融合主体供给机制不健全。在融合机制上,在政府主导下公私协同是当前农村公共文化服务供给主要协同模式。在实践中,一些地方农村基层政府对公私合作的利益分配问题并没有达成一致,对政府的职能边界和市场的力量边界并没有清醒的认识,难以很好地开展公私合作,难以有效满足群众对文化的需求。在分配机制上,公共文化服务资源、产品以及收益的公共性与逐利性的矛盾比较突出。对政府主体来说,为了保证公共文化服务的公共性,往往对市场主体的逐利性抑制,影响市场主体参与公共文化服务的内生动力,最终影响多元供给主体的整体效率。对于市场主体来说,由于对公共文化产品和服务的利益利润的过度追求,往往丧失了公共文化服务的公共性、公益性和普惠性,成为为私人服务的高档商品,达不到满足广大农民的基本生产生活需要的目的。①

(二)农村公共“文旅”融合共生发展不足

在现代社会中,乡土文化是契合乡村文化振兴的重要表现形式,是乡村文化振兴的内生动力所在,而传承和发展乡土文化则是新时代乡村公共文化服务的重要使命。在文旅融合背景下,由于观念、模式和制度等方面原因,使得我国农村公共文化与旅游融合共生发展还存在乡村公共文化旅游服务的内生文化资源不足、乡村公共文化旅游服务基础设施落后、乡村公共文化旅游服务保障机制不够等问题。

1.乡村公共文化旅游服务的乡土文化内涵不足。农村公共文化服务要充

———————

① 参见张菊梅:《农村公共服务供给的模式与革新》,《南昌大学学报(人文社会科学版)》2021年第1期。

分发挥旅游功能就必须和乡村优秀传统文化资源有机结合,通过乡村公共文化中乡土文化来增强乡村公共文化旅游服务的文化价值内涵。所谓的乡土文化资源即乡村优秀传统文化资源,如民俗活动、传统歌舞、传统技艺等。在乡村公共文化与旅游融合实践中,由于乡村内生文化资源的特殊性、个别性和局限性,无法针对乡村公共文化的内生文化资源进行大规模的多样化发展旅游项目,而公共文化资源进行产业旅游化往往同质化现象严重,从而导致对乡村传统手工技艺、物质传统文化资源保护和利用缺失,传统民俗文化资源植入不足,过度依赖外在的旅游资源支撑,缺乏了公共文化旅游服务的内在文化价值引领和熏陶,达不到利用乡村优秀传统文化振兴的目的。①

2. 乡村公共文化旅游服务基础设施落后。乡村公共文化旅游服务基础设施是推动乡村公共文化服务与乡村旅游融合高质量发展的基础,是提升广大农民群众和游客旅游文化价值体验的载体。但是当前农村公共文化服务基础设施难以保障广大农民的基本公共文化需要,建设标准和基础相对比较低。尤其是在政府公共文化服务供给模式主导下,农村公共文化设施建设仍然主要是围绕文化广场、文化活动中心、农家书屋等,以保证村民基本文化需求的满足,忽视了游客的功能适用性,由此造成了乡村农家书屋等公共文化服务设施利用率低,与乡村旅游公共服务设施不足的融合共生发展的矛盾和困境。在乡村公共文化与乡村旅游融合共生发展背景下,无论是广大农民群众还是游客都对乡村公共文化旅游服务基础设施提出更高的要求,由此造成了乡村公共文化服务基础设施供给与乡村旅游需求的矛盾和冲突。

3. 乡村公共文化旅游服务保障机制不健全。从技术保障机制角度上说,乡村文化资源数字化相对落后、乡村旅游互联网技术运用不够、缺乏系统性的线上平台,阻碍了乡村公共文化旅游服务电子商务的发展,阻碍了乡村公共文化服务供给与乡村旅游消费者的互动交流,导致乡村公共文化服务资源与乡

---

① 参见潘颖、孙红蕾、郑建明:《文旅融合背景下的乡村公共文化发展路径》,《图书馆论坛》2021年第3期。

村旅游需求之间供给错位。从人才保障角度上说,乡村人才"引进来、留得住"的问题并没有根本解决,工作环境差、激励机制建设不完善等问题依然突出,致使很多优秀文化和旅游人才流失。尤其是优秀公共文化旅游复合型人才更是稀缺,缺乏专业公共文化表演团队。同时由于本地公共文化旅游服务人员综合素质普遍不高,文化素养不足,难以发挥乡村公共文化与乡村旅游融合共生发展的作用。从财政保障角度上说,当前农村公共文化旅游服务的财政保障依然不足,对公共文化的投入总量不足、投入结构失衡、投入主体单一、投入管理不足、投入评价缺失的现状并没有根本解决。

(三)乡村公共文化服务数字赋能不足

近年来,随着数字社会新时代的到来,传统公共文化服务的供给方式、传播方式和阅读方式已经难以满足人民群众的多元化、多层次和个性化的精神文化需求,尤其不能够满足广大农民群众对文化数字化需要。当前,城乡公共文化数字化共生问题主要是农村公共文化数字化水平不足和发展不充分,具体表现为数字化信息技术基础设施落后、多元化精准供给不足、精细化管理不够等问题。①

1. 农村公共数字文化服务数字化信息技术基础设施落后。从硬件角度上说,我国中西部农村地区公共文化电子阅览室基础设施落后,公共文化电子阅览室并没有全覆盖,缺乏必要的电子信息屏和自助信息检索与服务设备等数字化基础设备,宽带网络覆盖速度和设备终端硬件设施的建设速度都非常缓慢,无论是在数量上、性能上还是在更新速度上,都与城市和东部发达地区有明显的差距。中西部农村地区不但存在公共文化数字化硬件基础的落后,而且存在数字化软件方面也相对落后。从软件角度上说,一些中西部欠发达省份尚未建立具有地域性的公共文化服务数字网站,地区数字化公共文化服务

---

① 参见姜雯昱、曹俊文:《以数字化促进公共文化服务精准化供给:实践、困境与对策》,《求实》2018 年第 6 期。

APP 应用、微信公众号和微博等数字公共文化信息传播平台数量较少,已有数字化的公共文化资源对农村和涉农的公共文化服务资源相对较少,针对性也不足,既不能满足服务"三农"的需要,也不能满足广大农民多样化的物质文化需要。

2. 农村公共数字文化服务多元化精准有效供给不足。从供给内容来看,由于当前农村数字化信息技术相对比较落后,使得涉及农村服务乡村振兴、产业振兴、文化振兴的公共文化服务难以精准地反映广大农民群众的文化需求,很多涉农公共数字文化资源表面上"接地气""聚人气"和"引民心",实则比较低俗,从而使得农村公共文化服务资源在内容上不能够有效满足乡村产业振兴、乡风文明建设和文化振兴的需要,供给内容有待进一步充实提高。从供给方式来看,当前农村公共数字文化服务供给方式比较单一,一般是政府统一采购、统一配送公共数字文化服务和产品,并没有充分考虑广大农民群众的实际生产生活和精神文化需要,尤其是对儿童、老年人、农村留守儿童、留守妇女、少数民族群众、农村群众等特殊群体需求供给方式的有效性严重不足,缺乏这些特殊用户群众的数字体验。

3. 农村公共数字文化服务多元化精细化管理不够。从行政管理体制机制上说,由于受到政府行政管理体制的制约影响,农村公共数字文化资源在内容由不同政府职能部门来提供,公共数字资源的管理也由不同政府职能部门来管理,这就造成农村公共数字文化服务资源的管理模式和机制的"条块化"和"碎片化",从而难以发挥政府在公共数字文化服务协同中的管理效能。从人力资源管理角度上说,专业化的公共数字文化服务管理人才缺乏。当前农村公共数字文化服务管理人才的总体现状是总量不足、分布不均、结构失衡、流动性大以及管理滞后,无法适应公共数字文化资源共建共享发展的需要;针对农村基层公共数字文化服务和管理人员培训往往存在经费缺乏、培训机制不完善的问题,没有相应的有效考核、激励和补偿机制,严重影响了农村公共数字文化机构管理队伍的工作热情。此外,由于从业资格认证制度的缺乏农村公共数字文化服务复合型专业人才稀缺。①

二、新时代农村公共文化服务高质量发展的共生路径

推动农村公共文化服务高质量发展是实现乡村文化振兴的必然要求,是乡风文明的重要内容,也是缩小城乡融合发展差距的重要路径。在内涵上,不但要求城乡公共文化空间布局更加合理更加平衡,而且要求构建更加完善由政府、市场、社会力量共同参与的多元化供给体系;不但要进一步提高农村公共文化服务的供给效能,而且要求进一步满足农民群众对美好生活需要,进一步提升乡风文明程度,提高农民群众的审美水平。在功能作用上,不但要求进一步实现农村公共文化服务高质量发展,进一步挖掘和保护乡村优秀传统文化,为乡风文明筑牢道德思想基础,而且要求进一步保障广大农民群众的生存权和发展权的基本人权,提高农民群众的幸福感、获得感和满足感,进而提升广大农民群众的思想文化价值认同,最终缩小城乡融合发展差距。②

(一)构建多元化公共文化服务供给体制机制

当前,城乡公共文化服务共生发展问题表现为农村公共文化服务供给不能够满足广大农民群众日益多样化的文化需求,而矛盾的主要方面在农村公共文化服务高质量供给不足。我们认为可以从以下三个方面构建多元化农村公共文化服务供给体制机制:一是要树立公平与效率融合共生的共同体理念;二是要充分发挥政府在公共文化服务多元供给的主导地位和核心作用,积极引入市场和社会(资本或组织)力量参与农村公共文化服务供给,构建一主多元协同合作供给体制机制;三是要构建完善多元协同合作供给的保障机制。

---

① 参见韦楠华、吴高:《公共数字文化资源共建共享现状、障碍及对策研究》,《图书馆建设》2018年第9期。

② 参见许丹:《中国农村公共文化服务高质量发展——基本内涵、问题清单与行动框架》,《社会科学研究》2021年第5期。

1.树立公平与效率融合供给的共同体理念。如果说城乡基本公共文化服务均等化是解决城乡基本公共服务的公平问题,那么农村基本公共文化服务高质量发展则主要是解决公平与效率融合共生的发展问题。要实现公共文化服务公平与效率的融合共生发展就必须要求政府、市场与社会等多元供给主体超越理性经济人的思维禁锢,在公共利益基础之上形成协同共识,构建一个多元主体融合供给共同体,并认识到应该承担的公共责任和所拥有的公共权利。政府作为多主体融合供给制度的参与者,同时也是多元主体融合供给的供给者,在公平与效率融合共生发展理念构建中发挥至关重要的作用。一方面政府要遵循公共文化服务的公共性和公益性,继续积极推进城乡公共文化服务均等化,努力减少农村公共文化服务在城乡融合发展中的差距;另一方面,政府要切实提高公共文化服务的效率,从"管控"理念向"服务""协同"和"治理"理念转变,以满足农民对美好生活需要为导向,因地制宜结合实际,合理推进农村公共文化服务多元协同供给。

2.健全多元主体融合供给制度。从基层政府角度上说,农村基层政府要扮演好农村公共文化服务掌舵人的角色,充分发挥好多元主体融合供给的组织者、协调者和平衡者的角色,简政放权让市场企业和社会力量积极参与农村公共文化服务事业,并协调多元主体供给之间的利益矛盾和冲突,在放权的同时不放服务责任和监督责任。从企业市场角度上说,企业市场主体应该抓住国家实施乡村振兴战略的机遇,以农民多样化文化需求为导向,充分利用国家在乡村振兴、农村公共文化服务方面的各种优惠政策(定向资助、政府采购、税收减免、贷款贴息等),通过合资、私营、合股等多种形式参与农村公共服务建设当中。从社会主体角度上说,要大力培育多元化的社会组织,尤其是要充分发挥农村基层党组织、村民自治组织和村集体经济组织在农村公共文化服务高质量发展中的内生性积极作用。此外,政府要为培育独立自主、专业化、制度化的社会公共文化组织和志愿团体提供良好的政策环境和制度支持。

3.完善多元主体融合供给的保障机制。从财政保障机制上说,要构建权责利对等的公共文化服务职能和责任机制。对此,要消除基层政府在公共文化服务钱少事多的权责利不对等的现实状态,优化基层政府的公共文化服务职能,加大中央和省市对基层县乡的财政支持力度。对于企业市场和社会组织主体来说,只有在强大的公共财政政策引领下,才会为企业市场和社会组织主体参与公共文化服务事业和治理工作提供强大的示范者,增强非政府主体参与多元协同供给的信心和动力,通过公共财政吸引更多的社会资本。从监督机制角度上说,要构建一个可以调节多元主体供给利益矛盾和冲突的多元化监督机制。政府、企业、社会组织及广大农民群众都是监督主体,同时又是被监督的对象即监督客体。尤其要充分发挥社会组织和广大人民群众在涉及农村公共文化服务重大项目和决策中的监督作用,防止基层政府与企业"暗箱操作"而损害公共文化服务的公共利益的事情和行为的发生。①

(二)提升农村公共"文旅"融合发展水平

在乡村振兴战略背景下,伴随着乡风文明建设的推进和乡村文化振兴的发展,文旅融合正成为推动乡村公共文化振兴和乡村旅游有机融合的有力抓手,是推动乡村公共文化服务高质量发展的重要助推力。结合乡村振兴战略背景下公共"文旅"融合的困境分析,我们认为可以从以下三个方面提升农村公共"文旅"融合水平:强化农村公共文化旅游服务的乡村传统文化内涵、拓展乡村公共文化基础设施的旅游功能、完善乡村公共文化旅游服务功能的保障机制。

1.强化乡村公共文化旅游服务的乡土文化内涵。乡村旅游是乡村公共文化服务高质量发展的重要有效路径,同时也是传承和发展乡村传统公共文化服务的重要载体。对基层政府来说,政府要成为公共文化服务中传承和保护乡村传统乡土文化的主导者和引领者,针对乡土文化的不同类型制定不同的公共文化传承和保护策略,针对乡村公共文化服务发展的实际情况,合理规划

---

① 参见苗红培:《多元主体合作供给:基本公共服务供给侧改革的路径》,《山东大学学报(哲学社会科学版)》2019 年第 4 期。

乡村公共文化地标,形成特色鲜明、乡土气息浓厚、生态环境优美的乡村公共文化产品和服务项目。对农民来说,农民要强化传承和保护乡村传统公共文化的公共文化服务责任。农民不仅是乡村公共文化服务的消费者和受益者,更是创造者、传承者和保护者。无论是乡村传统优秀的物质农耕文明还是乡村传统优秀非物质精神文化遗产都是通过农民主体来传承和发展。只有农民在乡村公共文化旅游服务中自觉传承传统乡土文化,才能有效抵制城市文化对乡土文化的消极影响,促进乡村传统文化的复兴和振兴。

2. 提升乡村公共文化基础设施的旅游服务功能。针对当前农村公共文化服务基础设施的旅游服务功能不足的问题,要以推进城乡公共文化服务基础设施标准化为基础,进一步拓宽农村公共文化旅游服务空间,丰富农村公共文化旅游服务功能,将当前农村单一性的公共文化设施(如农家书屋、文化广场等)拓展为集公共性服务与经营性产品相结合的新型文化共享空间。具体提升方式如下:可以将乡村已有的公共文化活动中心改造为集乡村特色文化展示与游客服务于一体的"乡村文旅中心";可以围绕乡村乡土文化资源提升乡村文化公共场馆颜值,形成具有鲜明特色的乡土文化旅游标识,使其成为乡村乡土文化旅游的地标性建筑;可以将乡村公共阅读空间嵌入乡村旅游景区,如可以采取浙江桐庐"乡村图书馆+民宿"模式,根据民宿主题与游客需求配置图书、图书流通点与借还设施,让游客在乡村旅游中感受乡土文化,从而提升文化素养。

3. 完善乡村公共"文旅"融合保障机制。完善健全的公共"文旅"融合保障机制是提高农村公共文化与旅游融合高质量发展的重要机制。在技术保障方面,要以乡村公共文化基础设施标准化为契机,着力提升农村公共文化基础设施的科技含量,实现乡村公共文化旅游服务管理的标准化,发挥乡村公共文化旅游服务环境保护作用。在人才保障方面,加强培育乡村民间艺人和文艺表演团体,可以聘用一些知名的民间艺人和文艺团队负责人担任乡村公共文化旅游服务中心的管理员,提升村民参与乡村公共文化旅游的积极性;同时要加强对民间艺人、村民文艺表演团体和团队负责人的业务培训,并给予必要资金扶持。在财政保障方面,要健全完善公共文化旅游服务的精准补贴制度,既要加强对保障欠发达地区的农村基本公共文化需要的财政保障,同时又要加强对优秀传统文化的保护利用和创新传承的财政保障,以此保障在公共"农旅"融合高质量发展中实现乡村文化振兴。①

(三)加快推进农村公共文化服务数字化进程

在网络数字化时代,公共文化服务可以通过网络化和数字化延伸和拓展,与数字产品有机融合,形成公共数字文化服务产品,从而有效促进公共文化服务资源的传播、交流和共享,为新时代乡村公共文化高质量发展带来前所未有的机遇,但是面对当前农村公共文化服务数字技术基础设施落后、多元化精准供给和精细化管理不足等现实困境,可以从以下几个方面加强推进农村公共文化服务数字化进程。

1.加强农村公共文化服务的数字化基础设施建设。数字化基础设施是推进乡村公共文化数字化进程的物质技术基础。从硬件角度上说,要在"十三五"信息技术公共服务均等化的基础之上,针对中西部农村地区数字文化服务基础设施相对薄弱的状况,加快宽带 4G 网络覆盖与设备终端硬件设施的建设与更新速度,将农村无线网络建设纳入数字城市建设工程当中,实现城乡重点区域 WiFi 全覆盖,在相对发达农村地区部署 5G 网络,进一步推动基于数字电视、自媒体平台、站点屏幕等智能终端和便民服务终端等硬件基础设施建设。从软件角度上说,要加强对适应农村公共数字文化服务特点的信息终端、技术产品和移动互联网应用等 APP 软件开发,加强对乡村传统文化资源的电子化和数字化,结合"互联网+""大数据""宽带中国""云计算"等现代数字化信息技术,构建统一的乡村公共数字文化服务平台,为广大农民群众提供一站式、集成化服务,从而整体提升农村公共数字文化服务供给水平和能力。

---

① 参见范周、侯雪彤:《"十四五"时期公共文化服务高质量发展的内涵与路径》,《图书馆论坛》2021 年第 10 期。

2.构建多元化农村公共数字文化服务供给体制机制。当前农村公共文化服务数字化进程不高和服务内容单一的一个主要原因是农村公共数字文化服务供给主体单一,没有形成多元化公共数字文化服务供给体制机制。从供给理念上说,要理清政府与市场及其他社会多元供给主体的责任和边界,树立资源共享和多元供给理念,从农村公共数字文化服务主体由政府单一主体到政府、市场及其他社会多元主体协同供给的网状结构转变。从政府主体角度上说,要进一步强化政府在公共数字文化服务的职能职责,按照"平台上移、服务下延、中间扁平化"的思路,构建"标准化+大数据+公共文化服务"模式,充分利用大数据技术采集广大农民群众对公共数字文化服务的需求,打通公共数字文化服务供给主体之间数字文化资源共享壁垒,准确评估农村公共数字文化服务供给规模、供给对象、服务效果,提高农村公共数字文化服务整体效能。

3.构建多元化农村公共数字文化服务管理体制机制。针对当前农村公共数字文化服务管理"碎片化"带来公共数字文化服务的效率低下、协同性不够和服务能力不足等问题,可以从以下几个方面提升农村公共数字文化服务能力:从行政管理角度上说,要进一步转变政府对公共数字文化服务的管理职能,强化政府的公共数字文化服务功能和治理功能,积极推动农村基层政府文化管理职能的数字化、社会化、市场化和服务化;要建构多元化共治大文化服务管理结构,建立完善多元共治治理结构的运行机制,广泛吸纳社会力量、社会资本及其他社会组织参与农村公共数字文化建设,最终提升农村公共数字文化服务管理绩效。从人力资源管理角度上说,要健全公共数字文化服务标准规范体系,解决当前公共数字文化服务行业认准困难,要完善公共数字文化服务培训内容,建构多元化农村公共数字文化服务人才经费投入机制,健全农村公共数字文化服务评价机制和激励机制,从而为农村公共数字文化服务提供坚实的人才保障。[①]

---

①　参见姜雯昱、曹俊文:《以数字化促进公共文化服务精准化供给:实践、困境与对策》,《求实》2018 年第 6 期。

第五章　在治理有效中拓宽城乡
融合发展的共生空间

　　"乡村振兴,治理有效是基础。"①在城乡融合发展共生逻辑体系中,乡村治理有效作为城乡融合发展的治理共生单元主体,是乡村全面振兴的稳定前提,也是拓宽城乡融合发展共生空间的重要路径。习近平总书记指出:"治理有效,是乡村振兴的重要保障,从'管理民主'到'治理有效',是要推进乡村治理能力和治理水平现代化,让农村既充满活力又和谐有序。"②改革开放40多年来,特别是新时代以来,我国乡村治理取得巨大成效,但是在传统城乡二元结构的长期影响下,我国城乡治理体制机制和能力水平发展不平衡,乡村治理体制机制和能力水平发展不充分。在全面推进中国式乡村治理体系和能力现代化进程之中,面对乡村利益矛盾分化引发的乡村治理难题,以及农村基层组织力薄弱、"三治融合"难题和乡镇政府基层治理能力不足等问题,如果没有有效的乡村治理,就不会有和谐稳定的城乡关系和更加宽广的城乡融合发展的共生空间,更不可能实现城乡融合共生发展。面对新时代乡村治理的新形势、新问题、新情况和新挑战,2018年中央"一号文件"明确指出,"建立健全党

---

① 《中共中央国务院关于实施乡村振兴战略的意见》,人民出版社2018年版,第19页。
② 《习近平关于"三农"工作论述摘编》,中央文献出版社2019年版,第22页。

委领导、政府负责社会协同、公众参与、法治保障的现代乡村社会治理体制,坚持自治、法治和德治相结合,确保乡村社会充满活力、和谐有序。"①对此,我们认为乡村治理有效的实质就是建构共建共治共享的乡村治理共同体,通过自治、法治和德治相结合的"三治融合"机制不断激发和提高乡村治理活力和效能,进而拓宽城乡融合发展的共生空间。

第一节　在提升农村基层党组织组织力中拓宽城乡融合发展的共生空间

农村基层党组织作为党领导乡村振兴战略工作的领导核心,也是乡村治理的领导核心。乡村振兴和乡村治理关键在党,关键在充分发挥基层党组织的领导核心作用。因此,要"毫不动摇地坚持和加强党对农村工作的领导,健全党管农村工作领导体制机制和党内法规,确保党在农村工作中始终总揽全局、协调各方,为乡村振兴提供坚强有力的政治保障"②。在乡村治理主体由一元权威治理主体向多元协同共治主体转变的新型治理格局下,农村基层党组织作为党领导乡村治理的坚强战斗堡垒,如何更好地发挥农村基层党组织的政治功能、领导核心作用,更好地促进乡村治理现代化和促进城乡融合共生发展,成为乡村治理关注的重要话题。习近平总书记强调指出:"加强基层党组织建设,要以提升组织力为重点,突出政治功能"③。2018 年中央"一号文件"即《中共中央国务院关于实施乡村振兴战略的意见》中也提出:"扎实推进抓党建促乡村振兴,突出政治功能,提升组织力,抓乡促村,把农村基层党组织建成坚强战斗堡垒。"④

---

① 《中共中央国务院关于实施乡村振兴战略的意见》,人民出版社 2018 年版,第 19 页。
② 《中共中央国务院关于实施乡村振兴战略的意见》,人民出版社 2018 年版,第 6 页。
③ 习近平:《在全国组织工作会议上的讲话》,人民出版社 2018 年版,第 13 页。
④ 《中共中央国务院关于实施乡村振兴战略的意见》,人民出版社 2018 年版,第 6 页。

一、农村基层党组织组织力提升存在的多元共治问题

在乡村振兴战略背景下,农村基层党组织作为乡村治理的政治核心和领导核心,承担着引领乡村"三治融合",协调多元乡村治理主体矛盾和冲突,激发农民参与乡村治理的主体性重任,同时也对农村基层党组织的组织覆盖力、群众号召力和内部凝聚力提出了新的要求。但是在乡村治理主体由一元权威主体向多元协同共治主体转变的背景下,乡村正处于多元利益主体社会结构、多元乡村文化伦理、高质量经济制度变革、传统与现代治理体系转型的过渡阶段,同时也出现了农村基层党组织覆盖力萎缩、凝聚力弱化、执行力不足和服务力泛化等问题,严重影响了农村基层党组织在多元协同共治主体中的政治核心领导力和整合协调能力,成为新时代提升农村基层组织组织力亟待解决的问题。①

(一)组织结构的共生问题

在当前农村社会结构分化和利益主体多元化的背景下,农村基层党组织组织结构需要相应的多元化,以便进一步加强农村基层党组织的政治核心领导力、组织力和协调力。但是当前农村基层党组织结构存在组织结构不合理、不健全问题,导致农村基层党组织虚化、覆盖力下降,严重影响农村基层党组织在乡村振兴和乡村治理中政治功能和领导作用的发挥。

1.由于人口大量涌入城市,农村基层党组织队伍实际人数有所减少。在城镇化和农业转移人口市民化的影响下,农村富余劳动力逐渐向城市大量转移,农村青年党员常年在城市打工,留下在农村的劳动力主要是老人、妇女和小孩,农村基层党员人数有所减少,党员年龄和性别结构失调,党在农村党组织中的后备力量储备不足。同时在乡村振兴过程之中自然村合并和农村基层

---

① 参见林星、王宏波:《乡村振兴背景下农村基层党组织的组织力:内涵、困境与出路》,《科学社会主义》2019年第5期。

党组织整合,也造成基层党组织结构的改变。但是在农村基层党组织覆盖区域扩大的同时,农村基层党组织覆盖能力却并没有提高,从而限制了农村基层党组织的政治功能和领导能力的发挥。

2. 当前农村基层党组织在新型经营主体及社会组织中存在"盲点"。在农村自然经济主体发生分化和多元化的同时,农村组织结构也在发生变化,产生了一批新型农业经营主体和组织,如农业专业合作社组织、农业专业经济协会、群众自治组织、新型社会化服务组织和非营利组织等新主体和新社会组织不断涌现,构成了农业农村现代化历史进程中的一种新兴重要力量,也成为参与乡村振兴和乡村治理的新兴有生力量。但是,根据中共中央组织部 2017 年《中国共产党党内统计公报》显示,截至 2017 年底,社会组织中党组织覆盖率为 61.7%,远低于同年在全国机关单位和非公有制企业中的党组织覆盖率。从现实调研情况看,农村基层党组织不但在农村新型经营主体及其组织中覆盖率低,出现覆盖盲点,而且就连新型经营主体和组织中的党员人数也比较稀缺,致使农村基层党组织的领导很难渗透其中,使得农村基层党组织在平衡、协调和处理多元共治主体关系中的矛盾和冲突的积极作用难以有效发挥。这一状况目前已经得到彻底改观,在党中央加强各级党组织建设的政策指导下,各级基层党组织实现应建尽建,基本实现全覆盖。

(二)组织能力的共生问题

农村基层党组织能力是新时代农村基层党组织力的本质核心。在多元共治环境下,要提高农村基层党组织组织力,本质上是提高农村基层党组织在服务乡村振兴战略,促进乡村治理有效中的政治领导力、治理执行力和组织动员服务力。但是,在一些地方的农村基层党组织还存在政治领导力弱、政策执行力不强以及组织服务力差等组织能力共生发展问题。①

---

① 吴成林:《乡村振兴与农村基层党组织组织力的提升》,《长白学刊》2019 年第 1 期。

1.政治领导能力弱的问题。政治领导力是统领提升农村基层党组织组织力的中心力或核心力。个别地方农村基层党组织的政治领导能力或政治功能不强的主要表现:在组织生活上,部分农村基层党组织生活不规范、不严肃、不到位;组织生活文化不健康,"圈子文化"和"家长制"文化盛行,在管党治党法治文化素养养成方面仍存在宽松软等问题,使得党关于"三农"、乡村振兴以及乡村治理政策和主张与乡村实际情况不能够有机融合起来,存在党建组织生活与实际工作"两张皮"现象,致使党的"三农"工作、乡村振兴战略及其乡村治理中应有凝聚力和号召力不能有效发挥。

2.政策执行力虚化的问题。政策执行力是提升农村基层党组织组织力的内生驱动力。在政策执行主体上,当前有的农村基层党员领导干部政策执行力虚化。贯彻党的乡村振兴和乡村治理的方针政策执行需要充分发挥农村基层党组织党员领导干部的先锋模范作用。但是由于当前农村基层党组织党员领导干部"老龄化"比较严重,党员领导干部带头人的能力和素质参差不齐,在贯彻执行党的"三农"政策、乡村振兴和乡村治理方面显得力不从心。在政策执行机制上,由于政策执行主体的能力和素质与乡村振兴和治理有效的目标有较大差距,一些农村基层党组织领导干部在执行党的乡村振兴和乡村治理政策时比较机械,主体性不强,创新性不够,在创新农村基层治理方式方法和执行领导农村发展致富政策方面存在"等要靠"思想。

3.组织能力不强的问题。组织服务力是提升农村基层党组织组织力的外生拉动力。党组织对农民群众的服务力不足,导致农村基层党组织在农民人民群众的动员力和号召力式微。就服务宗旨来说,有的农村基层党组织党员领导干部为广大农业农村农民群众服务的宗旨意识淡薄,缺乏使命感、责任感,依然有"官僚主义"思想。在服务主体上,农村经济社会结构发生重大变化,一些地方农村青壮劳动力大量流失,导致农村基层党组织领导干部老龄化严重,难以发挥"带头人"和"领头雁"的主体服务功能。在满足服务需求方面,当前农村基层组织服务能力跟不上日益多元化多样化的群众需求,甚至出现与民争利和损害人民群众利益的现象,导致农村基层党组织在广大农民群众中的组织动员力和号召力不同程度地被削弱和减损。

（三）组织机制的共生问题

良好的组织机制是提升农村基层党组织力的必然要求。在多元主体共治环境下,需要改变一元化的权威组织机制,建构多元化的共治组织机制。但是当前农村基层组织机制还存在自身运行不规范、群众路线践行不力和缺乏自主性,存在内卷化危机。①

1.一些地方农村基层党组织运行机制缺乏有效的规范。从组织运作规范机制来说,农村基层党组织无论是在党（员）组织发展、党员组织生活、党内民主、党群关系及人才培养方面都有严格的规范和标准。但一些农村地方基层党组织在组织发展规范上,存在家族化甚至宗族化的现象,不能够有效吸纳优秀人才充实农村基层党组织,造成优秀党员人才流失。在组织生活规范制度上,有的农村基层党组织很少召开党员大会,或者将几年一次的党支部选举等同于党员大会。农村党组织生活制度、"三会一课"制度和党员学习教育制度不能有效执行;党内民主发展不够,存在"家长制""一言堂"等不规范的党组织生活现象,党员之间的组织和政治信任都比较低。在党群关系上,有些农村基层党组织与农民群众的关系比较疏远,对群众的利益诉求充耳不闻,不利于充分发挥党协调群众利益矛盾的治理功能。

2.一些地方农村基层党组织运行机制缺乏有效的自主性。以"三会一课"制度为例,在部分农村基层党组织中"三会一课"制度在形式上如同摆设,敷衍塞责、被动应付,上级党组织没有布置就不组织,有布置就组织,但组织形式局限于念报纸、读文件,公式化的传达上级讲话;在内容上陈旧老套,忽略乡村振兴中基层党组织最亟待解决的问题,漠视忽视群众的关切和呼声,陷入封

---

① 参见王可园:《农村基层党组织组织力的困境及出路——基于"结构—过程—文化"视角的分析》,《江西师范大学学报（哲学社会科学版）》2020 年第 1 期。

闭式的"自娱自乐"和"自我循环"。

二、新时代提升农村基层党组织组织力的多元共治共生路径

党的十九大报告指出:"要以提升组织力为重点,突出政治功能,把企业、农村、机关、学校、科研院所、街道社区、社会组织等基层党组织建设成为宣传党的主张、贯彻党的决定、领导基层治理、团结动员群众、推动改革发展的坚强战斗堡垒。"①《中共中央国务院关于加强基层治理体系和治理能力现代化建设的意见》明确指出,"把抓基层、打基础作为长远之计和固本之举,把基层党组织建设成为领导基层治理的坚强战斗堡垒,使党建引领基层治理的作用得到强化和巩固。"②在乡村治理主体或组织多元共治的背景,我们认为可以从组织结构共生、组织功能(能力)共生及其组织机制共生三个方面全面提升当前农村基层党组织的组织力。

(一)建构多元共治共生的基层党组织结构

"我们党历来有一个好办法,就是组织起来。"③在新时代乡村多元主体协同共治背景下,为了有效解决农村基层党组织的结构共生困境,需要构建多元共治的基层党组织结构。这就不仅需要紧紧围绕乡村振兴和治理有效的目标要求,而且还需要紧紧围绕新的农业农村经济社会发展结构。只有这样,才能够扩大农村基层党组织结构的覆盖范围,有效拓宽农村基层党组织在多元治理主体中的共生发展空间。

1. 要紧紧围绕乡村振兴和治理有效目标要求进一步优化新时代农村基层党组织的组织结构和形式。要适应农业农村人口低密度和自然村落减少的现

---

① 习近平:《论坚持党对一切工作的领导》,中央文献出版社 2019 年版,第 200 页。

② 《中共中央国务院关于加强基层治理体系和治理能力现代化建设的意见》,《人民日报》2021 年 7 月 12 日。

③ 《习近平关于社会主义政治建设论述摘编》,中央文献出版社 2017 年版,第 134 页。

实状况,改变原来"一村一支部"党组织结构设置方式,改变原来单纯依据党组织的人口覆盖密度的组织结构形式,着力向党组织的区域覆盖和密度覆盖共生共治转变,从而建立多元化多样式的新型农村基层党组织。针对当前农村基层党组织结构的老龄化这一个核心问题,需要树立内育和外引共生共治理念,才能进一步扩大农村基层党组织在农村社会各个阶层的组织覆盖力:一方面,要进一步加强农村党员领导干部人才内生培育,有针对性地回应农村弱势群体、新型经营主体和青壮小农户的不同利益需求,把现有的小农户青壮农民作为农村基层党组织党员领导干部人才培养和发展的重点对象、依靠对象和中坚力量,以便维护农村基本土地经营制度,促进小农户青壮农民的政治成熟;另一方面,要进一步加大农村青年才俊引进力度,注重对农村籍青年大学生和新时代农民工引进力度,探索农民工流动人口党建模式,重点解决农民工在农村党组织缺失问题;注重大学生村官制度和农村基层党建制度相互融合,推动大学生村官制度嵌入农村基层党组织中融合共生发展;注重选派机关事业单位的骨干和年轻党员到村挂职锻炼选派制度,进一步优化农村基层党组织的年龄结构。

2. 根据"合理优化、应建尽建"的原则,创新农村基层党组织的设置和调整。基层党组织作为在农村的上层建筑,要根据农村经济社会结构变化,因地制宜地进一步创新农村基层党组织结构存在形式,实现从"有形覆盖"到"有效覆盖"的转变,保证"组织区域全覆盖"与"工作过程全覆盖"。对于大量分散小农户的农民党员可以根据农业产业及行业分布情况组织起来,建构行业或协会型基层党组织。对于乡村振兴过程中涌现出来的新型经营主体和新兴社会组织要做到党组织的全覆盖,要以广大人民群众的利益为导向来合理设置基层党组织的年龄结构、性别结构和职业结构,确保农村基层党组织有效嵌入和全面覆盖。对农村新型社区,要打破地区和行政限制,建立村与社区联合党支部。对于暂时不具备成立党支部条件的农村新型社会组织,也要加强党建对这些社会组织的引领工作,确保党关于乡村振兴战略和乡村社会治理各项方针政策顺利贯彻落实。

(二)强化多元共治共生的基层党组织功能

突出政治功能和强化服务功能是无产阶级执政党区别于非无产阶级执政党的一个重要特征,也是新时代提升农村基层党组织力的重要内容。农村基层党组织只有不断强化政治功能和服务功能,才能充分发挥中国特色社会主义制度的优势,才能够不断扩大和增强在广大农民群众的号召力和动员力,才能在满足人民群众对美好生活需要的乡村振兴实践中增强向心力和吸引力。

1. 突出农村基层党组织的政治功能,强化思想引领,抓好农村基层党组织带头人队伍建设。马克思说:"思想本身根本不能实现什么东西。思想要得到实现,就要有使用实践力量的人。"[①]这意味在新时代农村基层党组织功能或能力建设提升中,人才是一个核心要素,又是一个关键要素。农村基层党组织带头人作为推动乡村振兴战略和治理有效的直接组织者和实施者,其能力和素质的高低直接关系到农村基层党组织领导建设乡村振兴和治理有效的效果和程度。可以说,农村基层党组织带头人兴则基层党组织力兴,带头人强则基层党组织力强。在突出政治功能意识方面,带头人要主动旗帜鲜明讲政治,不断增强"四个意识"、坚定"四个自信"、做到"两个维护";自觉注重党性修养,不断提高自身道德素养,推进党性修养教育制度化、常态化,发挥"头雁"优势,解决当前农村基层党组织中部分党员忽视政治、淡化政治、不讲政治的问题,让广大农民群众真正了解党关于乡村振兴和乡村治理的方针和政策。在扩大农村基层组织带头人范围方面,要坚持"政治过硬、德才兼备、群众公认、注重实绩"原则,通过本土青年农民培养、选派大学生村官、企业事业单位优质党建人才充实到农村任职等方式来扩大农村基层党组织带头人的选拔范围。在支撑和保障农村基层带头人的条件方面,要加强对农村基层党组织带

---

① 《马克思恩格斯文集》第1卷,人民出版社2009年版,第320页。

头人的理解和支持,从经济上保障农村地区尤其中西部农村地区基层党组织带头人的生活待遇和条件,切实培养和造就一支理想信念坚定、懂农业、爱农村、爱农民的农村基层党组织带头人队伍。

2.不断强化农村基层党组织的服务功能,全面提高农村基层党组织的服务能力、动员能力、号召能力。当前农村基层党组织在人民群众中的动员力、号召力和组织力下降,根源在于农村基层党组织服务能力的不足,没有适应多元化利益主体需求,构建多元化的服务功能。针对当前农村基层组织服务能力泛化、功能定位边界不清的问题,需要准确从功能共生和权力权利共生两个方面确定。一方面,要坚持政治功能和服务功能共生共治。政治领导功能主要目标是贯彻宣传突出党的路线、方针和政策,尤其是关于"三农"、乡村振兴及城乡发展方面的方针和政策,巩固和夯实农村基层政权和党的群众执政基础,人才输出和输入等培养培训等功能,是党组织的主要功能;社会服务功能则强调农村基层党组织在乡村振兴和乡村治理中的社会发展和治理功能,是党组织的基本功能。如果说政治功能偏重于政治领导和思想引领功能,那么服务功能则偏重于社会发展和公共服务功能;如果说政治功能决定服务功能的性质和方向,那么服务功能体现政治功能的目标和宗旨。另一方面,要坚持权力权利共生共治。提升农村基层党组织的组织力不是弱化党对农村的领导力,而是通过农村基层党组织权力运行清单来强化党的政治功能和社会服务功能,通过积极发展党内基层民主增强基层党组织内部的向心力和凝聚力。与此同时,要充分尊重农民有序参与乡村治理的权利,满足群众合理的利益诉求,把满足人民群众的根本利益作为提高基层党组织的组织力的出发点和落脚点,增强农民对党的认可度和信任感,激发农民参与乡村治理的积极性、主动性和创造性。

(三)创新多元共治共生的基层党组织机制

组织机制是组织功能发挥作用的运行方式,良好的组织机制有助于组织功能充分发挥,反之则会抑制组织功能的发挥。当前农村基层党组织组织力不强除了组织结构老龄化和组织政治和服务功能不强的原因外,与基层党组织运行机制不健全有重要关系,具体来说主要表现为组织激励机制和规范机制不强两个方面。因此,构建激励与监督共治共生机制是新时代创新农村基层组织机制的着力点。

1. 创新农村基层党组织的组织激励机制,提升基层党组织的内生凝聚力,保持基层党组织的先进性。导致当前农村基层党组织内部组织向心力和凝聚力不强的一个重要原因就是农村基层党组织的激励机制不强,弱化了一般党员对组织的忠诚感和归属感。习近平总书记指出:"广大基层干部任务重、压力大、待遇低、出路窄,要把热情关心和严格要求结合起来,对广大基层干部充分理解、充分信任、格外关心、格外爱护,多为他们办一些雪中送炭的事情。"[①]一要健全农村基层党组织的"组织力"体系和一般党员的"权利"体系。将"组织力"考核体系与党员晋级升迁和奖惩挂钩,充分保障和维护党员的合法权利,积极推进基层党务公开,畅通党员参与基层党内事务、监督党的组织和干部、向上级党组织提出意见和建议的渠道,从而增强一般党员在基层党组织中的存在感、归属感和忠诚感。二要健全党内关怀和帮扶机制。对党员遇到的现实困难和问题,如物质经济困难和思想心理困惑,组织要及时给予物质帮助、思想教育和心理疏导,密切关注党员干部的思想动态,建立党员能力提升和党性教育的长效机制,让党员充分感受到组织的关怀和温暖。三要构建有效的容错纠错机制。明确"有所容"与"有所不容"的事项清单,旗帜鲜明地为那些敢于担当、踏实做事和勇于作为的党员干部鼓劲撑腰;同时要把握好容错纠错机制边界,严肃处理违法违纪行为,不要让容错纠错机制成为违法乱纪行为的"保护盾牌"。

2. 创新农村基层党组织的组织监督机制,提升基层党组织的内生规范力,

---

① 中共中央文献研究室编:《十八大以来重要文献选编》(上),中央文献出版社 2014 年版,第 352 页。

保持党组织的纯洁性。一要建设基层组织内外监督机制,以"发现问题、解决问题、追踪问题"为导向,把"权力关进制度的笼子里",把纪律监督、监察监督、派驻监督、巡视监督统一于基层组织的党内内生监督体制机制,同时推动民主监督、群众监督、舆论监督等形式以合法化的规章制度确立下来,从而构建党内外联动共生监督网络体系。二要健全完善党内政治生活制度。习近平总书记指出:"党内政治生活是党组织教育管理党员和党员进行党性锻炼的主要平台,有什么样的党内政治生活,就有什么样的党员、干部作风。一个班子强不强、有没有战斗力,同有没有严肃认真的党内政治生活密切相关。"①农村基层党组织要认真落实和严格执行好"三会一课"党内民主生活制度,坚持党内民主集中制原则,既反对"家长制""一言堂",又反对"官僚主义"和"形式主义",通过严肃而规范的党内组织生活确保党员不游离于组织生活之外和凌驾于组织之上,正确处理好组织与组织之间、组织与党员之间、党员与党员之间的关系。对于通过组织生活发现出来的问题要及时解决,对于长期不参加组织生活的党员要及时提出批评和教育,使基层党组织形成严密而又团结和谐共生的共同体,其组织力就能充分发挥出来。

第二节　在创新"三治融合"乡村治理体系中拓宽城乡融合发展的共生空间

活力与秩序是乡村社会治理的基本矛盾,而安定有序和充满活力的统一则是乡村治理有效的理想善治状态。2018 年中央 1 号文件明确指出:"建立健全党委领导、政府负责、社会协同、公众参与、法治保障的现代乡村社会治理体制,坚持自治、法治、德治相结合,确保乡村社会充满活力、和谐有序。"②在乡村振兴多元共治背景下,不但需要构建多元共治主体,突出强化农村基层党

---

① 《习近平关于全面从严治党论述摘编》,中央文献出版社 2016 年版,第 31 页。
② 《中共中央国务院关于实施乡村振兴战略的意见》,人民出版社 2018 年版,第 19 页。

组织的政治功能,全面提升农村基层党组织的组织力;更需要构建多元共治共享治理体系,构建科学有效的乡村治理体制机制。"三治融合"基层治理体系就是在新时代社会治理实践中形成、并在社会治理实践中不断发展、被实践充分证明是科学有效的乡村善治体系,为摆脱城乡二元碎片化治理体系提供了新思想,为构建城乡融合共生治理体系提供了新方案,为拓宽城乡融合发展空间提供了新路径。

一、乡村治理"三治融合"中存在的共治共生问题

改革开放四十多年来,我国乡村治理取得了巨大成就,乡村治理主体从一元到多元,乡村治理模式也从一元行政管理到多元共治的转变,治理内涵不断丰富,涉及经济、政治、文化、社会及生态各个方面,治理方式也不断创新和拓展,如系统治理、综合治理、源头治理和数字治理。其中,自治法治德治"三治融合"成为新时代乡村治理体系机制创新的最终成果。但是由于传统城乡二元结构的制约和影响,乡村"三治融合"与乡村振兴以及治理现代化的目标要求还有较大差距,乡村多元协同共治还面临诸多共生问题。

(一)乡村多元共治之自治

自治是相对于他治的一个概念,是行为主体自主管理自身事务,独立对其自身行为自我负责的一种治理状态。在以往城乡二元结构背景下,我国村民自治能力和制度供给能力相对不足,未能形成规范化、常态化和制度化的多元主体自治共治制度,使得村民自治的治理效能不是在加强而是在弱化,不少农村基层自治处于"空转"状态,农村基层干群矛盾并没有得到有效化解。[①] 在乡村振兴战略背景下村民自治制度的共生问题主要表现在以下几个方面:

---

① 张艺颉:《乡村振兴背景下村民自治制度建设与转型路径研究》,《南京农业大学学报(社会科学版)》2018 年第 4 期。

1.村民自治制度结构共生问题。从组织结构上看,现行村民自治委员会的功能定位仍是根据传统城乡二元结构下"乡政村治"来定位,具有明显的二元性。如适用城市的是《城市居民委员会组织法》,适用农村的是《村民委员会组织法》。在组织法律地位上,现行组织法律法规中并没有对村民自治给予明确法律结构定位,只有对村委员定义。法律虽然强调村委会的自治结构功能定位,但是并没有明确村委会自治的方式、负面清单等具体内容。如《宪法》虽然明确地将村民委员会放在第三章第五节"地方各级人民代表大会和地方各级人民政府"中阐述,并且《组织法》在第2条中也明确将村民委员会定义为基层群众性自治组织,村民委员会并不属于政府机构系统。但是,在村民自治制度实践之中,各级政府都把村委会当成政府的派驻机构,让村委会来承担大量的行政事务,导致村委员过度行政化,在组织结构上不能充分体现村民委员会的自治功能,"重政务、轻村务"已成为当前村委会承担群众自治治理过程中存在的普遍现象。

2.村民自治制度功能共生问题。一些地方村委会自治权力功能弱化。如《组织法》并没有赋予村民自治组织中村民会议、村民代表会议相关法定权力,导致现实中村民自治组织权力的被扭曲,甚至成为村长或村党支部书记的一人之治,与村民自治提倡的协商民主与公正法治的基本理念和精神不相符。一些地方"两委"功能边界职能不清。在现行村民自治制度实践过程之中,"两委"职能边界不清,党务与村务混合,用发展功能冲淡和弱化了村委会的治理功能。一些地方村委会治理功能与农村集体经济组织发展功能职能重叠。现行《村民委员会组织法》和《土地管理法》都将村委会与农村集体经济组织同等并列看待,规定农村集体经济组织和村委会代表村民行使集体所有权,从而使得村委会"政经不分",村民委员会变成"能人"或"富人"委员会,村民自治变成了"能人治村"或"富人治村"。这样,村民自治制度已经变成了集村治、党务、行政、经营四位一体的制度,不再是单纯的村民自治制度。

（二）乡村多元共治之法治

所谓的法治乡村主要是通过法律法规等制度规范来约束和协调乡村多元自治主体，规范乡村社会秩序进而实现乡村秩序和谐有序的"善治"状态。在传统城乡二元法治模式下，农村法治建设还有诸多不足，还面临着如农村法治意识淡薄、农村基层法治制度体系不健全及农村法律服务供给不足等城乡法治一体化共生发展的问题。

1. 乡村法治意识淡薄。从基层党员领导干部角度上看，农村基层执法队伍素质普遍不高，对国家推进乡村法治化建设的路径和规划并不十分清楚；农村基层领导干部依法决策、依法行政、文明执法的法治意识不强，运用法律手段保障乡村治理顺利实施的意识模糊，法治管理手段过于单一。农民法律知识比较贫乏，当自身权利被侵害时，要么毫无意识；要么屈从权力，忍气吞声；要么置法律规定于不顾，"以暴制暴"。在他们看来，"关系""人情""金钱""权力"似乎比法律更为有效，传统、习惯、村规民约似乎比法律更有权威，而忽视通过法律正规途径进行维权。甚至一些农民群众无视国家的法律法规，在政府开展房屋征收时通过采取抢种农作物、抢盖违章建筑等方式来套取土地征收补偿款。

2. 乡村法律制度体系不健全。在制度方面，有的乡村政务公开不规范、不透明，不想公开、不愿公开、选择性公开现象突出。在执法方面，制度执行力较弱，执法效果有待提高。如有的领导干部缺乏对法律制度的信仰，滥用职权、失职渎职，办案中徇私枉法，甚至执法违法，损害法律制度权威。有的乡镇领导干部在执法过程中部门利益化，部门与部门之间的权责未厘清、权力清单不明晰，执法偏差，从而也损害了法律制度权威。在监督方面，由于乡村法治意识淡薄，农村群众监督意识还没有形成，更加谈不上对乡镇行政主体和领导干部形成有效群众监督制度。司法监督、社会监督和舆论监督还没有形成有效合力，对乡镇领导干部行政过错追究制度还不够完善，以致部分农村领导干部和政执法人员在治理乡村的过程中心存侥幸,庸政、乱政的行为得不到相应的监督和惩罚。

3.乡村公共法律服务体系不完善。在法治经费上,一些地方服务经费配给不到位,事多钱少是当前乡村法治经费的现状,也成为乡村优秀法治人才流失的重要原因。在法治人才方面,乡村优秀法治人才稀缺,存在基层执法人员法治文化素养水平偏低,专业法律知识匮乏以及执法能力不足等问题,基层社会治理及服务能力不高,从而直接影响乡村法治效果。在法治教育宣传方面,乡村法治宣传不足是制约乡村法治意识提高和提高乡镇领导干部法治能力的一个重要原因。由于自然环境和交通的客观限制,乡村法治教育宣传明显少于城市,农村留守老人和儿童的法治教育宣传成为当前农村法治教育宣传的盲点。有的乡镇领导干部认为法治教育宣传不能够解决实际问题,不重视法治教育宣传,缺乏专业性的法治教育宣传队伍。缺乏充足的法治经费和优秀的法治人才的直接结果就是乡村法治宣传严重滞后,法治教育宣传的不足反过来进一步阻碍了乡村法治意识和能力的提高。[1]

(三)乡村多元共治之德治

伴随着我国乡村工业化、市场化、城镇化的不断加快,中国传统乡村德治传统逐渐"退场",而反映新时代要求的"三治融合"的新乡贤文化尚在生成过程中,由此出现了在某些方面乡村德治主体"缺场"的现象。在乡村振兴战略背景下多元共治德治共生问题主要表现在以下几个方面:

1.新乡贤德治主体虚化。在城市化和市场化推动下,中国传统乡村的生产生活结构开始发生变化,乡村社会正从乡里乡亲的"熟人社会"向公民个体的"陌生社会"转变,而新乡贤的主体结构也随之改变。一方面是在城镇化的驱动下,原有有能力、有抱负、有品德的乡贤地方精英或为了寻求个人发展、或

---

[1]　赵乾:《依法治国视域下乡村治理的法治保障问题研究》,《农村经济》2021 年第 9 期。

为了家庭壮大,或为了子女求学而纷纷"离土离乡",成为"他乡的他者";另一方面是在市场化和资本化的消极影响下,有些农民道德水平出现滑坡。乡村道德伦理共同体正面临前所未有的冲击,乡村面临新乡贤主体虚化问题。而这一问题既是乡村人口老龄化空心化的必然体现,也是乡村道德异化的一个消极恶果。

2. 新乡贤德治功能弱化。在当前乡村新乡贤的德治功能发挥之中,比较注重行政官职型、经济型和精英型新乡贤的德治功能,忽视文化型、道德型和普通型新乡贤的德治功能;比较看重新乡贤外在的经济能人的身份,不太重视这些经济能人的内在道德品质建设;比较重视新乡贤在推动乡村产业、生态及人才振兴方面的经济社会发展功能,忽视新乡贤在引领乡村精神文明思想道德建设、文化振兴的社会治理功能;比较注重新乡贤与乡村振兴和治理中的利益联结,忽视新乡贤对乡村道德情感认同的培育,从而导致乡村村民对一些新乡贤的德治功能认同度偏低,体现不出德治在新乡贤身份认同的引导作用,从而混淆了能人治村与贤德治村的本质区别。①

3. 新乡贤德治机制不完善。乡贤理事会、乡贤参事会(以下统称"乡贤会")是当前新乡贤参与多元乡村治理主体和发挥乡村德治优先功能的主要组织结构。但是由于当前新乡约组织机构不够完善,传统乡规民约逐渐式微,新乡规民约规范作用不强,从而使得新乡贤在参与乡村多元协同共治和发挥德治优先功能受到抑制,出现一些问题。尤其当一些德行不高的"经济能人"在缺乏乡规民约约束的情况下,不仅不能带动乡村德治建设,反而会严重破坏乡约民规,甚至会对乡村"三治融合"造成严重破坏。

二、创新乡村治理"三治融合"的共治共生路径

党的十九大报告提出"加强农村基层基础工作,健全自治、法治、德治相

---

① 参见王杰:《新乡贤是传统乡贤的现代回归吗? ——基于新乡贤与传统乡贤治村的比较分析》,《西北农林科技大学学报(社会科学版)》2020 年第 6 期。

结合的乡村治理体系",①2019 年中央"一号文件"《中共中央国务院关于坚持农业农村优先发展做好"三农"工作的若干意见》也明确提出:"建立健全党组织领导的自治、法治、德治相结合的领导体制和工作机制,发挥群众参与治理主体作用。"②对此,我们认为构建"三治融合"的新型乡村治理共同体,不仅是我国全面依法治国背景下推进基层民主法治建设的重要内容,也是推进国家治理体系和治理能力现代化的重要体现;不仅是乡村振兴战略题中应有之义,而且也是实现乡村全面振兴和拓宽城乡融合发展空间的制度保障。

(一)构建多元自治主体共治共生机制

从治理本体上说,乡村村民自治既是乡村治理的本体,又是实现乡村治理有效的制度载体和组织基础,更是人民当家作主的本质体现。当前我国村民自治在结构和功能上的共生困境说明我国传统城乡二元结构背景下的一元化乡村村民自治主体已经不能适应当前乡村多元自治主体的共治需要,需要创新村民自治制度,构建多元自治主体共治共生机制,才能提高乡村多元自治主体的共治绩效。

1. 建构多元化村民自治制度组织体系。在村民自治制度环境上,要进一步破除城乡二元"乡政村治"的组织立法体系,重新修订和完善《村民委员会组织法》。在村民自治制度理念上,村民自治制度立法逻辑起点应该是自治权,而不是自治权的组织载体村民委员会。要对村民自治的性质和定义、村民会议与村民代表会议的组成与运行、选民资格的认定,以及村民委员会与乡镇政府的法律关系等问题提出明确规范,以保障村民自治的实践。在村民自治制度组织上,要丰富村民自治制度组织体系,构建多元化的村民自治组织。此外,还要进一步完善由村民会议、村民代表会议、村民小组和村务监督委员会

---

① 《习近平谈治国理政》第三卷,外文出版社 2020 年版,第 25 页。
② 《中共中央国务院关于坚持农业农村优先发展做好"三农"工作的若干意见》,人民出版社 2019 年版,第 20 页。

等村民自治组织形式,合理区分和确定各类村民自治组织的性质和功能,建构一个多元化开放性的自治制度组织供给体系,积极培育多元化有活力的民间自治组织。如可以将村民(代表)会议作为村民自治组织的决策机构,将村民委员会(小组)作为村民自治组织的执行机构,将村务监督委员会作为村民自治组织的监督机构。

2.建构多元化村民自治制度功能体系。在自治制度功能权责上,要理顺村"两委"村党支部委员会和村民自治委员会之间的主体关系。村党组织(村支部)作为乡村自治的领导核心,要进一步突出农村基层党组织的政治功能,全面提高农村基层党组织的组织力,但是不能与村民委员会的职权过度重叠,避免村民委员会的"党委化"。村委会的主要职能是对村级公共事务进行有效管理,为村民提供有效的公共服务,处理好具体的村务而不是政务。在自治制度功能规范上,要丰富完善村民自治功能规范,建构多元化民主协调协商规范。在自治制度功能权能方面,要强化村民代表会议的决策功能。尽管《组织法》规定村民会议具有审议村民委员会工作报告、讨论和决定涉及村民利益的重大事务的权能。但是在农村经过"合村并镇"之后,农村乡村行政面积大,人口多,客观上造成村民议会难以有效组织起来。在创新乡村自治实践之中,村民代表会议成为提高乡村自治效能的有效形式。通过赋予村民代表会议的决策功能可以有效提高村民自治组织的运行效率。[①]

（二）构建多元法治主体共治共生机制

我们认为构建"三治融合"的乡村治理体系是一项复杂的系统工程,建设法治乡村和推进乡村治理法治化同样是一项复杂的系统工程。在全面推进乡村振兴和实现乡村治理有效的过程之中,要树立多元共治理念,聚焦农村存在的法治问题,构建多元法治主体共治共生机制,从而为构建现代化"三治融

---

① 冯留建、王宇凤:《健全自治、法治、德治相结合的乡村治理体系》,《中国高校社会科学》2021年第4期。

合"乡村治理体系和乡村治理现代化提供强大的法治制度保障。

1.增强农村法治意识。在增强农民法治意识方面,要充分结合农民法治需要的具体要求,着力避免传统法治宣传教育的"形式主义"问题,同时强化"听说一体"的法治宣传教育模式和平台建设,扩大教育受众与法律知识的覆盖面,增强法治宣传教育的趣味性、互动性,满足农民的多样化法治需求,提升法治教育实效。在法治实践宣传教育方面,强化法治实践在宣传教育上的作用,通过组织农民参观法治教育基地、旁听基层法庭审判工作等方式提升农村参与法治乡村建设的参与度,让农民在法治乡村建设实践中切实感受到法治的正义性、权威性、严肃性,让农民在法治实践教育中树立法治信仰。在提高乡村领导干部法治意识方面,除了一般性的法治宣传教育和培训以外,特别要加强对领导干部的法治素养思维能力的考核。把能不能懂法、学法、用法作为乡村干部年终考核、选拔任免、奖励惩戒的重要标准,从而真正地将具有较强法治意识和法治素养的优秀村干部选拔上来,提升司法的公信力,增强农民对法治信仰的心理认同,进而提高农民的民主法治素养和权利意识。

2.完善多元共治的乡村法律制度体系。在立法方面,健全"三农"领域的立法工作。为保障乡村振兴战略的实施,《农民专业合作社法》《农村土地承包法》《乡村振兴促进法》等一批农村法律法规为乡村振兴和有效治理提供坚实的法律制度保障。在执行方面,强化法律制度的公正司法执行力。法律制度的生命力在于制度的执行和实施。乡村基层领导干部要坚决摒弃"官老爷"官僚主义思维,明确自己是维护法律实施的责任主体,明晰法律赋予的权责,强化基层干部的法律意识和法律能力,通过提升依法行政水平来切实维护"三农"方面法律的实施,提升乡村基层司法的公信力。在司法监督方面,完善司法监督体制机制。在乡村法治实践中,广大人民群众对乡村法治建设意见最大的地方,就在于有法不依、执法不严和司法公信力缺失,这与法律对权力和司法监督不完善有极大的关系。地方人大要通过询问、质询、问卷、调研、座谈会、听证会、论证会等多种形式开展民意调查,通过守正创新法律实施监督的渠道与形式,切实加强法律实施和司法监督的制度安排。①

3.创新多元法律公共服务供给体系。在供给主体上,构建多元化的供给主体。长期以来,政府是农村法律公共服务供给的主要主体,甚至成为唯一主体。要构建多元化公共法律供给主体,除了进一步整合人民法庭、公安派出所、公证机构、司法鉴定机构、仲裁机构等农村政府内部公共法律供给主体以外,还要进一步增强对农村公共法律服务主体的财政资金投入,加强对农村公共法律服务专业性人才的培育和培训,形成农村公共法律服务供给合力,从而确保农村公共法律供给主体的多元性、稳定性和长期性。在供给机制上,构建多元化供给机制。在当前农村公共法律服务供需矛盾大的前提下,仅仅依靠政府主体提供公共法律服务是远远不够的,需要在政府引导下积极引入市场参与,借助社会力量和社会组织形成多元化供给机制。因此,要加大政府购买社会公共法律服务的力度,积极引导市场力量、社会组织及社会资本进入农村基本公共法律服务供给体系之中。以市场竞争机制作为提高农村公共法律服务水平和质量的筛选机制,形成政府、市场与社会多元供给机制良性互动。

(三)构建多元德治主体共治共生机制

在乡村振兴和"三治融合"乡村治理体系实践探索下,新乡贤作为新时代乡村多元共治主体之一,对乡村"三治融合"的积极作用越来越受到党和国家的高度重视。从"三治融合"角度上说,新乡贤参与乡村治理,不但可以激活乡村自治体系,有效培育乡村礼法合一的法治传统,更能有效唤醒乡村仁治德治传统。新乡贤是在能力、知识、品德等方面有突出表现的人,在村民中具有良好的道德感召力、号召力和凝聚力。

1.培育多元化新乡贤治理主体。培育一大批优秀高质量的新乡贤德治人才是新时代乡村人才振兴和构建多元乡村治理主体的必然要求,也是充分发

---

① 王东:《法治乡村建设推进乡村振兴的价值耦合、行动构设与路径选择》,《西北农林科技大学学报(社会科学版)》2020 年第 5 期。

挥新乡贤在"三治融合"德治优先功能积极作用的基本前提。培育多元化新乡贤德治主体可以从两个方面即新乡贤标准和培育机制着手。在新乡贤认定标准方面,改变传统乡贤认定标准,建立符合乡村振兴和治理有效的新乡贤认定标准。与传统乡贤不同,新乡贤不是一个具有地域性的结构伦理德治范畴,而是一个具有社会性的功能伦理德治范畴。也就是说,新乡贤不再简单固守传统乡村社会的"乡土在场性",而是聚焦于具有乡土情结的"乡土经历性"。只要具备长时间的乡土经历、乡土经验和乡村情愫的有才有德的人士都可以成为新乡贤人才培育的主体和对象。在新乡贤培育机制方面,注重内生新乡贤培育和外生新乡贤嵌入两方面培育机制的共育共生。内生新乡贤群体主要包括乡村中有威望的致富能手、英雄模范人物、离退休干部等,外生新乡贤嵌入群体主要包括离乡大学生、农民工、农民企业家、社会知名学者、各类专家、社工等。

2. 激发新乡贤德治优先功能。在新时代乡村道德文明培育中,新乡贤可以充分利用自己较高的声望和名誉,通过道德示范作用,如家教严格、家风淳朴、躬身示范、捐助公益事业等净化和优化农村道德环境,是新时代乡村德治文化倡导的生力军,对农民道德文化素养培养起到潜移默化的道德教化功能,引导农村形成良好道德文化需求氛围。在社会主义核心价值观践行方面,新乡贤是践行社会主义核心价值的实践者和引领者。如果说古乡贤是儒家封建宗法伦理德治的维护者、倡导者和实践者,那么新乡贤就是共产主义道德和社会核心价值观德治的实践者、引领者和倡导者。相对于普通农民来说,新乡贤一方面具有较强的经济实力和较强的个人能力;另一方面具有家国一体的道德情怀和知行合一的伦理操守,自觉践行"爱国、敬业、诚信、友善"的社会主义核心价值观的基本道德规范,为引领农民践行社会主义核心价值观打下了为人师表的人格榜样和树立了行为仪范的价值标杆,成为农民践行社会主义核心价值观的领风者和领跑者。

3. 完善新乡贤德治机制。在制度参与机制方面,要进一步拓宽新乡贤参与基层民主自治机制,完善乡贤列席村两委会议和村民代表会议的制度,增强新乡贤参与乡村自治的知情权和议政权,培育和探索"村两委+乡贤理事会"的新治理模式和进一步健全新乡贤恳谈制度。在制度保障机制方面,要进一步完善新乡贤参与乡村协同共治和"三治融合"的保障机制,重点完善新乡贤回流的组织、动员、指导、资金支持、激励机制等制度保障机制,以推动乡村普遍建立新乡贤治村制度;在制度组织机制方面,要进一步完善新乡贤参与乡村"三治融合"的组织制度,通过乡贤理事会、乡贤参事会、乡贤调解工作室、乡贤代表大会、乡贤联谊会等多种形式把新乡贤有效组织起来,为新乡贤治村提供组织基础;在制度监督机制方面,加强对新乡贤的监管,健全完善村"两委"对新乡贤的监督机制,防止新乡贤组织在参与乡村多元共治和"三治融合"中蜕化为某些利益集团的代言人。①

第三节　在增强乡镇政府基层治理能力中 拓宽城乡融合发展的共生空间

多元协同共治能力是现代政府治理的核心能力。党的十八大以来,习近平总书记就加强基层治理发表了一系列重要论述,明确要求推动国家社会治理重心下移,全面提升乡镇政府多元治理能力。乡镇政府作为我国基层政权组织形式,是乡村振兴的中坚力量,在我国基层治理体系中具有举足轻重的作用,是推动国家治理法律法规落实的"最后一公里"。如果说构建"三治融合"体系是实现乡村治理体系现代化的需要,那么增强乡镇政府基层治理能力则是提高乡村治理能力现代化的需要。

一、增强乡镇政府基层治理能力的共生问题

在传统城乡二元分治格局下,我国乡镇政府长期处于权小事多财少的现

---

① 参见孙丽珍:《新乡贤参与乡村治理探析——以浙江省为例》,《江西社会科学》2019 年第 8 期。

实状况之中,加上乡镇政府治理管理体制机制不完善,乡镇政府基层服务体系不健全等因素,治理制度执行力、治理协商能力及治理公共服务力都比较弱小,乡镇基层治理内卷化严重。在乡村振兴战略背景下,提升乡镇政府治理能力必须要克服多元化共治制度执行力不足、协商民主力不足及公共服务力不足等方面的共生问题。

(一)多元共治制度执行力不足

制度的执行力是制度的生命力所在。所谓治理制度执行力就是治理主体执行制度的能力,将理论和文件上的治理规范和规则转变为实际治理效能的能力,主要包括治理制度执行的组织协同力和资源整合能力两个方面。当前我国乡镇政府基层治理制度执行力不足主要表现在如下几个方面:[①]

1. 制度执行绩效缓慢,制度执行力成本过高。由于传统城乡二元区隔和传统官本位思想,唯上不唯下,一些乡镇政府治理主体的治理责任意识和服务意识不强,对上级政府下放的治理政策视而不见,执行意愿不强,搁置时间较长,大大降低了基层治理制度执行的时效性。乡镇政府基层治理制度执行主体上述行为不但引起基层群众的极大不满,还严重阻碍基层制度效能的发挥。另外,由于乡镇政府治理结构的"碎片化",乡镇政府在基层治理制度执行上相互指责和相互推诿的现象时有发生,从而导致一些可以及时解决的治理问题和矛盾没有得到有效及时地解决。此外,一些乡镇政府基层治理制度执行主体为了达到短期的治理效果而不计成本投入治理资源,投入大量的人力、物力和财力,但是由于乡镇政府治理结构的"碎片化"而使得治理资源极大浪费,并没有达到最佳治理效能。

2. 制度执行主体搞变通,制度执行力扭曲。"上有政策,下有对策"的制度执行力扭曲现象时有发生。从制度本质上说,乡镇政府治理制度执行主体

---

① 参见周定财:《试论我国乡镇政府政策执行力现状及提升路径》,《当代经济管理》2015年第2期。

应该从党、国家、人民及乡村的整体利益角度出发执行,但是由于乡镇基层制度执行主体在个人利益偏好、制度认知水平偏差及治理技术手段差异等问题,乡镇政府在执行基层治理制度方面搞变通,有选择地对符合自己利益需要的制度执行现象屡见不鲜,致使制度执行力扭曲严重。如有的乡镇政府在涉及基层治理制度、政策及文件方面奉行"理性经济人"原则,于我有利的治理制度、政策和文件就执行,而对仅仅有利于群众的治理制度、政策和文件要么选择性执行,要么大搞"形象政绩",而在真正涉及民生和生态环境治理等制度、政策和文件方面并没有投入相应的治理资源。

3. 制度执行监督乏力,缺乏有效制度执行监督机制。有法不依、有令不行也是一些乡镇政府在基层治理制度执行力不足方面的一个突出表象。尤其是在涉及群众利益与乡镇政府治理制度执行主体利益发生矛盾的时候,这种治理问题就更加特别突出。尽管有执行主体、资源等主客观方面的原因,但更有执行环境等方面的制度根源。传统体制下,我国对乡镇政府基层治理制度和政策执行方面的法律监督、绩效评估、责任追究制度还不健全,无法对乡镇政府在治理制度和政策执行过程中存在的问题作出及时有效制度化处理,无法追究个别违法者的责任,对有些人的行为无法作出制约,导致有些乡镇政府执行人员钻法律的空子。①

4. 制度执行整合力匮乏,对多元治理主体的整合能力不足。在传统城乡二元结构体制下,乡镇政府制度执行整合力匮乏主要表现在:一是制度执行的组织协同能力不足。在城镇化、城乡二元结构及乡村利益主体多元化和分化的前提下,尤其是乡镇政府受到"理性经济人"的影响,不但表现为乡镇政府治理内部的利益冲突和矛盾所导致的组织协同能力不足,而且还体现在乡镇政府在协调政府与非政府、非政府与非政府之间利益冲突和矛盾的组织协同能力弱化。二是制度执行的资源整合力不足。由于农村的"空心化"的影响,

---

① 参见徐元善、周定财:《我国乡镇政府政策执行力提升研究》,《政治学研究》2013 年第 2 期。

当前乡镇政府的物质性治理资源日益困乏,治理人才主体性资源日益流失,乡镇政府的治理资源整合能力严重不足,不能满足乡村振兴治理有效的目标要求,既不能实现对乡镇政府内部治理资源的有效整合,也不能实现对乡镇政府与多元治理主体之间治理资源的有效整合。

(二)多元共治协商民主力不够

协商民主作为多元共治环境有效治理机制,对农村民主政治发展、体现农民主体性、协商协调乡村治理中的矛盾和冲突都具有重要意义。进入 21 世纪以来,为了充分体现社会主义制度的优越性,化解乡村社会治理之中的各种矛盾和冲突,乡村基层政府大力推进治理创新,积极探索农村协商民主的有效形式。在这一过程中,乡镇政府基层协商民主治理能力还面临诸多挑战和不足,主要表现为如下几个方面:

1. 乡镇政府多元共治协商民主价值引领能力不强。主要表现为:一是乡镇领导干部管控维稳思维过于严重,习惯于“权威政府”或“全能政府”的角色,延续着“大政府小社会”或“强政府弱社会”的管控维稳思维,习惯于制定指令性计划和发布强制性命令,缺乏相应的协商民主学习意识、沟通意识和交流意识,致使农民和其他治理主体协商民主意识受到政府行政管理意识的抑制、干预和压制,也无形之中弱化了农民和其他治理主体参与协商民主治理的热情和意愿。二是多元主体协商民主共治意识淡薄。当前,一些乡镇政府领导干部对协商民主治理在多元共治中的作用认识不足,甚至认为农民和其他治理主体并不具备协商民主治理的能力,从而在乡镇政府领导阶层中无法有效推进协商民主治理的制度化,致使乡村多元主体协商民主的有效渠道无法形成,农民和其他治理主体有协商民主的需求而没有协商民主的平台、载体和通道。

2. 乡镇政府多元共治协商民主制度建构能力不足。多元共治制度建构能力作为乡镇政府协商民主多元共治的核心主体,主要表现为乡镇政府通过制度的规范和执行推动乡镇域内多元主体协同协商民主的共治能力。受传统模式影响,一些地方乡镇政府多元共治制度建构能力比较缺失。一是多元主体协商民主共治的法律正式规范不健全。农村多元主体共治的法律法规和监督机制等正式规范缺失,实施细则不规范,对乡镇政府、乡镇干部、村民自治主体、一般小农户和新型经营主体等协商民主共治主体的角色定位、协商共治问题内容的确定、协商共治步骤程序及协商共治成果的实施都没有明确的规定。二是多元主体协商民主共治的非正式制度规范不足。由于传统乡村社会和城乡二元分治结构背景下形成的"家长制""官本位"和"官僚主义"的长期影响,乡镇政府领导干部多元主体协商共治规范意识不强,协商共治规范制度理性缺失,公共理性精神缺乏,成为了乡村多元主体协同共治的重要障碍。

3. 乡镇政府多元共治协商民主工具(技术)选择能力落后。多元共治工具作为乡镇政府协商民主治理能力的技术支撑,主要包括乡镇政府为了实现多元共治有效目标所采用的物质技术方法和非物质技术方式的能力。2019年5月,党中央发布了《数字乡村发展战略纲要》明确提出了数字乡村发展战略,强调要充分发挥现代化网络信息数字技术的积极作用,构建数字政府。由于城乡二元结构等原因,城乡数字鸿沟巨大,乡村数字化多元共治和数字乡镇政府建设还面临不少困境和障碍,其主要表现在:乡镇政府所依托现代化数字技术基础设施比较薄弱落后,数字乡镇政府所需要的数字资金投入需求巨大,乡村数字治理成本过高;乡镇政府数字治理专业管理人才缺乏,数据意识淡薄,数字思维缺乏,导致乡村整体的信息平台建设滞后且利用率不高;乡镇政府数字治理政策保障供给不足,数字乡村立法相对落后,数字公开标准和使用权模式的不统一,城乡数字资源共享难度大,数字乡村网络空间还存在不少监管空白和不确定性。①

---

① 参见冯朝睿、徐宏宇:《当前数字乡村建设的实践困境与突破路径》,《云南师范大学学报(哲学社会科学版)》2021年第5期。

（三）多元共治公共服务力不强

对乡村治理来说,农村公共服务是乡村治理的重要基础,也是实现乡村善治的重要保障。在传统城乡二元结构的影响大,尽管乡镇政府的公共服务职能、职责和能力也有极大提高,但是与农村基本公共服务与乡村全面振兴的要求、农民对美好生活的追求和乡村治理有效的需求还有不少差距。在乡村振兴战略背景下,当前乡镇政府多元共治公共服务能力不足主要表现在以下几个方面:

1. 乡镇政府多元共治公共服务功能职能不显。在传统城乡二元结构背景下,乡镇政府的主要职能是一种行政管理职能,乡镇的公共服务职能并不突显。近年来,随着国家治理重心不断下沉,乡村治理体系和能力不断提高,治理职能也不断丰富起来。但是一些地方乡镇政府的公共服务功能职能还存在"缺位""越位"和"不到位"的地方。从宏观角度上说,这些乡镇的"任务型乡镇"的行政环境并没有根本改变,没有营造出能够充分满足乡村振兴和多元共治有效所需要的服务型乡镇的行政环境;从中观角度上说,这些乡镇的"权责利不对等",乡镇政府职能权能过窄,乡镇的权力与责任不对等,乡镇的财权与事权不匹配,从而导致乡镇政府治理能力扩展与乡镇政府财政投入严重不足,使乡镇政府在履行公共服务治理职能中力不从心。从实践上看,这些乡镇政府职能越位和缺位现象比较严重。越位主要表现为承担了过多经济职能,缺位主要表现为在公共服务职能缺位严重。从主体上说,这些乡镇政府在推动政府多元共治和公共服务职能转变中动力不足。

2. 乡镇政府多元共治公共服务资源配置不足。当前乡镇政府的多元共治公共服务资源供给不足主要表现在满足多元共治民生需求公共服务总量不足和质量偏低两个方面。从供给总量上看,我国财政在支农惠农服务乡镇的基本公共服务占比始终不高。与城市相比,乡镇政府的公共服务财政资源相对较少。近年来乡镇政府公共服务能力尽管有所提高和改善,但是由于历史欠账太多、财政投入不足、资源分配不均等历史和现实的原因,乡镇政府在涉及基础设施建设标准、乡镇义务教育经费和师资力量、乡镇卫生服务水平社会保障能力等方面还需要加大投入力度。从供给质量上看,城乡基本公共服务资源均衡化问题依然突出,乡镇政府基本公共服务的硬环境和软环境不平衡,乡镇政府基本公共服务质量总体不高,在适应农业高质量发展和满足农民高品质生活需要方面还有较大差距,尤其是在涉及有利于乡村振兴和多元共治方面的人才振兴、生态振兴、文化振兴及组织振兴方面则严重不足。

3. 乡镇政府多元共治公共服务供给方式单一。农村基本公共服务供给往往采取的是政府直接投资行政化供给模式。但是由于乡镇政府在政策、资金、财政、管理机制及其服务主体素质水平等因素影响,供给不足和供需错位也在所难免。另外由于政府行政供给方式缺乏市场企业和社会组织多元化供给方式的介入,使得乡镇政府在满足乡村振兴和多元共治的基本公共服务方面缺乏竞争性,乡镇政府在公共服务绩效总体偏低,缺乏相应的评价和监督机制,存在资源浪费和"一刀切"现象。对乡村多元共治来说,乡镇政府直接投资供给模式的主要的困境表现在:对多元共治精准化靶向治理能力不足,不能有效满足多元共治主体的个性化、多样化和动态化的复杂需求;供给服务内容"碎片化"严重,供给内容系统性不足,缺乏对多元共治主体的精细化的供给顶层设计;供给服务多元共治的主体性不足,无法有效激发乡镇政府供给服务主体的内生动力,缺乏以政府为主导的多元主体参与的供给机制。①

二、新时代增强乡镇政府基层治理能力的共生路径

在传统城乡二元结构背景下,乡镇政府基层治理能力发展不平衡不充分。面对乡镇多元共治制度执行力、民主协商力和公共服务力不足的现实共生问题,要提高乡镇政府在多元共治的基层治理能力,主要从以下三个方面着手:

---

① 何长辉:《农村公共服务运行逻辑与高质量供给》,《江淮论坛》2020 年第 5 期。

一是着力提高乡镇政府基层治理制度执行力,二是着力提升乡镇政府基层民主协商力,三是着力加强乡镇政府基层治理公共服务力。

(一)着力提高乡镇政府基层治理制度执行力

在乡村振兴多元共治新时代,提升乡镇政府基层治理制度执行力是一项系统工程,既要创新乡镇政府基层治理制度,提高满足乡村振兴需要的多元共治制度设计的科学性,又要树立正确的政绩观,全面提高乡镇政府基层治理制度执行主体的素质能力,还要优化乡镇政府基层治理制度执行环境,强化制度执行的监督和问责机制。

1.创新乡镇政府基层多元共治制度。在制度设计创新方面,要基于多元主体共治的结构要求,遵循科学合理的基本原则,充分发挥科学民主决策原则,经过前期调研、专家咨询、技术论证和公众参与的环节,重点加强公众在基层多元共治制度设计中的力度和分量,建立乡村基层多元共治的听证制度和公示制度,以便保障乡镇政府基层治理制度既符合多元主体共治的现实需要,又满足农民群众对美好生活的需要,提高乡镇政府多元共治制度的权威性、公平性和可信性,增强基层治理制度执行的可行性;在制度衔接创新方面,要加强乡镇政府不同治理制度之间的衔接,正确处理好不同乡镇政府基层治理制度之间的矛盾和冲突,加强不符合多元共治要求的治理制度的清理工作,尤其是要处理好多元共治制度中权责利之间有效衔接的问题,构建多元共治制度有效利益协调机制,重点完善多元共治中制度衔接中的利益引导、表达、共享、化解、制约、评价、反馈及其补偿机制。①

2.提高乡镇政府基层治理制度执行主体的能力素质。"上面千条线,下面一根针"。因此,提高乡镇政府制度执行主体的素质和能力,尤其是"乡镇领导干部"这个关键少数是提高乡镇执行主体能力和素质的关键所在。一要

---

① 徐元善、周定财:《我国乡镇政府政策执行力提升研究》,《政治学研究》2013年第2期。

提升当前乡镇政府治理制度执行主体的思想道德素质,强化乡镇领导干部的法治意识,尤其是要进一步加强对乡镇领导干部的执行力法治责任伦理的教育培训,以便乡镇政府制度执行主体树立正确的政绩观,自觉抵制官本位和官僚主义对执行力的消极影响。二要培养乡镇政府治理制度执行主体的职业精神,充分发挥劳模精神的激励引导作用,尤其是要充分发挥脱贫攻坚、乡村振兴和乡村治理中涌现出的基层优秀领导干部的激励引导作用,增强乡村基层治理执行者的责任心和使命感,克服执行力的形式主义问题。三要加强乡镇政府治理制度执行主体的现代化专业治理技能的培训力度,重点加强对基层治理执行主体的组织协调力、交流沟通力、应急反应力、心理抗压力、信息收集力和数字电子政务处理能力的培训力度。

3. 优化乡镇政府基层治理制度执行环境。良好的制度执行力环境有利于提高基层治理制度的执行力,反之则会妨碍基层治理制度执行力的提高。一要积极营造"干部清正、政府清廉、政治清明"的制度环境,优化基层治理制度执行的政治和社会生态环境,筑牢风清气正的新防线、创造海晏河清的新气象。二要构建制度执行力绩效激励评估机制,运用科学的评估机制,制定与基层治理相关工作的绩效以及政治、经济、文化绩效的考核标准,充分发挥制度激励的正确导向作用,增强基层治理执行力主体的内生动力。三要构建制度执行力的监督机制,解决基层治理制度执行存在"有禁不止、有令不行"的制度执行力"宽松软"问题,既要加强党内监督、民主监督、人大监督和司法监督等同体监督,又要加强舆论、媒体等异体监督,重点加强网络监督。四要强化制度执行力问责机制,解决基层治理执行力主体滥用制度、不执行制度的问题,重点问责顶风违纪、选择性执行、抗拒性执行和变异性执行等执行力异化问题。①

(二)着力提升乡镇政府基层治理协商民主力

在乡村多元共治环境下推动乡村振兴战略,关键是要提高乡镇政府在多

---

① 曾小锋:《制度执行力与国家治理现代化》,《理论导刊》2017 年第 1 期。

元共治中的有效性,这不仅能够有效实现乡村共治的主体多元化、治理载体的多样化和共治程序的规范化,而且有利于乡镇政府治理的法治化、民主化、程序化和规范化。要充分发挥协商民主治理在乡村振兴、乡村治理和乡村民主政治建设的积极作用,就要充分发挥协商民主在多元共治中的积极作用,就必须着力提升乡镇政府基层治理的协商民主能力。

1.构建多元共治协商民主制度,推进乡镇政府协商民主制度化。多元共治协商民主制度是提高乡镇政府协商民主能力的制度前提。一要推进农村协商民主制度的法治化,加强与多元共生相互适应的农村多元主体共治协商民主制度的立法工作,重点加强乡镇政府网络协商民主制度相关立法工作,推进农村多元主体协商民主法治化进程,使得农村和乡镇政府的协商民主制度可以做到有法可依和有章可循。二要推进农村协商民主制度的程序化,使得无论是基层乡镇政府之间协商民主,还是乡镇政府与村民、村委员、社会组织及新型经营主体之间的协商民主都可以依照相关法律法规规定程序进行,构建一个参与有序、运行规范、可操作性强的协商民主制度,积极推进农村协商民主制度的程序民主和程序正义。三要推进农村协商民主制度的规范化,既要对协商民主人员主体规范化,又要对协商民主议题规范化,还要对协商民主主体的产生方式条件和参与方式条件进行规范化。

2.营造多元共治协商民主文化,提高乡镇政府领导干部协商民主的素质和能力。当前乡村协商民主文化缺失,官本位文化盛行,尤其是新时期乡村民主价值转型引来的阵痛,使得培育农村协商民主文化尤为重要。一要提高乡镇政府领导干部的协商民主意识,重点加强乡镇政府领导干部协商民主意识的培育和培训,通过民主文化教育和培训提高他们自觉协商民主意识。二要加强乡镇政府领导干部的民主作风建设,端正乡镇政府领导干部民主作风,提高乡镇政府领导干部的透明度和信息公开度,加大民众和新闻媒体对乡镇政府领导干部的民主作风的监督力度。三要积极培育广大农民协商民主意识和能力,提升广大农民群众的政治素质,培育农民的公共参与精神,努力克服小农意识对农民协商民主意识和能力的消极影响,让广大农民真正参与到乡镇政府协商民主制度之中,通过广大农民权利意识和协商民主能力反作用推动乡镇政府领导干部协商民主意识和能力的提高。

3.完善多元共治协商民主机制,健全乡镇政府协商民主保障机制。要围绕"谁来协商""协商什么""怎样协商""协商结果如何"等制度来完善基层多元共治协商民主机制。一要完善乡镇政府协商民主参与遴选机制,通过民主推荐、特别邀请、自愿参加、随机抽样等多种方式让农村多元主体经由平等、民主、公正机制参与乡镇政府和农村协商民主活动,解决好"谁来协商"的问题。二要完善乡镇政府协商民主内容议题确定机制,坚持协商议题内容的公共性和一事一议原则,对"凡属重大决策、重要干部任免、重要项目安排和大额度资金的使用"必须通过协商民主才能作出决定,解决好"协商什么"的问题。三要完善乡镇政府协商民主会议议事或程序机制,通过完善协商民主主持人机制、会议议程公示机制、协商民主调解机制及网络协商民主机制等形式解决好"怎么协商"的问题。四要完善乡镇政府协商民主反馈机制,通过激励评价机制和监督问责机制解决好"协商民主结果如何"有效落实的问题。①

(三)着力增强乡镇政府基层治理公共服务力

增强乡镇政府公共服务能力,不仅事关乡村治理有效的保障是否有力,而且对乡村振兴和治理有效也非常重要。面对当前乡镇政府公共服务职能不显、公共服务资源不足和公共服务供给方式单一等现实困境,要转变乡镇政府职能,进一步强化乡镇政府的公共服务职能;继续促进城乡公共服务均等化,优化乡镇政府公共服务资源配置;构建多元供给方式,全面提高乡镇政府公共服务供给能力。

1.转变乡镇政府职能,强化乡镇政府公共服务功能。大力强化乡镇政府

---

① 张等文、郭雨佳:《乡村振兴进程中协商民主嵌入乡村治理的内在机理与路径选择》,《政治学研究》2020 年第 2 期。

公共服务效率和多个职能部门协同创新,是提高乡镇公共服务能力的必由之路。一要理顺乡镇职能上下级关系,促进治理中心进一步向乡镇下沉。要以权力清单改革制度为契机,按照权责利对等的原则明确县乡镇两级基层政府的权力和职能边界,改变乡镇权责利不对等的问题,做到政策落实到位,确保乡镇治理资源有人有财有物,改进县级基层政府对乡镇基层政府治理评价机制,充分发挥正向激励作用,用好问责监督机制作用。二要理顺乡镇职能左右关系,构建乡镇多元协同共治职能结构。乡镇政府各个职能部门要进一步强化公共服务职能部门参与乡村多元共治的责任意识,树立正确服务观,摒弃官本位意识,明确基层政府之间的权力边界和职能划分,在乡村振兴战略背景下进一步整合"碎片化"的乡镇政府服务职能,构建乡镇公共服务职能共同体,避免因为职能分散而出现责任缺失、相互推诿的现象而导致农村公共服务的"公地悲剧"。[①]

2. 促进城乡公共服务资源均等化,消除乡镇政府公共服务资源差距。强化乡镇政府公共服务职能一个核心就是改革乡镇政府公共服务的权责利不对等问题,其重点在强化乡镇政府公共服务职能的同时,必须进一步加强对乡镇政府的公共服务资源的配置。一要增强乡镇政府的公共财政能力,合理划分中央政府与地方政府在公共服务方面事权与财权之间支出责任和分配关系,构建财权与事权相匹配的公共财政体制,改变公共财政投入城市偏向,确保乡镇政府有足够的财力开展农村公共服务治理工作。二要完善中央财政转移支付制度,尤其要加强中央财政对中西部欠发达农村地区乡镇在公共服务资源均衡方面的支持力度,缩小东部与中西部乡镇在公共服务资源方面的差距,增强中西部农村乡镇公共服务治理的能力。三要规范中西部农村地区支持公共服务事业的专项拨款投入机制,重点改善和支持中西部数字乡村建设,积极推动乡镇公共服务数字化转型,提高乡镇数字服务和数字治理的能力和水平。

---

① 黄建红:《三维框架:乡村振兴战略中乡镇政府职能的转变》,《行政论坛》2018 年第3 期。

3. 构建多元化公共服务供给方式,构建多元主体协同供给服务模式。要改变乡镇政府公共服务供给模式,就必须建构多元化公共服务供给模式。一要构建多元化供给机制,突破政府供给固定的单一模式,充分发挥市场化(农村+文化/资源+旅游模式)和社会化供给模式(委托式或契约化社会化供给模式)在农村公共服务治理的积极作用,拓宽农村公共服务治理渠道,减轻乡镇公共财政支撑公共服务治理的压力和负担,积极健全城乡社区治理机制。二要加大政府购买社会服务的力度,采用"政府+农民合作组织""政府+企业""政府+社会资本"等多种购买服务形式,充分发挥社会资本和社会力量在乡镇公共服务的积极作用。三要提高乡镇公共服务信息化水平,打造"互联网+政务服务"移动服务体系,充分发挥电商在农村公共服务的积极作用。四要健全完善公共服务需求表达和反馈机制,充分发挥大数据、云计算、互联网站、微博微信、移动客户端在公共服务需求表达和反馈中的积极作用。①

---

① 李燕凌、高猛:《农村公共服务高质量发展:结构视域、内在逻辑与现实进路》,《行政论坛》2021 年第 1 期。

第六章　在生活富裕中促进城乡融合发展的共生正义

　　"乡村振兴,生活富裕是根本。"①在城乡融合发展共生逻辑体系中,城乡生活(共同)富裕作为城乡融合发展的生活共生单元主体,是乡村全面振兴的根本目标,更是城乡融合发展共生正义的根本目的所在。习近平说:"生活富裕,是乡村振兴的主要目的,从'生活宽裕'到'生活富裕',反映了广大农民群众日益增长的美好生活需要。"②改革开放40多年来,特别是新时代以来,随着脱贫攻坚战全面胜利和全面建成小康社会历史任务的如期完成,为我国实现城乡共同富裕奠定了坚实基础。但是在传统城乡二元结构影响下,我国城乡发展不平衡,农村发展不充分。在全面推进全体人民共同富裕的新发展阶段,如果没有农村的富裕农民的富裕,就不会有城乡全体人民生活的共同富裕和城乡融合发展的共生正义,也就不会有城乡融合发展价值目标的完全实现。面对新时代城乡生活的新形势、新问题、新情况和新挑战,习近平总书记明确指出,"解决发展不平衡不充分问题、缩小城乡区域发展差距、实现人的全面发展和全体人民共同富裕仍然任重道远。"③"促进共同富裕,最艰巨最

---

①　《中共中央国务院关于实施乡村振兴战略的意见》,人民出版社2018年版,第24页。

②　《习近平关于"三农"工作论述摘编》,中央文献出版社2019年版,第22页。

③　习近平:《在全国脱贫攻坚总结表彰大会上的讲话》,人民出版社2021年版,第20页。

繁重的任务仍然在农村。"①因此，实现城乡融合发展必须把农村的共同富裕问题作为重点，不但要消灭农村绝对贫困，而且要统筹治理城乡相对贫困；不但要健全完善好巩固拓展脱贫攻坚成果同乡村振兴战略有效衔接体制机制，而且还要健全完善城乡收入分配体制机制，有效促进城乡融合发展的共生正义。

第一节　建构统筹城乡相对贫困
治理的长效机制

实现城乡全体人民共同富裕是中国式现代化的重要特征和本质要求。随着我国农村绝对贫困的消除，解决相对贫困、实施乡村振兴战略和最终实现共同富裕成为今后工作重点关注的问题。如果说脱贫攻坚精准扶贫的主要目标是消灭农村绝对贫困，那么2020年后的贫困治理则是包括城镇在内的城乡相对贫困治理。与绝对贫困治理主要解决生存问题不同，相对贫困治理主要解决中国式现代化中高质量发展问题和人的自由全面发展问题，其主旨核心是要解决城市对乡村的相对排斥和相对剥夺感，不仅表现在乡村，也包括城市，但是农村农民依然是相对贫困治理的重点难点。习近平总书记强调指出，"2020年全面建成小康社会之后，我们将消除绝对贫困，但相对贫困仍将长期存在。"②为了有效应对我国贫困治理的新形势新情况新特点，党的十九届四中全会明确提出要"坚决打赢脱贫攻坚战，巩固脱贫攻坚成果，建立解决相对贫困的长效机制"。③

---

① 《习近平谈治国理政》第四卷，外文出版社2022年版，第146页。
② 《习近平谈治国理政》第三卷，外文出版社2020年版，第260页。
③ 《中共中央关于坚持和完善中国特色社会主义制度　推进国家治理体系和治理能力现代化若干重大问题的决定》，人民出版社2019年版，第27页。

一、构建统筹城乡相对贫困治理长效机制的共生问题

在脱贫攻坚阶段,我国形成了一些行之有效的精准扶贫精准脱贫体制机制,为脱贫攻坚取得成功提供了重要保障。与脱贫攻坚战略中通过集中优势兵力采取超常规的短期治理不同,乡村振兴战略中的城乡相对贫困治理是一种常态化的长期治理模式。由于统筹城乡相对贫困治理的长期性、复杂性、差异性、隐蔽性和动态性,城乡相对贫困治理不可能在短时间内全面完成彻底解决,这就需要我们建立统筹城乡相对贫困治理的长效机制,分地域分类型分阶段分层次地逐渐解决。从治理共生机制角度上说,当前统筹城乡相对贫困治理长效机制的共生问题主要表现在长效动力机制不足,长效协同机制不足,长效保障机制不足①。

(一)长效动力机制不足

要解决城乡相对贫困治理长效机制,必须首先解决统筹城乡相对贫困治理中多元主体协同长效动力机制不足的问题,重点是解决城乡相对贫困治理中低收入群众的内生动力不足的问题。习近平总书记指出:"要注重扶贫同扶志、扶智相结合,把贫困群众积极性和主动性充分调动起来,引导贫困群众树立主体意识,发扬自力更生精神,激发改变贫困面貌的干劲和决心,变'要我脱贫'为'我要脱贫',靠自己的努力改变命运。"②具体来说,相对贫困治理中低收入群体的内生动力缺乏主要表现在精神、行为及能力三个方面。

1.在精神上表现为"等、要、靠"。从内因上说,贫困不仅是一种物质贫困,更是一种精神文化贫困。在相对贫困治理阶段,农村低收入群体的内生动力不足问题并没有根本改变,其精神文化贫困集中表现在"等、要、靠"三个方

---

① 参见白永秀、刘盼:《全面建成小康社会后我国城乡反贫困的特点、难点与重点》,《改革》2019 年第 5 期。

② 《习近平关于社会主义经济建设论述摘编》,中央文献出版社 2017 年版,第 240 页。

面。所谓的"等"就是安于现状,不思进取,等政策、等资金、等项目,等优惠政策;所谓的"要"就是坐享其成,要待遇、要资金、要头衔;所谓的"靠"就是心理依赖,靠政府、靠集体、靠组织、靠公众。更有甚者在"等、靠、要"的基础上冒出"求、粘、赖"的新苗头。从思想根源上说,"等、要、靠"等精神文化思想贫困存在是一部分贫困群众和低收入群体缺乏自发艰苦奋斗和自力更生精神的表现,也正是由于这种精神贫困的存在,使得产业扶贫和就业扶贫当中出现累、难、远等借口,主动放弃了自富的机会,仍然回归到"坐在门口晒太阳"的反常现象。

2. 在行为上表现为"干部干,群众看"。习近平总书记指出,贫困人口不仅是扶贫的对象,更是扶贫的主体。在相对贫困治理过程之中,我们依然要更加充分积极地调动低收入群众的主体性,而低收入群众的主体错位则是激发低收入群众积极参与相对贫困治理的巨大主体障碍。如在农村基础设施扶贫和产业扶贫过程之中,低收入群众不出力的主体错位现象特别明显和突出。由于低收入群众在治贫自富主体上的错位和迷失,使得相对贫困治理成为相对贫困治理干部主体的"独角戏":一头是相对贫困治理干部主体"披星戴月"干帮扶工作,另一头却是低收入群众主体却如局外人似的"事不关己高高挂起";一边是相对贫困治理干部主体栉风沐雨的辛苦劳动,另一边却是低收入群众主体置身事外的冷漠,致使农村相对贫困治理出现"剃头挑子一头热"的问题。

3. 在能力上表现为"扶则立,不扶则废"。"扶则立,不扶则废"是低收入群众内生动力不足在可行为能力不足上最直接的表现。随着我国扶贫理念及其范式不断转换,我国扶贫范式已经从单纯外生"输血型"救济式扶贫模式向内生"造血型"开发式扶贫模式和共生"活血型"协同扶贫模式转变。但是由于部分低收入群众的主体可行为能力内生动力不足,尤其是心理能力、意志能力及劳动技能能力不足,使得他们不能完全发挥内生"造血型"开发式扶贫模式和共生"活血型"协同扶贫模式应有作用。如在社会各界等外生力量帮助下,低收入群众可以在短时间脱离贫困,但是一旦外界帮扶力量减弱或撤销之后,由于自身内生可持续脱贫能力低下,则会再次陷入贫困陷阱,甚至再次陷入绝对贫困,缺乏长效可持续的内生脱贫力量。

（二）长效协同机制不足

"构建专项扶贫、行业扶贫、社会扶贫互为补充的大扶贫格局,调动各方面积极性,引领市场、社会协同发力,形成全社会广泛参与脱贫攻坚格局。"① 传统城乡二元结构及城市偏向的二元制度,不但会导致城乡地位不平等,而且会导致城乡空间阻隔;不但会导致农村要素资源单向度地流向城市,而且会导致城乡无法形成真正有效联动协同共生体。当前多元社会主体协同参与城乡相对贫困治理的主要问题表现在协同治理主体不平等、协同治理制度不通畅、协同扶贫治理绩效不高等问题。

1. 协同治理主体不平等。治理主体平等是构建协同治理的核心价值观,也是影响协同治理绩效的核心价值因素。长期以来,在多元主体协同治理体系之中,由于传统城乡二元结构的影响,政府在协同贫困治理体系中居于绝对主体地位,甚至有时候是唯一的扶贫主体,市场的主体地位和社会组织的主体力量不能够充分发挥,农民群众的主体能动性作用也没有很好地激发。协同治理主体的不平等带来一系列消极影响:由于政府主体地位的过度凸显,一方面抑制市场、社会及农民等其他协同治理主体力量的发挥,致使政府扶贫负担过重;另一方面导致政府主体力量过度扭曲,引发治理腐败问题,缺乏对政府治理主体的有效监督。因此,为了切实减轻政府的治理负担,遏制治理腐败,同时要充分发挥农民群众、市场及其他社会组织的主体力量,就必须对政府的主体功能结构在多元主体协同治理场域中进行合理科学定位,对政府治理主体的越位和缺位进行矫正,并通过主体的多元性、身份的平等性、行动的协同性、目标的同一性来构建多元协同治理主体体系。

---

① 习近平:《在打好精准脱贫攻坚战座谈会上的讲话》,人民出版社 2020 年版,第 8—9 页。

2.协同治理制度不通畅。公正的治理制度是发挥协同治理的重要保障。从制度内因角度上说,协同治理主体地位不平等除了主体能力不平等的内因之外,还源于协同治理制度的二元性导致的协同治理制度不通畅。不可否认,在多年的贫困治理实践过程之中,我国许多贫困地区已经形成多种类型的多元治理方式,并且取得一定成效,但是由于治理主体地位不平等和传统二元体制的束缚,使得多元主体在参与城乡协同治理过程之中没有形成协同体制机制,从而导致治理信息不对称、治理项目重复、治理目标冲突以及治理资源不能充分有效利用。与此同时,当前我国城乡协同治理制度中没有对政府及其他治理主体的功能进行合理科学定位,没有相应的协同贫困治理法律法规作为制度保障,而城乡地方治理实践往往从自己的地区和部门利益出发制定相应的协调治理制度和政策,从而导致城市和乡村的协调治理政策不能够有效衔接和协同,城乡协同相对贫困治理制度的"碎片化"和"部门化"倾向比较严重,也背离了城乡协同治理的目标。

3.协同治理绩效不高。城乡协同治理主体的不平等、协同治理力量的不均衡和协同治理制度的不通畅等原因,导致的一个直接结果就是城乡协同治理绩效不高。从整体上看,我国城乡相对贫困数量还很大。因此,统筹城乡相对贫困治理的压力和难度决不比绝对贫困治理少。此外,伴随着新型城镇化所带来的城乡发展差异和城乡利益格局分化和城乡融合发展要求,尤其是国际国内经济发展不确定性因素,会使农村返贫压力以及城市低收入群体和农民工等群体的相对贫困问题随之更加突出,如果不有效解决多元主体协同治理中扶贫资金利用效率的降低、协同治理能力不高和高治理成本等长期制约协同治理绩效的内在缺陷,也无法满足新时代统筹城乡相对贫困治理的目标和要求,更不可能实现乡村全面振兴的目标和要求。

(三)长效保障机制不足

开发式扶贫与保障式扶贫相统筹是我国脱贫攻坚取得巨大成功的基本经

验总结,是我国脱贫攻坚的兜底方案,同时也是乡村振兴战略的关键环节,是实现城乡生活共同富裕的重要基础。相对贫困更多是贫困群众自身相对能力弱、市场经济的"马太效应"、社会收入分配不公及其城乡经济区域发展差异所致,从而使得我国长效保障机制面临如下问题。

1. 农村脱贫人口返贫风险高。防止出现规模性返贫是全面推进乡村振兴战略的基础前提和底线任务,而低收入群众的返贫风险高则是构建长效保障机制所面临的首要巨大挑战。从贫困陷阱角度上看,中外扶贫的一个教训就是不要陷入"扶贫—脱贫—返贫"的贫困恶性循环陷阱之中。对此,我们要清醒地看到,在 2020 年我国消除绝对贫困之后,并不意味着彻底的、永久的脱贫,复杂多样的不确定因素致使脱贫人口极有可能返贫,其主要原因有农村和农民经济基础在主客观方面的脆弱性和不稳定性。一方面,城乡经济社会发展的不确定性和农村经济基础发展的薄弱性,在客观上致使农村的绝对贫困人口的返贫的不确定性因素随之增加,加大农村脱贫人口的返贫的可能性;另一方面,更为关键的是由于脱贫农户自身的劳动技能、生活环境、内生动力等主观因素制约,农户防贫自富能力低下,对于抗击外在不确定风险比较弱小,从而也在主观上增加了脱贫群众的返贫困风险。

2. 城乡协同相对贫困治理压力巨大。在相对贫困治理阶段,与脱贫攻坚的绝对贫困治理相比,统筹协调治理城乡相对贫困的压力巨大,因为无论是相对贫困的数量还是比例,无论是相对致贫原因还是贫困形式,无论是贫困类型和范围,还是主体和客体,都发生了重大变化。仅仅就相对贫困治理的目标、数量和类型来说,我们不但要解决农村的相对贫困人口,而且还要解决城市的相对贫困人口,不但要解决日益老龄化所带来的巨大老年人口的扶贫保障问题,而且还要满足人民群众对美好生活需要进一步提高的保障水平问题;不但要解决物质收入型贫困,而且还要解决能力型贫困、社会权利型贫困和精神思维文化型贫困,贫困维度更加广泛多元。就农村相对贫困治理压力来说,也决不低于绝对贫困治理的压力。就城市相对贫困治理压力来说,城市低收入群体和新型农民工的相对贫困问题也不容忽视。

3. 城乡社会保障制度的二元性尚未彻底消除。传统的城乡社会保障二元制度已经不适应建构统筹城乡的相对贫困治理长效机制。我国社会保障制度体系在新中国成立之初具有明显的城市偏向,城市社会保障由国家单位兜底,农村社会保障由农村集体经济兜底,社会保障资源更多向城市集中,农村社会保障整体水平偏低,政府对农村社会保障投入严重不足,城乡区域之间社会保障水平和标准差异巨大,农村社会保障政策碎片化严重,缺乏前瞻性、灵活性、针对性,从而严重制约了社会保障在相对贫困治理之中的积极作用。改革开放以来,尽管我国在破除城乡二元保障制度藩篱方面进行诸多制度性改革,尤其是精准扶贫战略的实施,使得城乡保障均等化水平有极大提高,但是农村经济落后、城乡发展巨大差异等诸多因素使得城乡二元保障制度并没有从根本上改变,农村社会保障水平无论是医疗还是养老与城市都有巨大差距。以上这些都会对我们构建长效保障性相对扶贫制度形成巨大挑战。

二、构建统筹城乡相对贫困治理长效机制的共生机制路径

在统筹城乡相对贫困治理阶段,贫困治理方式应该由政府主导的外生反贫扶贫减贫脱贫向内生防贫抗贫脱贫致富转变,贫困治理目标由短期数量型向长期质量型转变,治贫空间由农村地区向城乡区域拓展。由于城乡双轨制扶贫体制机制在政策对象、目标、标准及措施方面都存在明显差异,与乡村振兴战略所要求的相对贫困治理、城乡生活共同富裕及共享共生发展要求存在不少矛盾,需要建立统筹城乡相对贫困共治共生的长效机制,才能打破城乡分割相对贫困治理的藩篱,解决城乡相对贫困共治共生的真空状态。

(一)构建长效内生驱动机制路径

统筹城乡相对贫困治理是一项涉及贫困群众、政府、市场以及社会多元主体协同治理的社会事业。长期以来,政府在贫困治理之中扮演主导性的关键

性角色,同时也积累大量宝贵扶贫经验,但是在统筹城乡相对贫困治理结构功能体系中,政府的地位和作用应该发生改变,应该改变强政府与弱农民和弱市场动机驱动机制,建构低收入群众主体、政府主导、市场引导和社会参与的多元主体协同的长效内生驱动机制。

1.构建激发农民主体性的长效内生驱动机制。习近平总书记指出:"扶贫要同扶智、扶志结合起来。智和志就是内力、内因。"①"脱贫致富终究要靠贫困群众用自己的辛勤劳动来实现。"②如果说在脱贫攻坚阶段我们强调外生的物质、产业以及制度扶贫为主,内生精神思想文化能力扶贫为辅的话,那么在城乡相对贫困治理阶段,我们应该强调内生的精神、文化和能力扶贫为主,外生物质、产业及制度兼顾,激发低收入群众的内生动力,构建长效内生驱动机制。在统筹城乡多元主体相对协同扶贫治理体系之中,一方面要始终坚持低收入群众相对贫困治理主体地位,注重通过教育进一步解决低收入群众在目标缺失、精神懈怠、信心不足等方面的精神文化贫困问题;另一方面也要坚持以人民为中心的发展理念,坚持贯彻落实党的群众路线,切实尊重低收入人民群众的意愿和意见,解决低收入人民群众的"权利贫困"问题,鼓励低收入群众更加积极参与贫困治理和乡村振兴,真正展现低收入群众防贫自富的内生力、自觉力和自治力。

2.构建激发"政市社"多元主体协同的长效内生驱动机制。要使得产业扶贫和产业兴旺在统筹城乡相对贫困治理中真正发挥长效内生机制,就要在进一步发挥政府在产业规划、布局和带动示范等外生驱动作用的同时,要更加强调市场在产业资源有效配置的内生决定性引导机制作用,改变政府主导的产业兴旺和扶贫政策依赖性强、贫困群众参与度不高和市场资本力量不足等问题,发挥市场在扶贫资源有效配置中的决定性作用,提高扶贫资源和资金的利用效率,从而提高城乡相对贫困治理绩效。由于政府扶贫与市场扶贫的限

---

① 《习近平谈治国理政》第二卷,外文出版社2017年版,第90页。
② 《习近平谈治国理政》第二卷,外文出版社2017年版,第86页。

度和失灵问题,社会力量参与相对贫困治理发挥着不可替代的重要作用。因此,构建社会力量参与相对贫困治理的长效机制,一方面要继续深入开展东西协作扶贫、定点扶贫,对口扶贫、社会组织、国际机构、企业及个人参与相对贫困治理;另一方面进一步完善社会力量参与城乡相对贫困治理的动员、整合、协调和激励机制,创新社会扶贫方式,打造社会扶贫公益品牌,规范社会扶贫方向,坚持社会扶贫的社会化、规范化和常态化。[①]

(二)构建长效协同管理机制路径

协同治理不是对传统管理方式的单纯否定,而是在多元主体基础之上协同管理。我国脱贫攻坚的协同治理模式取得巨大成功,不仅在于构建了多元治理主体,而且形成了有效的协同管理体制机制。在相对贫困治理阶段,要解决统筹城乡相对贫困治理长效动机机制不足的问题,不但需要构建多元主体协同参与相对贫困治理的长效动力机制,而且需要构建多元主体长效协同管理机制。

1.构建统筹城乡相对贫困治理的协同管理机构。要解决当前统筹城乡多元主体协同相对贫困治理困境,就必须破除城乡相对贫困治理的二元管理体制机制,构建一体化的协同管理体制机制,并充分利用现代化数字化管理技术,实现相对贫困治理信息在相对贫困群众主体、政府、市场、企业及社会组织等多元主体之间数字化共享共生。重点是构建中央—省级—区县的三级统筹城乡相对贫困治理数字化管理机构。该机构的主要功能职责是统筹、指导、协调和督促城乡相对贫困治理工作,牵头组织制定城乡统筹相对贫困治理的政策制定、发展规划,协调东西部和南北区域之间、城乡之间、政企之间、政社之间等各方面扶贫资源和力量,增强城市与农村之间相对贫困治理的领导力、统筹力、组织力,着力解决因为城乡二元制度所带来城乡相对贫困治理目标、

---

① 仲德涛:《精准扶贫中的社会扶贫析论》,《理论导刊》2018 年第 4 期。

对象及其标准的不统一,由于扶贫政策分割带来的力量分化、资金分散、程序烦琐及职能重叠等问题。同时,该机构要特别进一步加强对统筹城乡相对贫困治理的资源资金和项目的管理,以便提高资金和项目的运行效率和效益。

2. 构建统筹城乡相对贫困治理的信息共享机制。精准化、系统化、规范化和动态化的相对贫困信息数字平台系统是多元主体参与扶贫管理的基础,也是政府制定多元协同相对贫困治理的重要依据。由于统筹城乡相对贫困治理的扶贫对象的信息存在分布广、规模大、构成复杂、致贫原因多元隐蔽等特征,构建一体化的城乡相对贫困治理数据信息库和平台就显得更为重要。该数据信息平台的建构最好以居民身份证作为唯一注册登记依据,充分利用大数据和互联网技术,做好相对贫困人口的信息采集、登记及管理工作。该数据信息平台系统要如实地登记好相对贫困人口的贫困类型、致贫原因、贫困程度、享受扶贫政策的资金及项目内容等优惠政策,并进行分类分层实时动态管理,以便政府、企业及社会组织及时准确了解相对贫困人口的相关信息,精准识别和动态监测相对贫困人口,防止因为"信息孤岛"而产生的"漏保""错保""骗保""偏保"现象,增强统筹城乡相对贫困治理的整体性、系统性、协同性。①

（三）构建长效保障联动机制路径

如果说绝对贫困治理主要是解决贫困群众的生存性贫困问题,扶贫目的侧重贫困群众的收入增加,那么相对贫困治理则主要是解决贫困群众的发展性贫困问题,治理目的侧重贫困群众自我发展能力的培养,更加注重贫困风险的预警和预防。在相对贫困治理阶段要进一步发挥保障式扶贫在统筹城乡相对贫困治理中的积极作用,就必须破除城乡二元保障制度体系,构建统筹城乡相对贫困治理的长效社会保障联动机制,坚持公平与效率兼顾,治理主体多元,遵循"自上而下"和"自下而上"协同共生。

---

① 王政武:《中国统筹城乡相对贫困治理体系构建的逻辑和路向》,《内蒙古社会科学》2020年第6期。

1.构建统筹城乡相对贫困治理的主体保障联动机制。要充分发挥社会保障制度在统筹相对贫困治理中的保障联动作用,就必须首先要破除城乡二元社会保障组织结构体系,构建统筹城乡相对贫困治理的主体保障联动机制。具体而言,第一,政府要依托强大的组织力、动员力和执行力充分发挥自身在社会保障治理中的主体角色,按照"兜底线、织密网、建机制"的要求,理顺国家—省—市区(县)—街道(乡镇)各级政府关系,合理配置各级政府的事权与财权的边界,突出中央政府和省级政府在农村社会保障的责任和财政投入,解决统筹城乡社会保障扶贫的可持续性困境。第二,要大力发挥市场在社会保障中的调节作用,实现基本保障中企业缴费责任与减税降负相互平衡,充分借助税收优惠政策杠杆提高企业对城市农民工及其他流动人口的社会保障能力。第三,积极引导社会组织、家庭和个人广泛参与城乡社会保障治理相对贫困实践,弥补社会保障中政府与市场相对贫困治理失灵,强化个人缴纳贡献与待遇享受之间关联度,引导个人购买个性化的商业保险,促进社会保障与商业保险联动共生。

2.构建统筹城乡相对贫困治理的制度保障联动机制。构建公平高效能的社会保障相对贫困治理体制机制,除了建立多元化的社会保障治理主体之外,还必须构建多层次的差异化的城乡社会保障制度体系。当前我国现行社会保障扶贫制度体系主要由社会救助、社会保险及社会福利三个层次社会保障制度构成。社会救助扶贫主要是满足农村特困群众最基本的生存和生活需要,社会保险扶贫主要是满足城乡居民基本养老、医疗及工伤失业保险需要,社会福利扶贫主要是满足老人妇女儿童及残疾人士等重点人群的生活需要以便提高生活质量。当前我国多层次社会保障制度扶贫体系主要问题是政府在社会保障扶贫层次中一家独大,难以积极发挥市场和社会多元主体的保障力量。在统筹城乡相对贫困治理阶段,国家政府、单位集体及家庭个人在我国社会保障制度贫困治理的三层次之中承担不同责任,分工是不同的:国家和政府主要承担兜底性社会救助扶贫,单位、集体及个人则要更多承担社会保险扶贫的责任,因此应增加企业、个人和社会力量在社会福利扶贫中的社会责任。

3.构建统筹城乡相对贫困治理的资金保障联动机制。第一要进一步完善社会保障扶贫资金的分配机制,优化政府财政资金支出投入结构。在整体提高社会保障扶贫资金财政投入水平的基础之上,合理测算政府、企业及个人社会保险基金分担比例,健全多缴多得激励机制、待遇正常调整机制和国有资产收益充实机制。第二要进一步创新社会保障扶贫资金的筹集机制,建立多元可持续的筹集渠道和来源。要以基础养老金投资收益指导意见为基础,科学谋划社保及医疗投资收益计划,着眼于国债低风险市场确保收益底线,并确定相应风险防范机制。要强化商业保险的作用,运用福利彩票充实社会福利扶贫资金,通过税收优惠和政府购买服务等方式积极引导社会资本参与社会保障扶贫资金。第三要尽快开征社会保障税,形成社会保障扶贫资金增长投入机制。社会保障税有利于社会保障扶贫资金可持续稳定运行的统一性、公平性和发展性。具体来说,开征社会保障税既可以提高社会保障扶贫资金的投入、支出和管理的透明度,又可以有效防止部分企业的偷税漏税行为,有助于统筹城乡社会保障付费标准,保障城乡劳动者的合法权益。①

第二节　健全完善巩固拓展脱贫攻坚成果
同乡村振兴有效衔接机制

习近平总书记指出:"要切实做好巩固拓展脱贫攻坚成果同乡村振兴有效衔接各项工作,让脱贫基础更加稳固、成效更可持续。"②党的二十大报告也明确提出要"巩固拓展脱贫攻坚成果,增强脱贫地区和脱贫群众内生发展动力。"③从

---

① 颜丙峰:《共享发展背景下中国城乡社会保障公平性影响因素研究》,《东岳论丛》2017年第2期。

② 习近平:《在全国脱贫攻坚总结表彰大会上的讲话》,人民出版社2021年版,第20页。

③ 习近平:《高举中国特色社会主义伟大旗帜　为全面建设社会主义现代化国家而团结奋斗——在中国共产党第二十次全国代表大会上的报告》,人民出版社2022年版,第31页。

共同富裕角度上说,脱贫攻坚任务目标的全面完成只是为实现城乡生活共同富裕创造了一个良好的基础性条件,但是农村还面临返贫风险、相对贫困治理等共同富裕问题,与实现城乡全体人民共同富裕的目标还有不少差距。因此,健全完善巩固脱贫攻坚成果同乡村振兴有效衔接路径机制就成为了全面振兴乡村的必然要求,也是实现城乡生活共同富裕的内在要求。

一、巩固拓展脱贫攻坚成果同乡村振兴有效衔接的共生问题

当前,我国正处于巩固拓展脱贫攻坚成果与全面推进乡村振兴的历史交汇期,脱贫攻坚战全面胜利为推进乡村振兴奠定了重要基础,而全面推进乡村振兴则是巩固拓展脱贫攻坚成果的发展出路,也是实现城乡生活共同富裕的重要路径。尽管脱贫攻坚与乡村振兴战略作为实现城乡生活共同富裕和融合发展目标的两个重大战略具有内在统一性、先后连贯性及协同耦合性,但是由于脱贫攻坚与乡村振兴战略在发展阶段和目标任务上不同,要实现巩固拓展脱贫攻坚成果与全面推进乡村振兴无缝对接、有效贯通及耦合共生,还面临诸多对象、任务和机制等耦合共生问题。

(一)实践对象与实践主体有效衔接的耦合共生问题

脱贫攻坚的扶贫对象主要是处于绝对贫困线下农村地区的贫困户、贫困村及贫困县,扶贫主体则以党和政府为绝对主导性扶贫主体,市场、社会(组织)及贫困户是重要参与性扶贫主体;乡村振兴的对象则是全部农村人口,振兴主体则以全体农民为主导性主体,党和政府、市场及社会组织是重要参与性主体。脱贫攻坚与乡村振兴战略有效衔接无论是在对象上还是主体上都有耦合共生的问题。

1.对象方面的耦合共生。从对象或者客体上看,脱贫攻坚与乡村振兴战略在对象或客体上具有重叠性和差异性的二重性,但是差异性明显大于重叠性。我国农村绝对贫困人口在数量上只占农村人口的一小部分,在结构上主

要是老弱病残等特殊困难群众,在地域空间上主要集中在贫困村和贫困县,扶贫对象具有确定性和单一性。从乡村振兴战略的对象上来说,无论是从数量、比例还是结构上说,都与脱贫攻坚精准扶贫对象有很大的区别。乡村振兴战略对象的主体内涵不再仅仅局限于绝对贫困人口,而是包括农村相对贫困群众;不仅仅包括普通农民、农民企业家、农业技术人员、农村知识分子等定居农村的居民,还包括流动和返乡的农民工、大学生等乡村振兴所需要各级各类人才;对象的空间分布上也不再局限于贫困村和贫困县,而且整个广大农村和城乡结合地区,其数量、群体和结构都远超脱贫攻坚对象。因此,脱贫攻坚的对象与乡村振兴对象只有少部分重叠,主要集中在已经解决绝对贫困的特殊贫困人口群体之中,出现对象或客体的耦合共生问题也就在所难免了。

　　2. 主体方面的耦合共生。在主体构成上,脱贫攻坚的主体主要包括政府、贫困人口、企业市场及社会组织等多元主体。而乡村振兴的主体不仅包括已经脱贫人口,而且还包括相对贫困人口即低收入群体;不仅包括广大小农户,还包括新型经营主体;不仅包括农村基层政府、乡村企业和农村社会组织等多元化农村主体,还包括支持乡村振兴的多元化城市主体。其主体分布也不仅仅局限于中西部贫困地区,同时也还包括东部比较发达地区在内的广大整个农村地区。在主体功能上,政府作为多元扶贫主体的主导和组织力量,是脱贫攻坚的绝对主导性和组织性主体,企业市场和社会组织作为多元扶贫主体的重要参与力量,是脱贫攻坚的重要参与性主体,贫困人口作为扶贫对象,同时也是自我脱贫主体,因而也是自组织或内生型脱贫主体;而乡村振兴必须坚持农民主体的原则不动摇。在全面推进乡村振兴之中,虽然政府依然发挥着组织性主体功能,但是已经不再是绝对主导性主体功能,因为只有广大农民群众才是乡村振兴的绝对性主体,各类企业、社会组织和下乡人才则是乡村振兴的重要参与主体。因此,尽管脱贫攻坚与乡村振兴在主体上存在部分重叠,但是脱贫攻坚与乡村振兴的主体无论是在结构和功能上都有重大差别,出现主体耦合共生问题也就在所难免了。

（二）目标任务与基本原则有效衔接的耦合共生问题

从目标任务与基本原则上看,尽管脱贫攻坚与乡村振兴战略在最终目标即实现城乡共同富裕上是一致的,坚持原则也大致相同,但是在具体阶段性目标任务上和基本原则的具体内涵上却有明显的差异。由于脱贫攻坚与乡村振兴战略在实践对象和实践主体方面的差异性和复杂性,使得脱贫攻坚与乡村振兴战略在目标任务和实践原则上存在耦合共生的问题。

1. 目标任务上耦合共生。从目标任务内涵上看,脱贫攻坚战略的目标任务是消灭农村绝对贫困,重点是实现"两不愁三保障",在 2020 年实现农村绝对贫困人口(现行绝对贫困标准下)全部脱贫、贫困县全部"摘帽",解决区域性、整体性的绝对贫困问题。与脱贫攻坚的目标任务相比,乡村振兴战略的目标任务无论是在内涵、范围和时间上都大大拓展了。乡村振兴的目标任务不仅仅要防止脱贫再返贫,防止深度贫困地区、贫困县和贫困村重新陷入绝对贫困,出现新的贫困人口,这是乡村全面振兴的基础、底线和核心;而且还要更加聚焦城乡发展不平衡不协调问题,强调农业农村优先发展,解决农村发展不充分导致的乡村衰败、空心化和激发"三农"发展主体性等新时代"三农"问题,更加注重农村基础设施和城乡基本公共服务均等化,满足农民对美好生活需要,实现"产业振兴、人才振兴、文化振兴、生态振兴、组织振兴"几个方面的全面振兴,实现农业强、农村美和农民富全面乡村振兴远景规划蓝图,最终实现城乡生活共同富裕和城乡融合发展。从目标任务时效上来看,脱贫攻坚的目标任务具有阶段性和紧迫性,是一场歼灭战;而乡村振兴的目标任务具有长期性和渐进性,是一场阵地战和持久战,必须稳打稳扎和步步为营才能够久久为功,出现目标任务耦合共生问题也就在所难免了。

2. 基本原则上的耦合共生。尽管脱贫攻坚与乡村振兴都强调党的领导、绿色发展理念和农民的主体性和因地制宜等基本原则,但是其实践原则具体内涵也发生明显变化。在党的领导方面,由发挥党的领导核心和战斗堡垒作用向全面加强和健全党对农村工作的领导方式方法和体制机制方面深化和拓展,为乡村全面振兴提供强大的政治保障;在坚持绿色发展理念方面由坚持生态优先和实现绿色发展向坚持人与自然和谐共生的现代化方面深化和拓展;在坚持农民主体性方面由坚持脱贫群众主体,坚持扶志扶智相结合,激发贫困人口内生动力向尊重农民主体地位,调动农民主体的"三性",增强农民获得的"三感"方面深化和拓展;在坚持因地制宜方面由精准扶贫创新扶贫体制机制向注重乡村差异性和发展阶段性的久久为功扎实推进方面深化和拓展。在不同实践原则上看,脱贫攻坚强化政府主导作用和责任,引领市场和社会协同发力,着力构建专项、行业和社会的大协同扶贫格局,乡村振兴战略则强调要充分发挥政府的引导作用,坚持政府、市场与社会有机结合协同发力。以此推动城乡要素自由流动和平等交换,推动新型工业化、信息化(数字化)、(新型)城镇化、农业农村现代化同步发展,着力形成新型工农城乡关系,这些都是实践原则耦合共生的重点难点所在。

（三）体制机制与政策措施有效衔接的耦合共生问题

从体制机制与政策措施角度,尽管脱贫攻坚与乡村振兴在实践主客体、共同目标及基本原则上具有重叠性和相似性,但是无论是在具体的体制机制还是具体的政策措施保障上都还存在巨大差异。由于脱贫攻坚与乡村振兴战略在实践主客体对象、目标任务及实践原则上的差异性,使得脱贫攻坚与乡村振兴在体制机制和政策措施上存在耦合共生问题也在所难免。

1.体制机制的耦合共生。脱贫攻坚之所以如此之快取得巨大成效,不但因为扶贫对象和措施精准,而且还因为党和政府充分利用集中力量办大事这一政治和制度优势,对决胜农村绝对贫困采取超常规的扶贫举措,对绝对贫困人口、贫困村以及贫困县出台了一系列的精准扶贫工作机制,特色产业开发式扶贫、生态扶贫以及社会保障等多种扶贫形式,形成政府行政主导,市场和社会等多元主体协同参与的精准扶贫大格局或中国式精准协同扶贫体制机制,是我国如期全面完成脱贫攻坚各项目标任务的制度基础。在巩固拓展脱贫攻坚成果与全面推进乡村振兴的五年交汇期内,由于两个战略在实践主体客体和具体阶段性目标任务上的差异,使得全面推进乡村振兴仅仅依靠脱贫攻坚所形成的体制机制是不够的。在巩固拓展脱贫攻坚成果长效机制衔接方面,还面临着扶贫脱贫体制机制向防止返贫致贫的动态监测帮扶、巩固"两不愁三保障"、易地扶贫搬迁及扶贫项目资产监管和监督等方面长效机制的耦合共生问题;在组织衔接方面,如何将脱贫攻坚的组织体制机制向乡村振兴组织体制机制转变,还面临领导、结构、功能及效能方面的耦合共生问题;在健全农村低收入人口常态化帮扶机制方面,还面临如何进行低收入人口监测、分层分类社会救助以及合理确定农村医疗保障机制方面的耦合共生问题。

2.政策措施的耦合共生。党和政府都出台一列精准扶贫精准脱贫政策措施,是脱贫攻坚取得巨大成功的政策保障基础。在脱贫攻坚与乡村振兴历史交汇的五年期限内,一方面,要在保持脱贫攻坚政策措施总体稳定和连续性的基础之上,及时根据巩固拓展脱贫攻坚的目标和任务对相关扶贫、帮扶和防止贫困的政策措施进行推出、保留、挑战、完善和创新;另一方面要根据乡村全面振兴的主体、对象、目标以及任务健全完善相关政策措施,全面激发"三农"发展的主体性。但是由于脱贫攻坚与乡村振兴在政策问题、政策目标、政策主体、政策内容以及政策工具方面其差异性大于相似性。在政策问题方面,存在如何由解决生存性贫困的扶贫脱贫政策措施向防止返贫、治理相对性贫困和促进城乡融合发展的政策措施的耦合共生问题;在政策目标方面,存在农村解决温饱目标向实现全体人民共同富裕的耦合共生问题;在政策主体方面,存在政府一元主体的主导型政策供给向社会多元主体政策协同的耦合共生问题;在政策内容方面,存在满足基本生存生活需要向促进城乡公平正义,进而实现城乡人民自由全面发展的耦合共生问题;在政策工具方面,存在特惠优惠型脱贫攻坚政策措施工具向普惠长效乡村振兴政策措施转变的耦合共生问题。①

二、健全完善巩固拓展脱贫攻坚成果同乡村振兴有效衔接的共生机制

习近平总书记指出："要针对主要矛盾的变化,理清工作思路,推动减贫战略和工作体系平稳转型,统筹纳入乡村振兴战略,建立长短结合、标本兼治的体制机制。"②为此,中共中央、国务院在《关于实现巩固拓展脱贫攻坚成果同乡村振兴有效衔接的意见》中,对建立健全巩固拓展脱贫攻坚成果长效机制及其重点工作作了全面部署。要破解脱贫攻坚与乡村振兴有效衔接的耦合共生困境,就要突出目标问题导向、主体需求导向和市场价值导向,遵循城乡融合发展规律,着力破除城乡二元体制机制,健全完善实践对象与实践主体、目标任务与基本原则、体制机制与政策措施有效衔接的耦合共生机制。

(一)健全完善实践对象与实践主体的有效衔接共生机制

健全完善实践对象和主体的有效衔接机制是实现巩固拓展脱贫攻坚成果同乡村振兴有效衔接的基础性机制。面对脱贫攻坚与乡村振兴在实践对象和主体在数量、结构、范围以及功能方面的耦合共生问题,健全完善实践对象和实践主体的有效衔接机制就成为实现脱贫攻坚同乡村振兴有效的内在要求。

1. 健全完善实践对象的有效衔接机制。健全完善实践对象有效衔接机制关键是构建贫困对象与非贫困对象的有效衔接机制,科学划定相对贫困线、相对贫困范围和分类分层防贫治贫政策是健全完善实践对象有效衔接机制的三个着力点。一要科学制定农村相对贫困线标准,需要树立相对贫困理念,既要

---

① 贾家辉、孙远太:《脱贫攻坚向乡村振兴转型的政策逻辑及路径》,《郑州大学学报(哲学社会科学版)》2022 年第 2 期。

② 习近平:《在决战决胜脱贫攻坚座谈会上的讲话》,人民出版社 2020 年版,第 12 页。

全方面全领域统筹考虑好全国区域发展,尤其是要注意好城乡、东中西农村和发达与不发达地区之间的发展差异性,同时又要考虑好已经脱贫地区的实际情况和乡村振兴的目标要求,制定灵活多样差异性的相对贫困线,着力避免"一刀切"的相对贫困线,统筹好中西部相对贫困线的梯度问题。二要明确农村相对贫困范围,需要树立多维复杂贫困理念,根据收入分配、能力技能、身体健康以及社会保障等多维度识别农村相对贫困多元样态,既要关注贫困地区已经脱贫户中的不稳定户和边缘户的潜在返贫风险,又要关注非贫困地区的低收入人口、一般小农户以及流动性农民工的相对贫困问题,这是健全完善实践对象的有效衔接的关键所在。三要实施分类分层防贫治贫政策,因时因地因人施策,对症下药,针对已经脱贫的不稳定脱贫户以及非贫困地区的边缘性困难户,要加大内生发展能力扶贫帮困;对于非贫困地区老弱病残等特殊低收入群众要加强社会保障扶贫,对于流动性农民工和一般性农户所面临的边缘性贫困问题要加强就业扶贫帮扶措施。①

2. 健全完善实践主体的有效衔接机制。习近平总书记指出:"贫困群众既是脱贫攻坚的对象,更是脱贫致富的主体。"②要激发农民发展干事创业的积极性和主动性,要健全完善实践主体的有效衔接机制,最关键是实现脱贫攻坚与乡村振兴人才主体的耦合共生,坚持"内育"与"外引"耦合共生,实现脱贫攻坚人才扶贫"尖兵"向乡村振兴人才主力转变。一方面,以"内育"培养巩固拓展脱贫攻坚成果,培育推动乡村振兴实现共同富裕的"领头雁"。为此,既要激活脱贫攻坚中扶贫人才"存量",又要积极培育新型职业农民,使其成为具有现代科学文化素质和素养、掌握现代信息互联网技术和现代农业技术、懂得现代经营管理理念的现代化新农民,成为名副其实的乡村振兴主体。此外,还应该特别加强对新时代乡村干部人才队伍建设,培养一批乡村振兴的"领头人"。另一方面以"外引"优化乡村人才振兴结构,增强乡村人才吸引

---

① 岳国芳:《脱贫攻坚与乡村振兴的衔接机制构建》,《经济问题》2020 年第 8 期。
② 《习近平谈治国理政》第三卷,外文出版社 2020 年版,第 158 页。

"磁场"。为此,必须进一步加强科技、管理、市场、经营和法律的现代化专业性人才引进,充分利用农业农村创业创新政策进一步吸引大学生、退伍军人、青年企业家,专家学者、科技工作者以及新乡贤下乡干事创业,为巩固脱贫成果和乡村振兴提供坚实人才支撑和智力保障。此外,要充分发挥政府、企事业单位和社团的人才优势,充分利用一切可利用人才资源,促进乡村人才全面振兴。①

(二)健全完善目标任务与基本原则的有效衔接共生机制

健全完善目标任务和基本原则的有效衔接机制是实现巩固拓展脱贫攻坚成果同乡村振兴有效衔接的目的原则性机制。由于脱贫攻坚与乡村振兴战略在目标任务和基本原则、理念、目的以及主体原则上的耦合共生问题,健全完善目标任务和基本原则的有效衔接机制就成为实现巩固拓展脱贫攻坚成果同乡村振兴有效衔接的应有之义。

1.健全完善目标任务的有效衔接机制。一要健全完善提升脱贫地区的整体自我发展能力和重要目标的有效衔接机制。无论是脱贫攻坚还是乡村振兴战略,增强贫困地区、贫困户和农民的自我整体性总体性发展能力都是其重要目标。为此,在历史交互期五年期限内,要完善好支持西部地区脱贫县的重点乡村振兴帮扶机制,继续支持老少边穷地区提升整体综合能力,积极发挥劳务、科技、健康、教育以及文化扶贫的内生动力机制作用;进一步健全完善东西部协作、对口支援、定点帮扶等多元社会力量、组织和资本参与帮扶机制。二要健全完善缩小城乡区域发展的重要任务的有效衔接机制。从城乡共同富裕角度上说,农村脱贫攻坚只是为实现城乡共同富裕奠定了摆脱绝对贫困的基础,而缩小城乡在经济社会发展方面的差距才是实现城乡共同富裕的关键所在。为此,面对城乡之间存在的生产力、发展水平、生活质量以及公共服务能

---

① 陈小燕:《多元耦合:乡村振兴语境下的精准扶贫路径》,《贵州社会科学》2019 年第3 期。

力的方面差异,要进一步健全完善农村三产融合发展机制,重点支持农村特色产业发展,进一步健全完善夯实农村基础设施建设投入机制,积极推进农村基础设施信息化网络化数字化;进一步健全完善公共服务水平保障机制,不但要注重进一步提高农村基本公共服务的水平和能力,而且要注重农村非基本公共服务水平和能力的提高,建立健全符合乡村振兴和城乡共同富裕目标的差异化分类的城乡公共服务体系。

2. 健全完善基本原则的有效衔接机制。面对脱贫攻坚与乡村振兴战略在基本原则上的耦合共生问题,必须构建有效衔接机制,以确保基本原则实践的科学性和有效性。一要构建连续性与创新性有机衔接的原则机制,连续性或延续性聚焦建构巩固拓展脱贫攻坚成果的长效机制方面;创新性则聚焦在构建农村低收入人口的常态化帮扶和乡村振兴发展体制机制政策措施方面。二要构建兼顾性与常态性有机衔接的原则机制,兼顾性要聚焦巩固拓展脱贫攻坚成果的原则要求,坚持不出现规模性返贫的底线;常态性则要聚焦全面推进乡村振兴的目标要求,增强"三农"发展内生动力的要求,树立循序渐进、尽力而为又量力而行,方能够久久为功。三要建构规范性与灵活性有机统一的原则机制,规范性聚焦巩固拓展脱贫攻坚成果同乡村振兴有效衔接中主体权利、目标要求、法律法规、道德伦理以及政策保障等规范原则的有效实践;灵活性则聚焦在历史交汇期五年内所出现的新形势新情况新问题所表现出来政策措施的具体性、针对性和实效性。四要构建实践性与前瞻性有机统一的原则机制,实践性要聚焦实践主体的能动性、实践对象或客体的复杂性和实践中介或手段的可行性和操作性;前瞻性要聚焦要从中国式现代化、城乡融合发展和共同富裕的战略角度和系统观点来统筹谋划巩固拓展脱贫攻坚同乡村振兴有效衔接的体制机制和政策措施的原则机制。①

---

① 参见毛磊、翟坤周:《巩固拓展脱贫攻坚成果同乡村振兴有效衔接的长效机制构建》,《福建农林大学学报(哲学社会科学版)》2022 年第 1 期。

（三）健全完善体制机制与政策措施的有效衔接共生机制

健全完善体制机制与政策措施的有效衔接机制是实现巩固拓展脱贫攻坚成果同乡村振兴有效衔接的保障性机制。由于脱贫攻坚与乡村振兴在体制机制和政策措施上存在长效、帮扶、组织、调整及创新等方面的诸多耦合共生困境，健全完善体制机制和政策措施的有效衔接机制就成为实现巩固拓展脱贫攻坚成果同乡村振兴有效衔接的必然要求。

1.健全完善体制机制的有效衔接机制。政府主导型的精准扶贫精准脱贫工作机制是我国脱贫攻坚取得成功的重要体制机制基础。在历史交汇期内，一方面要巩固拓展脱贫攻坚成果，另一方面又要全面推进乡村振兴，使得衔接机制不能简单模仿和移植脱贫攻坚的体制机制，需要科学把握和正确处理好衔接机制的辩证关系，尤其要正确处理好政府主导和市场主导型体制机制的辩证关系。一方面，在规划引导、改革服务、市场监管以及法治保障方面，我们要进一步充分发挥政府主导型体制机制的制度优势，充分发挥政府在规划引导、政策支撑、公共服务以及市场监管方面积极作用，强化乡村振兴与县域治理创新有机结合，加快补齐农村基础设施短板，积极健全农村社会改革服务和社会保障体制机制，尤其要以新型基建建设为契机，加快建设和补齐数字乡村和智慧农业建设短板，缩小城乡"数字鸿沟"，提升城乡数字一体化水平；另一方面，在资源配置、城乡"人地钱"等生产要素"双循环"自由流动和新时代社会主义市场经济体制改革等方面，要充分发挥市场引导体制机制在资源配置和市场供给需求动态平衡的灵活优势，加快构建统一、开放、竞争有序的城乡市场体制机制，深化农村医疗、养老以及民生服务方面的市场化改革，以市场价值规律引导人才、土地、资本、技术以及信息等生产要素有效供给，延伸产业链，提升价值链，打造供应链，推动农业全面升级。

2.健全完善政策措施的有效衔接机制。在政策推出调整方面，要及时调整脱贫攻坚中一些针对贫困地区和贫困户所采取的超常规和临时性的扶贫政策措施调整,如针对绝对贫困的因病因学致贫的特惠型扶贫政策、高标准救助政策和考核督查政策。如在历史交汇期内,这些针对贫困地区和贫困户出台特惠医疗保险政策还在继续实施,这不但会影响到农村医保可持续发展问题,同时也导致非贫困户和城市低收入群众的心态失衡等负面问题。在政策强化加强方面,要进一步强化农村脱贫地区和乡村振兴战略所需要的基础设施建设、社会基本公共服务方面和人才建设方面的财政政策的支持和投入力度。这些政策在绝对贫困治理中发挥了重要作用,在农村相对贫困治理和帮扶低收入人口中依然会发挥重要作用。在政策创新优化转化方面,要做好主体对象、目标任务和体制机制转化的政策措施协调机制,要建立健全农村防贫返贫预警政策体制机制,重点加强对不稳定脱贫户、高风险脱贫户、贫困边缘户等群体的动态监测,要在城乡融合发展体制机制框架下进一步统筹城乡相对贫困治理体制机制,创新城市扶贫政策和社会扶贫政策,要促进扶贫战略转型,建构以市场化为引导的常态化的普惠型相对贫困治理帮扶政策体系,充分发挥社会多元主体参与相对贫困治理的积极作用。

第三节 健全完善促进城乡共同富裕的
收入分配制度体系

对社会财富进行公正合理的分配、实现城乡人民群众生活共同富裕是马克思主义发展目标的必然要求,也是中国共产党人领导人民实现中国式现代化的初心使命。邓小平说:"社会主义的本质是解放生产力,发展生产力,消灭剥削,消除两极分化,最终达到共同富裕。"[①]经过长期的努力,我国进入了中国特色社会主义新时代,我国社会主要矛盾也转变为人民日益增长的美好生活需要与不平衡不充分的发展之间的矛盾。其中,城乡收入分配差距过大

---

① 《邓小平文选》第三卷,人民出版社 1993 年版,第 373 页。

就是这种不平衡不充分问题的集中体现。据统计,2022 年我国基尼系数为 0.48,仍处于收入分配不公平区间,城乡居民人均收入比为 2.45。① 因此,缩小城乡收入分配差距,建构促进城乡共同富裕的收入分配制度体系,进而促进城乡收入分配正义和融合发展的共生正义。

一、城乡居民收入分配正义的耦合共生问题

改革开放以来,随着城镇化进程加速推进,我国城镇化率由 1978 年的 17.92%持续提升至 2022 年 65.22%,对我国城乡经济社会发展产生了重大影响。一方面,城镇化极大地促进了农村大量剩余劳动力向城镇转移,极大地提高了农村劳动生产率,显著改善了农民生活水平和质量;另一方面,使得生产要素向城镇集中,我国经济社会发展水平年均以 10%以上的速度增长,完成从低收入国家向中高收入国家的历史性转变,创造了世界经济增长的"中国奇迹"。然而,我国城乡居民收入分配基尼系数居高不下,城乡收入分配公平正义问题依然突出,引发诸多城乡社会矛盾。新时代城乡收入分配差距和公平问题依然不能小觑。从城乡收入分配正义角度上说,实现城乡收入分配正义的耦合共生问题主要表现在以下三个方面:

(一)城乡居民收入差距结构性不合理

城乡收入差距结构性不合理既是传统城乡二元结构的必然产物,也是新时代实现城乡收入分配正义和城乡融合发展的巨大障碍。改革开放之后,随着城镇化进程加速,城市依靠资源、资产及资本等综合优势而快速发展,农村则发展相对滞后,城乡发展不平衡和农村发展不充分问题日益突出,我国城乡收入分配差距、结构性不合理问题突出。②

---

① 由《中国统计年鉴》(2022 年)相关数据整理计算而得。
② 孙博文:《坚持城乡融合发展,持续缩小城乡差距,促进实现共同富裕——学习阐释党的二十大精神》,《生态经济》2023 年第 2 期。

1. 城乡居民之间收入差距依然较大。改革开放以来,由于城市和乡村收入增长率不一样,城乡收入差距也逐渐随着扩大。从基尼系数角度上看,在改革开放初期,我国基尼系数由 1978 年的 0.31 降低到 1983 年的 0.26,但在 20 世纪 90 年代中期我国基尼系数就超过国际警戒线 0.4,并于 2008 年达到峰值 0.491。进入新时代以来,我国基尼系数虽然逐年下降,但是 2022 年基尼系数为 0.47,依然维持在 0.45 的国际警戒线上。从收入增长比例角度上看,城镇居民家庭人均可支配收入从 1978 年的 322 元增 2022 年 49283 元,增加 153 倍;农村居民家庭人均可支配收入从 1978 年的 165 元增至 2022 年的 20133 元,增加 122 倍。其中,1978—1983 年城乡收入差距快速下降,1984—1994 年又快速上升;1995—1997 年,城乡收入差距短暂下降之后,1998—2007 年城乡差距比扩大改革开放最高水平(2.51—3.33);2008—2022 年,城乡收入差距则持续快速下降,城乡收入比也从 3.31 降至 2.44。进入新时代以来,虽然城乡差距收入比在下降,从 2013 年 17037 元到 2022 年的 29150 元,但城乡收入差距绝对值一直处于增长态势。[①]

2. 城乡地区之间收入差距依然较大。新时代我国收入分配差距不但表现在城乡居民之间的可支配收入差异,而且也表现为城乡地区之间的可支配收入差距,欠发达地区的城乡收入差距高于发达地区的城乡收入差距。从中西部城乡地区角度上看,2013—2020 年我国城乡收入差距呈现"西部>全国>东部>中部>东北"的空间特征。2005 年以来,西部城乡收入差距在全国城乡收入差距格局中始终处于最大、高于全国水平,2013 年之前中部高于东部,但 2013 年之后发生逆转,东部高于中部,东北始终最小,且东部、中部以及东北地区均低于全国平均水平。从省级地区来看,2020 年城乡收入差距前 7 位的分别是甘肃、贵州、云南、青海、陕西、西藏、宁夏等,高于全国平均水平,位列末 7 位的分别是江苏、上海、河南、吉林、浙江、黑龙江、天津。除东北三省外,东

---

① 中华人民共和国国家统计局:《中国统计年鉴》(1978—2022),中国统计出版社 1978—2022 年版。

部沿海地区城乡收入差距都明显低于中西部地区,城乡收入差距较大地区往往是经济发展相对欠发达地区。

3. 农村居民之间收入差距依然较大。城乡收入差距不但体现在城乡居民和地区之间收入差距,还体现在不同地区和同一地区的农村居民内部之间的收入差距,并且农村居民内部收入差距明显高于城市内部的收入差距。从农村内部基尼系数上说,1978—2002 年,农村基尼系数达到 0.34,2003—2012 年,农村基尼系数达到 0.37 历史新高,从 2013—2019 年,随着脱贫攻坚的实施,农村基尼系数有所下降,处于 0.36 左右。从绝对数字角度上说,2020 年城镇高收入组与低收入组人均可支配收入分别为 96061.6 元、15597.7 元,比值为 6.16,农村高收入组与低收入组人均可支配收入分别为 38520.3 元、4681.5 元,比值为 8.23。2020 年城镇居民人均可支配收入中位数是平均数的 92.1%;农村居民人均可支配收入中位数是平均数的 88.8%。具体而言,城镇内部收入差距不断扩大,城镇高收入组从 2000 年的 11299 元增至 2020 年的 96061.6 元,占比从 35%增至 41%;农村内部收入差距也不断提升,高收入组从 2000 年 5190 元增至 2020 年的 38520.3 元,占比从 42%增至 43%,但增幅不明显。①

（二）城乡居民初次分配的基础地位不牢

城乡居民收入分配在城乡收入分配体系中具有基础作用,是实现城乡共同富裕的分配基础,是坚持城乡融合发展正义的集中体现。改革开放以来,城乡居民工资性收入在城乡初级收入分配占比中逐年下降,城市居民的经营性收入、财产性收入以及转移收入逐年提高,而农村居民的经营性收入和财产性收入增长缓慢,进一步加剧了城乡收入分配差距。

1. 工资性收入在初次分配收入中占比水平有待提高。根据马克思主义分

---

① 数据来源于《中国统计年鉴》,http://www.stats.gov.cn/tjsj/ndsj/。

配理论,生产决定分配,分配关系只是生产关系的反面。所谓的初次分配就是与直接由生产要素所决定的国民收入分配形式。初次分配作为生产领域的分配,在整个分配体系中具有基础性地位,在很大程度上决定了积累和消费的比例,其中按劳动分配的劳动报酬工资性收入是城乡居民收入的主要来源,在很大程度上决定大部分城乡居民的收入和消费水平。如果说初次分配是分配体系基础的话,那么劳动工资性收入则是初次分配的基础。① 从变化趋势来看,1978—1992 年,随着农村和城市经济体制改革,劳动要素在城乡流动,我国城乡居民劳动收入份额从 49.6% 缓慢上升到 52% 左右,1993—2002 年随着社会主义市场中要素收入分配份额增长,我国城乡居民的劳动收入份额快速下降至 47% 左右;2003—2012 年随着要素收入和财产性收入份额快速增长,我国城乡居民的劳动收入份额进一步缓慢下降至 45% 左右;2013 年劳动工资性收入份额回升 47% 左右,2022 年全国居民人均工资性收入占比达到 55.8%。

2. 非劳动工资性收入在初次分配中比例逐渐加大。在城乡居民劳动工资性收入下降的同时,非劳动工资性收入即经营性财产性转移性收入在初次分配中比例逐渐在增加。改革开放以来,随着我国社会主义市场经济不断发展,多种所有制经济在国民经济中作用越来越重要,按生产要素分配在初次收入分配的占比也越来越大。根据中国人民银行对城镇居民家庭资产负债调查课题组在 2019 年对全国 31 个省(自治区、直辖市)3 万余户城镇居民家庭开展资产负债情况调查数据显示,住房财富占比近 70% 以上,金融资产占比 20.4%,城镇居民家庭总资产均值为 317.9 万元,中位数为 163.0 万元,均值与中位数之间相差 154.9 万元,表明城镇居民家庭财产性收入分布不均。② 但我国居民财产性收入差距最大的依然体现在城乡之间,并且目前城乡居民

---

① 参见张永丽:《基于共同富裕视角的收入分配制度改革研究》,《甘肃社会科学》2022 年第 6 期。

② 中国人民银行调查统计司城镇居民家庭资产负债调查课题组:《2019 年中国城镇居民家庭资产负债情况调查》,《上海商业》2020 年第 5 期。

财产性收入差距主要是受房价影响。

3.农村居民在初次分配中增长缓慢。由于受到城乡区域经济发展、传统城乡二元结构和我国收入分配制度等因素影响,使得农民居民无论是在工资性收入还是财产性收入方面增长都明显低于城市居民增长率。一方面,农村居民在劳动报酬工资性收入增长方面明显少于城市居民劳动工资性收入的增长。当前,农村居民的劳动报酬工资性收入主要来源于农业产品收入和外出务工的工资性收入。由于一般农户、新型职业农民和农民工在教育程度、高级技能以及人力社会文化等资本方面的差异,使得农村居民在就业方面处于劣势,从而使得农村居民在劳动报酬工资性收入增长缓慢。另一方面,农村居民在非劳动报酬工资性收入即经营性、财产性和转移性收入方面增长比例明显低于城市居民的非劳动报酬工资性收入。从历史上看,城市居民的经营性、财产性和转移性收入迅速增加,农村居民的经营性、财产性和转移性收入则增长缓慢,是城乡财产性收入差距迅速扩大的直接原因。

(三)城乡居民再分配三次分配调节功能不足

再分配第三次分配在直接生产初次分配基础之上,政府通过税收、社会保障、转移支付以及社会慈善等手段对初次分配各收入主体进行再分配再平衡,是社会主义过程公平正义的集中体现,是对初次分配市场失灵的纠偏。我国城乡居民收入分配差距较大除了初次分配基础地位不强的原因之外,与城乡居民收入再分配三次分配制度调节功能不强也有极大关系。

1.财政税收调节力度不够。财政税收调节是政府调节城乡收入进行再分配的重要手段。当前我国财政税收调节赋能共同富裕的制度短板主要体现在如下三个方面:一是个人所得税收调节功能不完善。我国以间接税收为主、直接税为辅的税收制度对劳动工资性收入调节作用明显,而对非劳动工资性收入的调节力度不够,对演艺圈等高收入群体调节则严重不足。这在一定程度上限制个人所得税收调节功能的正常发挥。二是商品税收调节功能不显著。

虽然我国有一些促进中小企业的增值税、消费税等税收的优惠政策,但是这些税收优惠政策不能有力地促进中小企业的发展。三是财产税种及税收优惠政策不健全。居民财产性收入越来越高,是造成当前城乡收入差距的重要因素,但是相应的房地产税、车船税、遗产税、捐赠税等财产性税收税种没有全面实施开征,尤其是房地产税、遗产税和捐赠税对促进第三次分配调节作用具有重要影响,这也间接抑制了第三次分配的调节力度。

2.社会保障转移支付调节力度不够。社会保障转移支付调节是政府调节城乡收入进行再分配的重要手段。我国社会保障和转移支付方面在调节城乡收入差距方面还有诸多问题。在社会保障再分配调节方面,尽管通过脱贫攻坚战略,我国积极推进城乡社会保障一体化,但是由于传统城乡二元结构的影响,使得我国社会保障制度"碎片化"问题比较严重,城乡之间和农村内部之间不同行业不同身份的人实行不同社会保障制度,无论是在保障质量水平还是保障层次费率方面,都存在巨大差异,而且有利于高收入群体、城市居民,而不利于低收入群众和农村居民。在转移支付再分配调节方面,尽管我国通过脱贫攻坚战加大对农村贫困地区的纵向转移支付水平和能力,为缩小城乡收入差距和促进城乡共同富裕作出的巨大贡献,但由于整体上用于转移支付的资金规模总量小、覆盖面范围有限,一些财政比较困难的地方执行标准比较低等诸多现实原因,从而也限制了转移支付在再分配调节作用的发挥。

3.第三次分配调节力度不足。为了实现全体人民共同富裕的目标,我国正在着力构建初次分配、再分配和第三次分配相互协同共生的多元多层次城乡收入分配体系。所谓的第三次分配就是在一定道德文化范导下,社会组织和公民通过民间捐赠、慈善事业、志愿行动等诸多方式对弱势群体和低收入群众的公益慈善事业的行为。当前制约我国第三次分配调节力度的因素主要表现在如下几个方面:在调节主体上,参与第三次分配的主体存在力量单一、力量弱小等问题;在调节对象上,存在分配对象不精准和受惠对象信息不明等问题;在调节文化环境上,对于促进第三次分配所需要的道德慈善文化环境和奖励政策方面还不健全完善;在调节体制机制上,受传统城乡二元结构影响,我国慈善捐赠法律规制体制无论是在组织、管理以及监督上都更偏向城市,慈善捐赠资源很少流向农村。由于第三次分配存在主体、对象、文化环境和体制机制等方面困境,从而最终削弱了第三次分配调节作用和力度。

二、构建公正合理城乡收入分配制度体系的耦合共生路径

收入分配制度体系是一个国家基本经济制度体系的重要组成部分,一般包括市场经济生产领域的初次分配(第一次分配)、政府在非生产社会领域内的再分配(第二次分配)以及社会组织和人才依据道德伦理的第三次分配。在调节城乡收入分配差距的功能上,初次分配发挥基础作用,再分配(二次分配)发挥重要作用,第三次分配发挥补充作用。在党的二十大上,习近平总书记明确指出:"分配制度是促进共同富裕的基础性制度。坚持按劳分配为主体、多种分配方式并存,构建初次分配、再分配、第三次分配协调配套的制度体系"。[1] 对此,我们认为,新时代要构建公正合理的城乡收入分配制度体系,就必须要在坚持按劳分配的基础性上进一步健全完善和加强我国城乡收入再分配制度,同时要进一步健全和完善社会慈善和社会公益事业的第三次分配制度。

(一)健全完善我国城乡收入初次分配制度

习近平总书记指出:"从我国实际出发,我们确立了按劳分配为主体、多种分配方式并存的分配制度。实践证明,这一制度安排有利于调动各方面积极性,有利于实现效率和公平有机统一"[2]坚持按劳分配为主体、多种分配方式并存的分配制度是中国特色社会主义基本经济制度的重要内容,也是保障

---

[1]　习近平:《高举中国特色社会主义伟大旗帜　为全面建设社会主义现代化国家而团结奋斗——在中国共产党第二十次全国代表大会上的报告》,人民出版社 2022 年版,第 47 页。

[2]　《习近平关于社会主义社会建设论述摘编》,中央文献出版社 2017 年版,第 37 页。

城乡居民初次收入分配公平正义的制度基石。因此,建构以实现城乡融合发展和共同富裕的分配制度就应该从初次分配的起点公平之中实现城乡居民收入分配正义。

1. 要坚持按劳分配的主体地位不动摇。坚持完善按劳分配为主体的基本分配制度既是马克思主义劳动价值论的必然要求,也是中国特色社会主义市场经济体制下分配制度的核心要义。一是坚持同质同量劳动获得同量劳动报酬的结果公正的基本制度原则。等质等量劳动获得等量报酬的基本原则既是社会主义公有制经济的必然要求,体现了分配公平正义的底线思维,对于没有生产要素和资本收益的劳动者,尤其对于广大新老(职业)农民(工)和低收入群体的共同富裕具有基础性作用。二是要健全完善工资决定增加机制。要健全完善工资决定增加机制,就要深化劳动力市场化改革,最关键是处理好劳动工资性收入增长与资本收益性收入增加之间的比例关系,坚持在劳动生产率提高经济增长的同时提高城乡居民的劳动报酬,实现收入同步提高和增长。三是健全完善国有企业集体经济调节城乡收入分配差距的促进制度。国有企业和集体经济是坚持以按劳分配为主体地位的集中体现,也是缩小城乡收入分配差距实现城乡共同富裕的主体性力量。

2. 健全完善多种分配方式并存的制度。坚持多种分配方式并存的基本分配制度既是中国特色社会主义基本经济制度的必然要求,也是新时代实现中国式现代化高质量发展的必然要求。一是要深化资本市场改革。坚持积极发挥资本的市场要素功能属性,规范资本的社会生产关系属性,构建合理公正的资本市场体制机制,提高资本金融市场的运行效率,缩小因资本金融要素配置不公带来城乡收入差距。二是要健全完善知识、管理、技术、信息以及数据等生产要素的产权制度改革。随着数字经济时代的到来,知识、管理、技术、信息以及数据等生产要素是造成城乡收入分配差距的重要因素。为此,要健全上述生产要素的产权制度,既能够保证各个生产要素的合法收入,又能够规范各个生产要素的不合理收入。三是要深化农村集体资源资产市场化改革。农村集体资源资产市场化改革程度是造成农民收入低的重要原因。为此,要不断深化农村集体资源资产,尤其是土地和生态资源等生产要素市场化改革,增加农民的财产性收入,缩小城乡收入差距。

(二)健全完善我国城乡收入再分配制度

如果说初次分配更多遵循劳动价值和市场在资源配置中的决定性作用,那么第二次分配即再分配则在坚持市场在资源配置中决定作用的基础之上更好地发挥政府在社会再分配的调节作用。初次分配差距过大是以个人劳动能力大小和生产要素参与贡献的大小来分配劳动成果而导致,这使得国家政府通过财政税收、社会保障和转移支付等手段调节初次收入分配成为必要。党的二十大明确指出要"加大税收、社会保障、转移支付等的调节力度。"[1]

1. 健全完善财政税收调节再分配的体制机制。一是要健全完善税收结构,着力提高直接税的比重,降低间接税比重,综合统筹个人所得税、财产税、消费税等多个重要税种的征收比例,重点健全稳妥开征房地产税、遗产税和赠与税。二是要健全完善个人所得税制度,在扩大综合征收范围基础之上实行家庭申报制度,在适当降低劳务所得最高边际税率同时加大对短期资本所得、财产交易所得的调节力度,以便提高城乡高收入者综合所得税,降低中低收群体的综合所得税,充分发挥个人所得税收在初次再次第三次分配各个层次调节作用。三是要健全完善企业所得税等税收优惠政策制度,着眼于减轻中小企业的税负压力,着力减低中小企业小规模纳税人增值税起征点和税率,增加中小企业税收减免情形的范围和内容,实施制定针对高新技术企业、数字化企业、技术先进型服务企业等特殊新兴企业的税收优惠政策,从而增强企业的税收获益感,为第三次分配构建有力的税收制度支持环境。

2. 健全完善社会保障转移支付调节再分配的体制机制。一是要进一步扩

---

① 习近平:《高举中国特色社会主义伟大旗帜　为全面建设社会主义现代化国家而团结奋斗——在中国共产党第二十次全国代表大会上的报告》,人民出版社 2022 年版,第 47 页。

张社会保障转移支付规模,进一步加大财政对社会保障的投入力度,提高社会保障在总财政的比例,把更多人纳入社会保障,并提高社会保障水平和能力,但是同时要注意避免过度"福利化"现象,坚持社会保障与经济发展相互适应,同时改革社会保障缴纳制度,让缴纳与收入水平和服务水平相互适应,以便既调节城乡收入差距又提高社会保障质量。二是要进一步优化社会保障转移支付结构,正确处理好政府主导的法定社会保障和市场或社会主导的社会保障比例之间的关系,坚持以基本养老保险、基本医疗保险和最低生活保障为重点,充分发挥商业保险和社会慈善在社会保障的积极作用。三是要积极推进城乡社会保障均等化,统一城乡缴费比例、基数和待遇,加大转移支付对农村社会保障的支持力度,重点缩小不同城乡、不同地区和不同群体之间社会保障的差距,着力补齐农村"一老一小"社会保障的水平和能力。

(三)健全完善我国城乡收入第三次分配制度

第三次分配是个人和组织在道德力量推动下进行的自愿分配方式,是我国分配体系的重要组成部分和重要手段。健全完善第三次分配制度有助于缓解城乡收入分配不同群众之间的利益矛盾,以便实现城乡财富分配正义和融合发展,具有道德自愿性,社会公益性和民间非政府性。

1. 健全完善促进第三分配的法律制度。一是健全完善慈善事业发展的公正法律制度环境,大力扶持和支持社会公益慈善事业力量的发展,着力解决制约慈善事业机构发展的政策、制度、人才及法律瓶颈和困境,从而为社会公益慈善事业的发展营造氛围、搭建平台和创造条件。二是健全完善支持慈善事业发展的财税激励制度,加强慈善立法,尤其重点完善慈善捐赠税收政策,简化捐赠程序,明确参加慈善事业的企业和个人可以获得的相关税收优惠政策,尽快开征遗产税和赠与税,通过税收激励政策积极引导个人、企业参与慈善公益事业。尤其值得关注的是,2016年《中华人民共和国慈善法》和《境外非政府组织境内活动管理法》以及相关配套法规密集出台,标志着我国的公益慈善事业发展进入一个依法治理的时代。三是健全完善对慈善机构组织的法律监督管理制度。通过对社会捐赠和慈善事业的法治化监督和管理,有利于促进调动高收入群体参加社会扶贫慈善事业的积极性,有利于缩小城乡收入差距。

2. 健全完善促进第三次分配的文化制度。一是要健全完善大力弘扬中华优秀慈善文化的传承制度,大力弘扬中华传统文化中的慈善精神夯实第三次分配的中华文化内生动力,但是同时要注意对中华传统慈善文化的创新转化和创新发展,注重与社会主义核心价值观融合,始终坚持在社会主义核心价值观基础之上培育中国特色社会主义的现代慈善文化,形成人人参与慈善事业的文化氛围。二是要健全完善慈善文化组织和人才队伍参与制度,充分发挥红十字会、慈善总会、各类基金会等各类公益慈善文化组织的作用,尤其是要充分发挥我国在境外的商会、同乡会、同学会、联谊会、学联等组织在第三次分配的积极作用,夯实慈善文化的组织基础。三是要健全完善社会公信力文化制度建设,就必须加强社会公益慈善事业的监督,通过设立独立的第三方监督机构,监督慈善组织的日常运行,充分利用互联网和大数据促进其信息公开透明,以便增强慈善公益组织的公信力。[①]

---

① 白光昭:《第三次分配:背景、内涵及治理路径》,《中国行政管理》2020 年第 12 期。

第七章　在制度供给中创新城乡融合发展的共生机制

　　"实施乡村振兴战略,必须把制度建设贯穿其中。"①在城乡融合发展共生逻辑体系中,城乡融合发展制度作为城乡融合发展的制度共生单元主体,是乡村全面振兴的重要制度保障,也是城乡融合发展的重要体制机制。习近平总书记强调指出:"通过建立城乡融合的体制机制,形成以工促农、以城带乡、工农互惠、城乡一体的新型工农城乡关系,目标是逐步实现城乡居民基本权益平等化、城乡公共服务均等化、城乡居民收入均衡化、城乡要素配置合理化,以及城乡产业发展融合化。"②改革开放40多年以来,特别是新时代10年以来,我国不断创新城乡融合发展的体制机制,为城乡融合发展提供了强大的制度保障力。但是,由于传统城乡二元结构强大的制度惯性,城乡融合发展制度不平衡,农村融合发展制度创新不充分。与西方国家不同,我国城乡二元结构不但有深刻的经济社会发展内生根源,更有政府主导设计的城乡二元制度的内在制度根源。2019年5月5日,新华社授权发布了《中共中央国务院关于建立健全城乡融合发展体制机制和政策体系的意见》,为新时代我国城乡融合共生发展体系体制机制建设指明了方向,明确提出要"坚决破除体制机制弊端,

---

　　① 《中共中央国务院关于实施乡村振兴战略的意见》,人民出版社2018年版,第31页。
　　② 《习近平关于"三农"工作论述摘编》,中央文献出版社2019年版,第34页。

促进城乡要素自由流动、平等交换和公共资源合理配置,加快形成工农互促、城乡互补、全面融合、共同繁荣的新型工农城乡关系,加快推进农业农村现代化。"①为此,我们认为,树立系统共生论观点,重点破除城乡二元户籍、土地及金融体制机制对城乡融合发展所造成系制度性的梗阻,着力形成效率与公正价值融合共生的新型发展体制机制,从而创新城乡融合发展的共生机制。

第一节　在城乡户籍制度供给中创新城乡融合发展的共生机制

所谓的城乡二元制度是建立在城乡产业分工的二元经济结构基础上、以城市偏向为导向的城乡有别的制度体系或制度安排,具体主要包括城乡二元户籍制度、城乡二元土地制度、城乡二元金融制度及城乡二元基本公共服务福利制度。② 其中,城乡二元户籍制度是整个城乡二元制度体系的中枢核心,是我国城乡二元制度中的基础性制度安排,不仅是人口登记和户口管理的根本依据,而且还是实现资源配置和利益分配的重要工具,在整个二元体制中起到拱顶石的作用。改革开放以来,随着我国城乡融合共生发展进程加快,城乡二元户籍对城乡融合共生发展产生的弊端也越来越凸显,对构建城乡多元主体融合共生发展型户籍制度需要也越来越强烈。从城乡劳动力资源要素共生角度上说,要实现城乡劳动力生产要素和人口自由流动共生,就必须打破制约城乡劳动力生产要素和人口自由流动的城乡二元户籍管理体制机制,构建城乡多元主体融合共生发展的户籍制度。

---

① 《中共中央国务院关于建立健全城乡融合发展体制机制和政策体系的意见》,人民出版社 2019 年版,第 1 页。
② 城乡二元制度或体制不同于城乡二元结构。如果城乡二元结构更多体现为建立在城乡产业分工基础上的城乡二元经济结构,那么城乡二元体制就是建立在城乡二元经济结构基础之上以城市偏向为导向的城乡有别的制度安排。

一、城乡户籍制度融合发展中存在的主要共生问题

改革开放以来,随着我国城镇化进程大幅度提升,城镇化进程之中的"半城镇化"问题也日趋凸显①。造成我国"半城镇化"的主要问题是我国城乡二元户籍改革则相对严重滞后。基于乡村振兴战略背景的考量,以实现城乡融合发展为导向,新时代我国城乡户籍改革的主要共生问题在于:新一轮户籍制度改革主要还是服务于新型城镇化战略需要的城镇户籍制度改革,其重点依然是城镇户籍的改革和创新,只是单方面考虑新型城镇化对农村劳动力、农业专业人口及农民市民化的需要,对农村经济社会发展只是起到一种外生的拉动力作用,并没有从乡村振兴战略角度考虑农村户籍制度对促进农村经济和社会发展内生动力作用,不能有效满足乡村振兴所需要的劳动力、土地及资本等生产要素在城乡之间"双循环"自由流动共生的要求。

(一)农村劳动力要素"外流—回流"的共生问题

从西方工业化和城镇化历史进程来看,由于城乡二元经济结构的差异,农村剩余劳动力的转移和外流是一个必然现象。改革开放以来,伴随着我国快速城镇化的进程,是我国农村剩余劳动力大量外流。从城镇化率上来看,1978年城镇化率为 17.9%,2022 年我国常住人口城镇化率达 65.22%,与此相应从农业转移人口达到城镇人口数量高达 6.4 亿人(2017 年)。② 从《中国统计年鉴》(2019)有关于农业转移人口的相关数据看,改革开放 40 多年来农民工总量达到已经到达 29077 万人,比上年增加 241 万人,增长 0.8%,月均收入3962 元,比上年增加 241 元,增长 6.5%。农业剩余劳动力的转移不但改善了

① 所谓的半城镇化是指户籍人口城镇化率与农业转移人口城镇化率之间差异。2020 年我国常住人口城镇化率达 63.89%,户籍人口城镇化率达到 45.4%,两者相差 18.49%。
② 汪来喜、郭力:《40 年来我国城镇化的演变特征及未来发展思考——基于产业转移与劳动力流动的视角》,《中州学刊》2018 年第 11 期。

农民自身经济状况,而且也是推动中国城镇化和工业化的重要力量。在城镇化战略驱动下,一方面使得我国农村的劳动力不仅仅是剩余劳动力一直处于输出状态,一定的必要劳动力也一直处于外流状态,从而导致农村劳动力的"空心化""老龄化";另一方面,城乡收入差异及社会福利发展差异,也使得新生代农民工劳动力回流乏力,农村亟须各类实用人才面临引进难的问题,最终使得农村的劳动力和人力资源一直处于相对萎缩状态。①

从户籍制度角度上说,如果说我国城乡二元户籍制度是国家在社会主义计划经济条件下为了优先发展重工业战略的需要,限制城乡劳动力生产要素自由流动所作出的一项户籍制度安排的话,那么改革开放以来的城乡二元户籍制度改革就是国家在社会主义市场经济条件下,为了适应国家城镇化和城乡一体化战略的需要,对放开农村劳动力生产要素向城镇自由流动限制的一项户籍制度供给侧结构性改革。无论是新中国成立初期限制农村人口及劳动力生产要素向城镇自由流动所建立的城乡二元户籍制度导致城乡劳动力市场分割,还是改革开放以来逐渐开放限制农业转移人口及农村剩余劳动力向城镇自由流动建立城乡一体化的劳动力市场,起初制度安排设计的基本理念都是服务于国家新老工业化和新老城镇化战略的需要,都是农村劳动力要素向城镇的单向循环流动,而不是在城乡之间的双向循环流动抑或是"双循环"流动。

(二)城乡农业转移人口"异地—原地"市民化的共生问题

从西方现代化历程来看,在工业化和城镇化过程之中必然伴随着农业剩余劳动力的转移和流出,必然出现农业人口向城市和非农业人口转移的市民化现象。所谓的农业转移人口市民化就是农民获得市民身份、市民权利及市

---

① 参见王瑞瑜、王森:《乡村振兴背景下劳动力流动与回流机制研究》,《兰州学刊》2020年第4期。

民意识的城镇化过程。① 从现实意义上说,农业转移人口市民化有利于促进新型城镇化城乡融合共生发展,是提高农民素质促进农民全面自由发展的必由之路。改革开放以来,我国农业转移人口市民化规模不断扩大,有力地支撑了我国工业化和城镇化。但是,由于中国特殊人口结构和城乡二元结构的历史性,中国新型城镇化不可能完全吸纳农业转移人口。特别由于我国城乡二元户籍制度的制约,我国农业转移人口并没有彻底改变农民身份,并获得市民身份应该享受的市民权利和城镇基本公共服务,使得80%的农业转移人口游离在城乡之间,呈现出"户籍在农村,就业在城市;家属在农村,劳动力在城市;积累在农村,收入在城市;根基在农村,生活在城市"的候鸟型农业转移人口。农业转移人口的"半市民化"不但给新型城镇化和城乡融合共生发展带来巨大挑战,而且会造成农业转移人口在农村和城市双重断裂,加速社会新的矛盾积累,形成新的不稳定因素,也为农村和城市社会治理带来困难。针对农业转移人口"半市民化"问题,习近平总书记明确指出:"以城市群为主体构建大中小城市和小城镇协调发展的城镇格局,加快农业转移人口市民化。"②

乡村振兴战略提出之后,原地或就地农业转移人口市民化受到了学者们的关注。基于乡村振兴战略背景下原地农业转移人口市民化路径,既是原地农业转移人口户籍制度市民化的过程,同时更应该是原地农业转移人口劳动能力职业化的过程,即新型职业农民的塑造培育过程。改革开放以来,家庭联产承包责任制极大地解放和发展了农村生产力。但是随着农业现代化不断发展,科学技术在农业领域的应用和农业机械化智能化的不断提高,以家庭为单位的小农经营方式由于规模太小难以适应现代化大农业的所产生的规模效应,从而也制约了我国农业现代化的历史进程。如果说新型城镇化进程之中

---

① 本文认为所谓的农业转移人口是指从农村向城镇转移和农业向非农业转移的人口,突出强调了转移主体演化为具有城镇居民身份的过程和结果,不仅仅局限于农民工的市民化。农业转移人口的主要包括四类人群:(新生代)农民工、随迁非就业人员、失地农民和就地城镇化人群。

② 《习近平谈治国理政》第三卷,外文出版社2020年版,第26页。

是异地农业转移人口的"半市民化"问题,那么乡村振兴战略之中原地农业转移人口所面临主要是职业农民市民化问题。在乡村振兴战略背景下实现农业转移人口原地市民化不仅仅是要实现原地农业转移人口的户籍身份权利转向市民身份权利转移,更要实现原地农业转移人口从农业非专业化职业劳动向农业专业化职业劳动转移,培育大量有利于乡村振兴战略的新型职业农民,实现乡村振兴战略的农业转移人口的市民化和职业化的融合共生发展。

(三)城乡基本公共服务"均等化—多样化"的共生问题

推进城乡基本公共服务均等化一直是城乡二元户籍制度改革和农业转移人口市民化的难点问题。农业转移人口市民化不但要解决城镇户籍的市民身份问题,更要解决与户籍城镇身份问题所相应的市民权利问题,关键是推进城乡基本公共服务均等化。在计划经济条件和城乡二元户籍制度条件下,由于国家财政重点支持重工业和城镇,我国城镇居民的基本公共服务由国家和单位共同保障提供,农村居民的基本公共服务则由农村集体福利和国家救济相结合方式提供。相对于城镇基本公共服务,我国农村基本公共服务无论是在资金、范围和幅度上都显得严重不足,城乡基本公共服务差异巨大。改革开放以来,为了适应城镇化战略的需要,我们一方面改革制约农村劳动力向城市流动和农业转移人口市民化的城乡二元户籍制度,另一方面努力实现城乡基本公共服务均等化,为农村劳动力向城市流动和农业转移人口市民化提供相应的基本公共服务保障,从而开启我国城乡基本公共服务由非均等化向均等化发展的过程。40年来,尤其在新时代精准扶贫战略驱动下,我国城乡基本公共服务均等化进程明显加快,取得了一系列历史性的成就。我国广大农村地区无论是基本医疗保障制度全面覆盖还是基本义务教育全面实施;无论是社会保障制度还是公共基础设施都在不断健全完善,从而有效地推动了城乡基本公共服务的均衡发展,广大农民的生存和发展的基本需要得到了持续改善。

在乡村振兴战略提出之后,城乡基本公共服务的精准化和多样化受到了人们的广泛关注。以往研究在强调城乡基本公共服务均等化的同时,对城乡基本公共服务的精准化和多样化认识不够,尤其是对乡村振兴战略背景下,如何满足农民对高质量发展和美好生活需要、与城市有别的个性化差异性服务考虑不足。均等化不是一成不变的空洞形式概念,而是随着时代内涵不断变化发展的,不是平均主义的绝对平均化,而是在建立在权利、机会及规则公平基础上的需要个性化、多样化和差别化。在乡村振兴战略新时代,社会的主要矛盾已经不再是人民日益增长的物质文化需求与落后的社会生产力之间的矛盾,而是人民日益增长的美好生活需要和不平衡不充分的发展之间的矛盾。这个新矛盾也决定了城乡基本公共服务不再仅仅是满足人民群众的基本物质生存需要,而是美好生活中的个性化的生活需要,使得基本公共服务从普惠性、基础性、公益性向优质性、获得性和个体性转变。因此,我们认为在乡村振兴战略背景下不但要实现城乡基本公共服务均衡共生发展,而且更要根据乡村振兴战略背景下就地农业转移人口及乡村振兴人才对美好生活多样化需要来提供基本公共服务,实现基本公共服务均等化与多样化的融合共生发展。

二、构建有利于城乡劳动力资源要素双向流动共生的城乡户籍制度

为了进一步防止乡村劳动力空心化,改变农村劳动力和人力资源单向度流向城市的现状,实现城乡劳动力双向自由流动和平等交换,一方面我们要在促进异地农业转移人口市民化的同时积极实现原地农业转移人口市民化;另一方面我们在积极推进城乡基本公共服务均等化的同时,要积极满足农民对美好生活需要的多样化的追求。从户籍制度共生角度上说,就要改革城乡二元户籍制度构建城乡一体化多元共生户籍制度,消除制约农业转移人口市民化的户籍制度壁垒,在进一步推进城市二元户籍制度一体化的同时,要强化农村户籍基本公共服务制度改革,建立城乡新型户籍改革双向

改革体制机制。①

（一）构建有利于异地农业转移人口市民化共生的城乡户籍制度

从乡村振兴战略角度上说，乡村振兴战略要实现劳动力等生产要素在城乡"双循环"，并不是否定农村剩余劳动力向城市流动，也不否定农业转移人口向城镇的异地市民化。因此，解决城镇化过程中的"半市民化"的问题还必须依靠新型城镇化战略来推动，还必须进一步深化城镇的二元户籍制度，为农业转移人口尤其是新生代农民工市民化破解城乡二元户籍制度障碍。就城市户籍制度改革方面来说，主要重点在构建城镇一体化户籍制度、实现城镇基本公共服务和社会福利均等化、健全农业转移人口市民化成本分担机制。

1. 促进新型城镇化进程中城镇户籍一体化共生。从城镇一体化共生户籍制度上说，城镇一体化共生户籍制度改革的目的就是实现城镇常住人口居民在身份上平等，促进农业剩余劳动力和转移人口市民化，使得城镇常住人口居民在基本公共服务上实现均等化。在城镇户籍制度改革方面，就是要进一步消除制约农业转移人口异地市民化的阻力，即消除城镇化内部的城乡二元户籍壁垒，进一步解决城镇化进程之中的"半市民化"或"伪市民化"问题，进一步剥离城镇户籍中的城镇基本公共服务差异。2016 年国务院《关于深入推进新型城镇化建设的若干意见》明确指出要"建立城乡统一的户口登记制度。取消农业户口与非农业户口性质区分和由此衍生的蓝印户口等户口类型，统一登记为居民户口"②。新时代户籍管理改革的总方向就是要进一步弱化户籍的管理功能强化户籍户口的登记功能，消除二元户籍在户口上的制度壁垒。

为此，一方面我们要制定全面、有序、合理以及渐进的差别化的落户政策，

---

① 张国胜、聂其辉：《乡村振兴视角下我国户籍制度的双向改革研究》，《云南民族大学学报（哲学社会科学版）》2019 年第 4 期。

② 中共中央文献研究室编：《十八大以来重要文献选编》（中），中央文献出版社 2016 年版，第 31 页。

进一步放松中小城市的落户限制,区分不同城市类型与之相应的户口迁移改革类型,分级分类分层制定户口迁移条件,尤其要特别注意小中大及特大城市之间在户口迁移政策的协调共生,来促进城乡人口和劳动力资源自由流动,统筹推进农业转移人口向小中大及特大城市流动,促进城乡经济社会融合共生发展。① 另一方面,我们进一步要剥离户籍附加利益和弱化户籍管理的管理功能,让户籍户口制度真正回归到人口户口登记功能这一原始的初心和使命,这是新时代户籍改革的根本要求,同时也消除了城乡基本公共服务均等化制度建设中的户籍制度障碍。在剥离户籍制度的公共基本服务及社会福利功能的时候,我们要进一步完成居住证的基本公共服务及社会福利功能,拓展居住证制度的利益附加值,使得农业转移人口和城市流动人口等城市非户籍人口逐步享受城市户籍人口相应的同等基本公共服务,从而为农业转移人口市民化进程提供坚实的制度保障。

2. 促进新型城镇化进程中城镇基本公共服务均等化共生。从城乡基本公共服务和社会福利均等化角度上,无论是要剥离城镇二元户籍制度附加的基本公共服务,还是要完善城镇居住证制度的基本公共服务功能都离不开城镇基本公共服务均等化。一段时间以来,我国城镇基本公共服务和社会福利主要分为两种类型,一是户籍性基本公共服务和社会福利,主要包括教育、医疗、社会保障、就业以及住房等基本公共服务和公共产品。这些基本公共服务以城镇户籍为前提,没有城镇户籍就不能享受。二是非户籍性非基本公共服务和社会福利,主要包括城镇公共基础设施、公共卫生环境和城市市民文化等。这些非户籍性非基本公共服务与城市的经济社会发展水平密切相关,不同城市居民的非户籍非基本公共服务差距取决于不同城市的经济社会发展差异。

为此,一方面要加快地区与地区之间、城市与城市之间的基本公共服务和社会福利的均等化,重点协调东部与中西部、发达地区与欠发达地区、北方与

---

① 2016年国务院又先后出台《关于深入推进新型城镇化建设的若干意见》以及《推动1亿非户籍人口在城市落户方案》,要求城区常住人口300万以下的城市不得实行积分入户政策。

南方之间的城市之间的基本公共服务之间差距。另一方面,要加强城镇内部的基本公共服务均等化,重点实现户籍人口与非户籍常住人口、新生代农民工等农业转移人口之间在教育、医疗、社会保障、就业及住房公积金等基本公共服务方面的均等化。在大城市和特大城市由于基本公共服务在规模、质量及保障能力上诸多限制不可能一下取消,但可以在随迁子女平等享受教育权利、公平就业创业权利、基础性医疗和社会保障方面优先出台与户籍制度分离政策,来初步实现城乡基本公共服务均等化。这样在推进新型城镇化的城镇户籍一体化进程,不但可以降低大城市的户籍含金量,而且可以缩小中小城市与大城市之间基本公共服务的差距,将大城市的公共福利成本内部化。

　　3.建立健全农业转移人口市民化成本共生分担机制。从健全农业转移人口市民化成本角度上说,主要困境和障碍是没有建立合理的农业转移人口市民化成本分担机制。我国长期实行施行城乡二元户籍制度及二元基本公共服务和社会福利制度,主要原因在于我国由落后农业大国要想快速变成工业化强国,就必须要把集中优势资源优先支持城市发展工业,才能完成我国对西方先进工业国家的赶超战略。但是在这种外生型城镇化发展战略驱动下,城市的基本公共服务由国家重点支持并以国家财政作为支撑,农村基本公共服务则处于国家财政支持边缘,主要由农村集体经济和国家辅助救济来支撑。其结果必然是带来城乡基本公共服务的巨大差距。

　　有研究估算,到2030年,中国约有3.8亿农业转移人口需要实现市民化,如每人平均10万元左右,就需要支付近40万亿元的费用。[①] 由于存在各级政府之间、农村与城市之间、企业与企业之间、企业与个人之间及农民工收入低等诸多利益博弈和现实原因,使得如此巨大市民化成本是不可能由于政府、单位、企业及个人独立承担的,而是必须构建形成政府主导、多方参与、成本共担、协同推进的农业转移人口市民化共生分担机制。鉴于此,我们认为在农业

---

　　① 魏后凯:《构建多元化的农民市民化成本分担机制》,《中国社会科学报》2013年3月1日。

转移人口市民化成本共生分担机制的原则主要体现在以下几个方面：一是坚持以人民为中心原则，重点尊重农民工本人的市民化意愿和所承担的相应经济能力；二是尊重市场在资源配置中的决定性作用，合理确定企业与个人在成本共生分担上的比例；三是充分发挥政府的主导作用，按照权责相互统一的原则确定各级政府的职责范围；四是尊重效率与公平兼顾、重点突破和渐进改革相互结合的原则，调动政府、企业及个人各方面的积极性。

（二）构建有利于原地农业转移人口市民化共生的城乡户籍制度

乡村振兴战略并不是要否定农业转移人口市民化，而是要在促进新型城镇化异地农业转移人口市民化的同时，进一步强化原地或就地农业转移人口的市民化。从推进城乡基本公共服务均等化角度上说，就是要进一步增强农村地区基本公共服务供给，缩小城乡之间的基本公共服务差距，满足原地农业转移人口市民化的基本公共服务需要，为吸收新生代农民工返乡创业和城市各类人才下乡实现乡村人才振兴提供基础和保障。[①]

1.建立健全城乡基本公共服务均等化多元共生的供给体制机制，进一步夯实农村居民基本公共服务高质量融合共生发展的制度基础。一是进一步完善公共财政政策支持的投资方法，通过委托管理或资本注入等方式完善政府公共财政投资基金运行机制，发挥好公共财政政策制度对社会资本的带头和牵引作用，从而引导更多社会资本投入农村基本公共服务建设当中，实现公共财政与社会资本合作共生。二是进一步完善政府与社会资本（社会资金）共生合作模式机制（PPP），吸收社会资本到农村基本公共服务的基础设施建设基金运用管理中来，着力打通农村基本公共服务和交通基础设施的"最后一公里"，以便推进乡村全面振兴。三是创新公共财政政策的转移支付补贴政策制度，加快形成由公共财政资金引导带动、银行金融机构大力支持、社会资

---

① 尤琳、陈世伟：《城乡一体化进程中的户籍制度改革研究》，《社会主义研究》2015 年第6 期。

本和资金积极参与的多元化共生的投入格局,加快补齐乡村振兴战略中所面临的基础设施和基本公共服务短板,缩小城乡基本公共服务差距,实现城乡基本公共服务均等化,促进原地或就地农业转移人口市民化,实现城乡高质量融合共生发展。[1]

2.全面强化农村文化教育、医疗健康保险及社会养老基本保障等基本公共服务,实现农村居民在教育、医疗及养老方面的高质量融合共生发展。一是进一步加大对农村基础义务教育的投入力度,建立健全城乡义务教育资源均等化机制,合理布局农村学校,改善农村学校办学条件,构建城乡教育师资资源"双向循环"流动机制,努力为农村学生提供公平的优质的教育,持续推进城乡教育一体化共生。充分发挥"互联网+"模式发展远程网络教育实现城乡优质教育资源共享共生。建立健全农村职业教育培训服务体系,深化产教融合,为农民提供更多有利于乡村振兴的实用技术和技能,为乡村人才振兴培育更多新型职业农民。二是进一步健全农村医疗卫生服务体制机制,促进医疗资源向农村倾斜,加大对农村医疗卫生服务公共财政投入,切实降低大病支出费用,统筹地方经济实际,着力改善乡镇卫生院和村卫生室条件,加强乡村医疗卫生人才队伍建设和培养,提升农村医疗卫生服务能力,实现城乡基本医疗卫生服务均等化。三是针对当前我国农村社会保障水平低、能力低下及体制机制不健全等现实状况,"按照兜底线、织密网、建机制的要求,全面建成覆盖全民、城乡统筹、权责清晰、保障适度、可持续的多层次社会保障体系"[2]的要求,以农村社会保障供给侧改革为动力,加大公共财政对农村基本养老和社会救助的投入,进一步完善城乡基本养老保险制度,提高农村居民最低生活保障水平,完善农村居民社会救助制度,兜牢基本民生底线,从而实现城乡社会保障均等化,促进原地农业转移人口市民化,实现城乡高质量融合共生发展。

3.进一步加强农村公共服务的基础设施建设,实现农村生产生活生态一

---

① 参见杨远根:《城乡基本公共服务均等化与乡村振兴研究》,《东岳论丛》2020年第3期。
② 《习近平谈治国理政》第三卷,外文出版社2020年版,第37页。

体化共生发展。一是根据农村基础设施现实问题和乡村振兴的目标要求来依法依规科学谋划农村基础设施建设规划,农村基础设施改善要循序渐进分轻重缓急,优先改善农村经济基础设施,然后改善农村社会基础设施。如东部农村地区经济基础设施比较好可以进一步改善社会基础设施,中西部地区重点则依然要以改善经济基础设施为主。二是要进一步加大公共财政对中西部农村地区经济基础设施的投入力度,在保障农村经济基础设施资金投入保障方面,要坚持"多予"和"放活"双管齐下方针,鼓励社会资本和社会力量参与农村经济基础设施建设,引导农民和企业积极投入一些具有经营收益性的经济基础设施,构建农村基础设施建设多元化共生的投融资格局,健全农村经济基础设施投入可持续的长效机制。三是健全农村基础设施的管护制度,首先要改革完善农村基础设施建设的产权制度,根据农村基础设施投资主体来划定产权的归宿。如以政府投入为主规模较大则归县级政府或授权所有,政府投入为主规模较小则归农村集体经济所有,以农户和企业资金投资建设则归农户和企业自己所有。

第二节　在城乡土地制度供给中创新城乡融合发展的共生机制

　　土地制度是城乡的基础性制度,是农业农村发展的基础性制度,也是推动城乡融合发展的重要制度动力。从城乡融合发展角度上说,城乡土地制度是城乡经济制度的核心制度,是影响城乡融合发展进程中最重要的制度因素,也是实现乡村振兴战略目标的关键所在。如果说城乡二元户籍制度是城乡二元制度的政治性制度基础的话,那么城乡二元土地制度便是城乡二元制度的经济性或物质性制度基础。新时代要实现城乡要素共生,不但要实现作为主体的人或劳动力生产要素共生,而且要实现作为客体的物即土地生产要素的共生。因此,我们不但要破除城乡二元户籍制度对城乡劳动力要素共生的钳制,而且还要破除城乡二元土地制度对城乡土地要素共生的钳制,只有建立城乡土地制度改革双向体制机制,促进城乡土地要素双向流动,才能有利于人的要素和地的要素双重流动,从而实现城乡融合共生发展。①

一、构建有利于城乡土地产权主体平等共生发展制度

土地公有制是社会主义公有制经济基础,是社会主义公有制的重要体现,也是城乡土地资源要素自由平等交换流通的基本制度前提。

(一)城乡二元土地产权制度融合发展中存在的主要共生问题

以城市为偏向的城乡土地二元制度使得城乡在土地权利体系中地位不平等、配置方式倒置及增值收益分配方式错位。城乡二元土地制度的问题症结不在于城乡土地分别属于城市国家所有和农村集体所有,问题症结在于这两种公有土地产权的地位不平等,在城镇化和市场进程之中产生了不同的问题和后果。

1.城乡土地产权权能不同。土地产权或所有权制度是土地制度的本质核心,决定了土地占有权、交换权、发展权、分配权及收益权。在新中国成立之初,为适应我国工业化和城镇化战略需要,我国在建立土地公有制基础上确立了城乡二元土地公有制,即城市土地归属于国家所有,农村土地归属于集体所有。对城乡土地的赋权不同,农村集体土地没有同等的使用权、流转权和发展权。从土地法律角度上说,根据《土地管理法》(2004年修正)规定,只有国有建设用地享有土地使用权和发展权,而农村集体土地并不享受与城市国有土地相应对等的适应权和发展权。我国的《物权法》(2007)第一百三十五条也明确将"建设用地使用权"的设置权仅限于国有土地。所以,无论是依照《土地管理法》还是《物权法》,农村集体土地没有与城市国有土地相应的直接建

---

① 参见陈利根、龙开胜:《新中国70年城乡土地制度演进逻辑、经验及改革建议》,《南京农业大学学报(社会科学版)》2019年第4期。

设用地使用权,农村集体用地的名义建设用地使用权只有重新划归或被征收为国有土地之后,才能够享受相应的直接建设用地使用权和发展权。由此可见,我国农村土地的建设用地实际的使用权和发展权实际上属于国家所有。

2.城乡土地产权市场化地位不同。我国《宪法》第十条规定"农村和城市郊区的土地,除由法律规定属于国家所有的以外,属于集体所有",但《物权法》却对我国城乡宅基地的抵押担保物权做了不同规定,其第一百四十九条中所谓"住宅建设用地使用权"仅指城市国有土地的住宅权,而第十三章中的"宅基地使用权"则特指农村集体住宅建设用地使用权,并不具有《物权法》所界定的建设用地使用权中抵押担保物权的一般属性,从而使得城乡在土地征收管理上产生差异,引发了一些城乡和农地矛盾。我国《宪法》《物权法》和《土地管理法》等相关法律都明确规定,国家为了公共利益的需要,可以依法对城乡土地进行征收征用并给予补偿。但相关法律法规一度没有对国家和社会公共利益需要的内涵和外延严格界定,造成征地补偿上的争议。这一状况已在近几年的《土地管理法》等法规修订中作出了明确规定和进一步完善。

(二)完善乡村土地产权"三权分置"融合发展的制度共生路径

改革开放以来,我国积极推进以农村土地产权为核心的农村土地制度改革,重点改革城乡公有二元土地产权制度,消除城乡土地产权不平等,在建立"完整、明晰和稳定"的现代化农村产权制度体系方面取得了巨大进步。在乡村振兴战略提出之后,城乡土地制度融合共生、"三权分置"和城乡土地产权平等问题更是成为广泛关注的焦点。乡村振兴战略背景下城乡二元土地制度对城乡资源要素平等自由交换的现实困境,基于城乡融合共生发展目标要求,就必须在健全完善农村土地产权"三权分置"改革基础上,进一步破除城乡二元土地产权制度,构建城乡土地平等共生的产权制度。

1.进一步优化细化农村土地产权"三权分置"改革。第一,坚持进一步完善农村集体土地所有权这一个农村土地产权制度的根本基石。以新一轮农村土地产权制度改革为契机，统一明确现有法律对农村集体经济组织的法人规定，以"按份共有"夯实农村集体土地所有权，探索"土地股份制""土地混合所有制""土地托管制"等集体土地所有权实现形式。第二，稳定农民的土地承包权，研究承包关系"长期不变"的内涵和实践路径。通过清晰"农民"身份性质，为建立农村土地进入和退出机制确定前提。探索土地承包权自动续期机制，从法律制度上消除地方政府和农村集体对农民承包权关系的干预，构建完善农村土地承包关系。第三，放活土地经营权，完善农村土地经营权的资本化路径。坚持依法、自愿和有偿原则，鼓励农民多种形式流转土地经营权，稳步推进土地经营权的抵押权和担保权，为从法律上确立农村土地经营权资本化奠定制度基础，积极探索农村土地信托和农村土地证券化等金融型农村土地经营权资本化模式。[1]

2. 强化和丰富农村土地产权的权能，让土地产权的多重功能充分发挥。无论是在新型城镇化进程之中，还是在乡村振兴战略背景下，土地产权中的发展权都是一项重要权利，可以为土地权利的主体带来土地的增值收益。我国要充分发挥土地对农民的经济发展功能和社会保障功能的有机统一，通过土地的经济发展功能来夯实土地的社会保障功能，使土地真正成为农村产业兴旺和农民生活富裕的有效载体。但是，长期以来，与城镇国有土地发展权相比，农村土地的发展权受到不同程度地抑制，农村土地发展权只能通过土地征收方式，变更土地用途入市获取增值收益，但是农民获得土地补偿的实际金额却因为政府、企业及补偿制度限制而大打折扣。在农村土地发展权制度设计上，我国实行城镇国有土地发展权归国家所有，农村集体土地发展权归农村集体所有，既可以保障农村集体和农民家庭依法公平共享土地发展增值收益，也可以极大地调动广大农民保护土地的积极性，有效保护耕地，促进乡村全面振

---

[1]　参见杜伟、黄敏：《关于乡村振兴战略背景下农村土地制度改革的思考》，《四川师范大学学报（社会科学版）》2018 年第 1 期。

兴,实现城乡融合共生发展。

二、构建有利于城乡土地市场一体化共生发展制度

土地产权是土地市场的基本制度前提,而土地市场则是土地产权价值通过土地价格实现土地产权要素之间的交换、交易或流通的资源配置方式和机制。传统城乡土地产权二元制度,不但导致城乡土地产权地位的不平等,同时也导致了城乡土地市场二元分割,导致了城乡土地市场交易的不平等。在乡村振兴战略背景下要实现城乡多元主体融合共生发展目的,增强"三农"在城乡多元共生有机体中的主体性和能动性,就必须进一步增强乡村集体土地在支持乡村全面振兴和城乡融合共生发展的驱动力作用,破除城乡二元土地市场制度,实现城乡土地市场一体化共生发展。

(一)城乡二元土地市场制度融合发展中存在的主要共生问题

改革开放以来,随着我国社会主义市场经济不断发展,我国资源配置方式基本上已经实现由政府计划行政配置到由市场配置决定,我国的土地市场也从"无"到"有",从"小"到"大"。但是相对于我国劳动力、资本等商品要素市场化进程来说,我国土地要素商品的市场化方面相对滞后,城乡统一或一体化共生的土地市场还有待建立,城乡二元土地市场对新时代城乡融合共生发展的消极影响,特别是对城乡土地资源要素平等交换、农村土地流转、乡村产业兴旺和农村集体经济发展的弊端也随着我国城乡土地市场发展也日益凸显出来。

1. 农村集体建设用地入市难。尽管 2020 年实施的《土地管理法》破除了农村集体经营性建设用地入市的法律障碍,但在入市实践过程中仍存在诸多问题。第一,入市对象不明。这主要体现在无论是对已经入市的土地存量,还是规划和用途管制新增的农村集体经营性建设用地,《土地管理法》都没有明确。如果是指存量,就全国来说,农村集体经营性建设用地占农村整个集体用

地只有10%,到中西部占比可能更小,只有5%左右,难以产生规模效应,无法满足乡村全面振兴对农村土地的大量需求。如果指增量,就要明确增量范畴,而且会与国有土地增量形成竞争产生冲突,在实践上又因为城乡产权地位的不平等,导致农村集体土地在市场征收、收益、补偿及转让方面会有重重限制。第二,由于现行农村集体土地在产权主体上存在产权不明晰功能不健全等现实问题,使得农村集体经营建设用地在入市后存在流转主体不明,流转方式不畅及流转利益分配不清等问题,容易引发农民与政府及集体之间的矛盾。

2. 农村集体所属用地面临征收难。基于公共利益来征收土地是国际土地征收的一项基本原则。但是由于我国至今没有对《土地管理法》的"公共利益""成片开发"等概念的内涵作出明确清晰的界定,这对未来城镇化和乡村振兴战略中的征地带来潜在的矛盾和冲突。比如究竟何种意义开发建设土地属于"成片开发",其内涵本身的界定有"宜宽"还是"宜窄"问题,其划定条件标准也有"宜松"还是"宜紧"问题,比如是否要限制"最小规模""公益占比"和"总体规模"等问题仍然需要探讨和确定。由于国家现行关于土地征收的"公共利益"和"成片开放"等内涵上模糊,在对"公共利益"外延的分类上也不清楚。比如农村集体征地过程中也不可避免地涉及"个人意愿"和"群体意愿"、"流转"和"征收"、"个人利益"和"公共利益"等矛盾冲突。在面对这些矛盾冲突时,由于公共利益分类不清,这样村民与集体之间、村民之间分配争议等问题仍时有发生。

3. 农村集体宅基地流转退出难。第一,当前农村宅基地权能不健全,集体拥有宅基地的所有权,农民拥有宅基地的使用权,农民却没有宅基地的资格权和经营权,没有法定的转让权和抵押权等财产性权利。如《国务院关于深化改革严格土地管理的决定》(2004)明确规定"严禁城镇居民在农村购置宅基地"。2020年5月通过的《民法典》第三百九十九条明确规定"宅基地土地使用权不得抵押"。第二,宅基地的保障权与财产权的相互冲突。现行农村宅基地制度是基于"居者有其屋"目标而建立的具有中国特色的农村土地使用制度。对此,我们认为无论宅基地制度如何改革,都不能忽视农村宅基地本身具有的住房保障功能的重要性。因为住房保障权既是保障农民生产生活的基本权利,同时也是促进城乡基本公共服务均等化的重要内容。在没有相应农村宅基地退出机制条件措施下,就不能很好地协调农村宅基地的保障权和财产权之间的冲突和矛盾。

(二)完善城乡土地市场一体化共生发展的制度路径

党的十八届三中全会提出,"要建立城乡统一的建设用地市场。在符合规划和用途管制前提下,允许农村集体经营性建设用地出让、租赁、入股,实行与国有土地同等入市、同权同价。"[1]改革开放以来,我国在消除城乡土地市场二元问题上已经有很大进步,但是在城乡土地市场一体化共生方面也还存在不少问题,如市场主体行为不规范、市场供需矛盾突出、市场价格不合理、增值收益分配不公等问题。在乡村振兴战略背景下实现城乡融合发展,就必须消除城乡二元土地市场制度,构建城乡土地市场一体化共生发展。[2]

1. 构建城乡土地市场一体化共生的市场化配置决定机制。第一,在符合国家土地规划和用途管控的基本前提上,消除政府对农村土地不当的管控,打破政府对土地一级市场和"农转非"土地市场的行政垄断,实现政府从"土地垄断者"向"公共管理者"转变,通过税收、土地管理法律规制加强对城乡一体化土地市场的科学宏观调控。第二,通过对农村土地的产权制度、征地制度改革使得城乡土地市场同地同权同价,着力培育农村土地市场体制机制的内生动力,重点优化培育农村建设用地和经营用地的市场化体制机制,实现城乡土地产权对等,破除城乡土地市场二元结构,在国家宏观调控下让市场机制在城

---

① 中共中央文献研究室编:《十八大以来重要文献选编》(上),中央文献出版社 2014 年版,第 518 页。

② 参见张合林:《以土地市场制度创新推动城乡融合发展》,《中州学刊》2019 年第 3 期。

乡土地市场资源配置中起决定性作用。第三,着力构建城乡共生建设用地市场交易和信息服务平台,强化城乡共生建设用地的中介服务机构和组织建设。通过这些服务平台和中介组织建设使得农村集体建设和经营用地在城乡一体化土地市场共生制度框架下实现城乡土地要素平等交换,进而促进城乡融合发展。

2.完善农村集体建设用地入市体制机制。第一,依法明确农村经营性建设用地入市的范围。目前法律并没有对农村经营性建设用地范围进行明确的界定。解决这个问题需要从类型和用途两个方面考量。一方面要明确农村基础设施用地、公益事业、宅基地不属于建设经营用地,另一方面要明确与乡村振兴战略相关的用于办企业商业和旅游的经营性建设用地。第二,依法明确农村经营性建设用地的流转入市方式。通过立法将符合规划、用途管控、依法取得作为农村集体经营性建设用地入市的前置基本条件,采取就地、调整及整治等多种入市方式,明确农村集体经营性建设用地有偿流转入市的期限、原则和方式,明确租赁、转让和入股的用途和期限。第三,依法明确农村集体经营性建设用地入市的程序。规范农村集体经营性建设用地入市程序是实现城乡土地同权同价等值的基础和保障。参照国有土地使用权相关规定,明确农村集体经营性建设用地的价格形成机制,明确流转入市必须经过公平公开公正的土地市场交易,采取"招拍挂"等方式让市场来决定农村集体经营性建设用地的价格。

三、构建有利于城乡土地利益分配共享共生发展制度

在传统城乡二元土地制度背景下,由于城乡土地产权地位不平等、土地资源要素市场化程度高低等因素,使得城乡土地资源在经济社会发展中所获得的利益或收益分配上也是不公正的,主要体现在农村土地出让收入分配制度、土地有偿补偿分配制度和发展权能增值收入分配制度上。城乡收益分配制度的不公正不但导致城乡融合发展差距进一步拉大,而且进一步导致农村发展

内生动力不足,"三农"发展的主体性缺失。在乡村振兴战略背景下城乡融合发展必须改革城乡二元土地产权制度,积极培育农村土地市场,同时改革城乡土地利益或收益分配制度,建立城乡土地利益或收益共享共生制度。

(一)城乡二元土地利益分配制度中存在的主要共生问题

改革开放以来,土地在经济社会发展中的地位和作用也日益凸显,城乡土地增值收益日趋上升,围绕城乡土地增值收益的矛盾也更加突出。长期以来,我国农村土地增值收益分配问题一直没有处理好,成为制约农业发展农村进步和农民增收的巨大障碍。在乡村振兴战略背景下,需要尽快构建城乡利益共生体,设计出有利于新型城镇化、乡村振兴和农业转移人口市民化共生的增值收益分配机制,实现城乡利益共享共生。当前,我国城乡土地增值收益分配制度不公主要体现在以下几个方面:

1.农村土地产权界定模糊导致土地增值收益分配不明。我国农村集体土地产权模糊性主要表现在法律正式规范的模糊性和土地公共利益的模糊性。由于现行法律规范并没有对农村土地产权结构中的所有权、承包权和经营权之间作出明确区分和界限,也就不能完全明晰农村土地产权的主体归属分配问题。由于农村土地产权本身是一个多方利益共同体,在没有明晰农村土地产权主体和农村土地公共利益的内涵和界限的情况下,随着农村土地增值收益增加必然会进一步加剧各方利益相关者对土地增值收益的利益博弈。利益博弈主体地位的结构性不平等最终必然导致土地增值收益分配的不均。农民往往处于利益博弈的弱势群体地位,在土地增值收益利益博弈中获得土地增值收益份额往往最少。

2.农村土地产权权能不完整导致土地增值收益不能充分实现。在改革开放初期,我国农村土地的所有权和土地承包经营权分开,农村集体拥有土地的所有权,农民拥有土地的承包经营权。从此,农村土地产权权能开始逐渐丰富起来。从最初开始拥有土地的占有权、农业生产的使用权到农用地流转的转让权及收益权,再到农用地征收获得土地的增值收益的补偿权。我国农村土地渐进式的改革方式既符合产权演化的基本规律也符合我国实际情况。但是这种渐进式改革方式也带来农村土地产权权能的不完整性,突出表现为农用地在转让流转方面的抵押权、担保权和补偿权等土地增收收益分配权方面的不完整,使得土地产权权能不完整。在新型城镇化战略和乡村振兴战略"双重战略"协同共生下,农民已经不再满足生产性的承包权所带来的价值收益,而是希望获得由土地入市变成土地资本所带来增加价值收益,获得更多的土地财产性收益。但是在现实农村土地产权权能制度下,农民对土地增值价值收益需要与实际土地增值收益分配之间存在矛盾。

3.农村土地保障法律不健全导致农村土地权益得不到有效保障。当前我国农村土地法律法规还不很健全,突出表现为对农村在土地权益方面的保障比较薄弱。在城镇化和传统城乡二元结构背景下,由于大量农业转移人口进城务工生活,农村土地利用率下降出现大量空置土地,为了合理利用这些空置土地,土地流转势在必行,才能够充分实现土地的价值,为农业转移人口市民化提供必要资本的支持。然而当前法律并没有对农业转移人口在土地发展权的保障方面作出明确合理的规定。第一,在征收补偿标准方面,对农民的征收补偿保障严重不到位,没有考虑农村土地入市之后产生的价值增值收益部分,而是按照土地本身的价值来进行补偿,这是极其不合理的;第二,在征收补偿程序方面,没有充分发挥农民在土地征收方面的参与权、知情权,农民实际上被排除在土地增值价值收益分配之外;第三,在征收补偿机制方面,对农民土地征收行政色彩浓厚,无论是征收规划、征收程序还是征收补偿方面,行政权力都发挥了重要作用,没有很好地尊重市场价值规律和农民在土地征收补偿方面的意愿。

(二)完善城乡土地利益分配共享共生的制度路径

党的十八届三中全会《决定》提出要"建立兼顾国家、集体、个人的土地增值收益分配机制,合理提高个人收益"①。随着城市化、农村土地市场化和资本化进程加快,城市与农村在土地增值收益分配差距上也越来越大。在乡村振兴战略背景下要实现城乡融合发展,就必须消除城乡土地增值收益分配二元制度,构建城乡土地增值收益分配共享共生制度。

1. 树立土地(征收)增值收益价值"涨价归民、地利共享"的共享理念。我国是土地公有制,国家是土地的所有者,政府代表国家获取土地增值收益的绝大部分收益是应当的。我国现阶段的土地增值收益价值尽管主要归政府所有,成为政府收入的重要来源,但这些土地增值收益价值并没有完全发挥土地增值收益在推动社会公益事业和农村发展中的积极作用。我们认为,新时代要基于我国基本经济制度和基本分配制度来重塑土地增值收益的观念,"涨价归公"的本质是土地增值收益由社会共享,用于增进人民社会福祉,其实质是"涨价归民",也符合以人民为中心的发展思想。

2. 改革和完善农村宅基地制度。农村宅基地的财产性收入是土地增值收益的重要组成部分,是农民获得土地财产性收入和共享土地增值收益分配成果的重要途径和方式。第一,规范农村宅基地使用制度,充分保障农民宅基地使用权。保障农民宅基地占有权和使用权是农村宅基地改革的基本底线。近年来随着农民生活水平的提高,圈地盖房成为农村的普遍现象,部分农村地区宅基地使用面积明显超标,宅基地使用粗放问题日益突出。今后要进一步规范农村宅基地使用面积,对超出规定的面积可以采取有偿使用收税的办法,同时赋予农村宅基地相应的收益权和转让权。第二,建立农村宅基地有偿退出和转让机制,赋予农村宅基地相应的资格权、抵押权和担保权。随着城镇化进程的加快,大量农业转移人口居住、工作和生活在城镇,由于缺乏完善的农村宅基地退出和转让机制,农村空置宅基地问题也愈发严重。对于那些已经进城落户的农业转移人口的空置宅基地要建立相应的有偿退出机制,以适应

---

① 中共中央文献研究室编:《十八大以来重要文献选编》(上),中央文献出版社 2014 年版,第 518 页。

"以人民为中心"的新型城镇化战略和乡村振兴战略。

第三节　在城乡金融制度供给中创新
城乡融合发展的共生机制

金融是现代市场经济的核心力量,是支撑城乡经济融合共生发展的重要动力,也是实现乡村振兴战略的重要支撑。如果说传统城乡户籍和土地二元制度是造成城乡劳动力生产要素与土地生产要素不平等自由交换的制度原因的话,那么城乡二元金融制度则是造成乡村资金短缺和资本贫血的重要制度原因,同时也间接制约了城乡之间劳动力、土地等生产资源要素的自由流通和平等交换。要实现城乡之间钱或资本要素的自由流通,就必须破除和改革创新城乡二元金融体制机制。从城乡要素共生角度上说,乡村振兴战略和城乡融合发展的关键是要实现"人地钱"等资源要素自由流通,必须解决"钱从哪里来"的问题。因为,无论是人或地等一切资源要素自由流动,都离不开钱或资本要素的自由流动,离不开农村金融的有力支撑。因此,要实现城乡融合发展,不但要破除城乡二元户籍和土地制度,还要破除城乡二元金融制度,从而为乡村产业兴旺、生态宜居、乡风文明、治理有效以及生活富裕提供金融保障支撑。

一、构建有利于乡村金融多元主体融合共生发展的组织机构

在传统城乡二元金融制度背景下,城乡金融机构或组织的发展是不平衡的,农村金融机构组织的发展是不充分的。随着乡村振兴战略的大力实施,城乡资源要素的双向自由流动加快,城乡二元金融机构或组织状态是无法适应和满足乡村振兴战略和城乡"人地钱"等资源要素双向流动共生需要的。因为,无论是要充分发挥金融对乡村振兴战略的支持作用,还是要支撑城乡资金和资本要素双向自由流动平等交换;无论是要统一城乡金融市场,还是要发展

乡村普惠绿色金融,都需要进一步健全和完善农村金融机构或金融服务供给主体,积极引导涉农金融机构回归支撑"三农"发展的本源。

(一)城乡二元金融组织机构融合发展中存在的主要共生问题

为了支撑国家城镇化和工业化发展战略所需要的资金支撑,我国确立了城市偏向的城乡二元金融制度,随着经济社会发展,这一制度逐渐不适应时代发展的需要,不但导致了农村资金和农业资本大量外流、农村金融失血和金融排斥等问题严重,而且还导致了农村普惠金融产品和服务供给的严重不足,从而也制约了农业现代化、新型城镇化、新型工业化和乡村振兴战略的协同共生发展。其中,农村金融机构,特别是新型金融机构不足是造成农村金融产品和服务供给不足的重要原因。在乡村振兴战略背景下城乡二元金融组织机构融合共生发展的不适应主要表现在以下五个方面:

1. 农村国有商业银行金融机构支农服务体系不健全。由于受到金融化和互联网的双重影响,农村国有商业银行金融机构的"去农化"现象严重,支农服务体系网络不健全、力不从心。中国农业银行是服务农村金融的主要国有商业银行机构,但是中国农业银行网点分布在农村地区比较少且分布不均、金融产品单一;中国邮政银行虽然在农村广泛分布,但是由于金融服务手段相对落后,金融服务信息化和智能化不高,不能很好适应互联网金融所带来的发展需求。

2. 农村商业银行金融机构产权结构不合理。农村商业银行是农村内生性的金融服务机构。农村商业银行是由农村信用合作股份制改革而来的,是一个由民营企业、有限责任公司、股份制企业和自然人出资组成的地方性股份制金融机构。与农村信用合作社相比,农村商业银行在产权制度上更加多元化,产权主体不清晰往往导致地方政府主导,广大社员股民股权分散而无法形成对银行的管理权,其金融机构主体的商业化运作效率低下。

3. 农村政策性金融机构服务能力和范围有限。中国农业发展银行是我国农村金融唯一的政策性发展银行。但是由于农业农村在国民经济发展中的基础性作用,加上"三农"对资本和资金需求巨大,投资规模较大、资金成本较高、盈利能力较差、资金回收周期较长的特点,使得商业银行在"盈利"驱动下往往对服务"三农"的动力不足,这个时候就需要通过金融保障性政策来支撑农村非营利的公共基础设施的发展。但是由于受到国家金融政策和农村金融需求限制的双重影响,农村政策性金融机构对"三农"和乡村振兴战略的支持,无论是从能力还是范围都受到一定限制,不能满足新时代乡村振兴战略的需求。

4.农村新型农村金融机构发展的不均衡。为了有效弥补国有商业银行和农村商业银行在农村金融服务和供给上不足,国家从2006年开始大力发展村镇银行、贷款公司、资金互助社等新型金融机构满足日益增长的农村金融需求。但是由于地方经济发展差异、产权结构、交易成本及农村商业化市场化程度等多种因素制约,使得我国农村新型金融机构的发展极为不均衡,东部和中西部地区、发达地区和贫困地区农村的新型金融机构无论是在数量还是规模,绩效还是服务能力都有显著的区别和差异,呈现出非均衡发展。①

5.农村非正规金融机构失范现象严重。长期以来,由于城市偏向的城乡二元金融制度,使得官方正规金融机构对农村金融存在普遍的金融排斥,农村民间非正规金融机构如民间借贷机构和民间互助基金借助自身的灵活性、低信息社会成本和农村民间社会信用关系网络等优势,成为了弥补和缓解正规金融供给不足的重要形式和渠道,对满足"三农"和乡村振兴战略多层次需求产生的积极作用。但是农村非正规金融机构缺乏正式规范制度保障,同时也处于国家金融监管的盲区,这样就使得农村非正规金融机构管理混乱而失范的问题突出。

---

① 刘吉舫、李梅:《我国新型农村金融机构非均衡发展制度性解析》,《当代经济研究》2017年第12期。

（二）完善乡村金融多元主体融合发展的组织机构共生路径

在乡村振兴战略背景下要充分发挥金融在乡村振兴战略和城乡融合发展的支持作用,就必须破除城市偏向的城乡二元金融制度对农村金融机构的束缚和排斥,夯实城乡金融共生单元,不断完善和创新农村金融机构组织供给体系。[①] 对此,我们应该从以下几个方面改革和完善农村金融机构组织供给体系:

1.创新农村金融机构支撑乡村振兴战略的组织结构功能体系。当前农村金融机构共生单元共生度不强,一个重要原因就是农村金融机构的组织结构功能体系不够健全、完善和明晰。第一,要进一步强化和拓宽中国农业发展银行在乡村振兴战略的政策性金融机构中的扶持导向作用,大力创新金融服务和产品,调整中国农业发展银行的业务范围和工作重心,将支持乡村振兴战略的金融政策统一管理,建立政策性金融财政补偿机制,并制定支持乡村振兴战略的相关金融政策法律法规,为农村金融机构主动服务产业兴旺、生态宜居和生活富裕发挥金融政策保障性作用;第二,通过税收、提供贴息和损失补偿等金融政策引导农村商业银行加大对乡村振兴战略的资本投入,解决农村商业银行的"去农化"现象,引导社会资本支持乡村振兴,引导城市工商业资本服务于县域乡村振兴战略,目的是要进一步发挥中国农业银行和中国邮政储蓄银行服务乡村振兴战略的重要支撑作用。

2.进一步大力发展农村新型中小型金融机构。与国有大型政策性银行和商业银行不同,中小型金融机构在为中小型企业特别是乡村振兴战略的新型经营主体提供金融服务方面拥有信息和成本优势,强化农村中小银行金融机构在乡村振兴中的主力军作用,为乡村振兴战略中的产业、生态、文化与人才振兴提供强有力的绿色金融支持通道。其一,要适应乡村振兴的新型经营主

---

① 陈放:《乡村振兴进程中农村金融体制改革面临的问题与制度构建》,《探索》2018 年第3 期。

体的需求的小型化和个性化的特点,大力发展区域性的新型中小型金融机构,进一步清理制约新型农村金融机构的制度性障碍,实现均衡发展,重点建构有利于生态小城镇发展和就地城镇化的县域村镇微型银行融合共生发展的体制机制。其二,为适应乡村振兴战略的农村集体经济和合作经济的发展需要,大力发展新型农村合作金融机构,为乡村振兴战略中的相对贫困治理提供有力的内生金融支撑。

3.进一步大力发展农村非正规金融机构。乡村振兴战略的金融需求不仅量特别大而且需求方式也多样化。目前农村正规金融机构的普惠性不强,难以最大限度满足乡村振兴战略的金融需求。非正规金融利用自己的灵活性和信息低成本的特点,在很大程度上可以有效弥补正规金融机构的供给不足。因此,要促进农村银行金融机构与非银行金融结构协同共生发展,就要着力构建合作、政策、商业、新型及非银行机构多元协同共生的金融服务机构,成立一批具有融资功能的基金、信托及证券等非银行金融机构全面助力乡村振兴战略。针对农村民间非正规金融机构的高额利息引发的金融风险问题,我们要进一步规范和引导农村民间非正规金融机构,以便促使信贷借贷健康发展;要进一步加强对农村非正规金融机构的差异化监管,允许农村非正规金融机构在高度信任和风险可控的前提下自主经营,但是要及时发现和制止农村非金融机构扰乱农村金融市场、危害农民利益和中小企业资金安全的经营活动行为。

二、构建有利于城乡金融市场融合互惠共生发展的供给体系

金融市场是金融助力乡村振兴战略的运行机制,是城乡金融融合共生发展的存在方式。在城乡二元金融制度下,城乡金融市场二元分割,农村金融市场发育不充分。在大力实施乡村振兴战略背景下,"三农"对金融的需求旺盛,城乡资源双向流动也更加频繁,迫切需要改变城乡二元金融市场的分割限制,着力提高农村金融市场的服务供给能力,建构城乡金融市场融合互惠共生发展的供给体制机制。

（一）城乡二元金融市场融合互惠发展中存在的主要共生问题

在城乡二元金融制度背景下,城乡二元金融市场融合共生发展的主要问题表现为:农村金融市场发展不充分,农村金融市场为城市金融市场服务等问题,从而最终导致农村金融市场大量资金外流、农村失血严重和农村金融市场抑制。无论是产权化市场化商业化措施还是国家金融政策政府干预措施,都未能有效解决农村金融市场抑制问题,农村金融市场供需失衡矛盾依然存在。随着新型城镇化和乡村振兴战略的协同推进,农村金融市场体系会面临更多新任务更大新挑战和更高新要求,使得当前的农村金融市场资源配置效率很难满足乡村振兴战略的需要。① 在乡村振兴战略背景下城乡金融市场融合共生发展具体问题主要表现以下几个方面:

1. 农村金融市场供给体系的不健全。尽管当前我国农村金融市场供给主体类型众多,有国有商业银行、政策性银行、合作股份制银行和新型金融机构,但是能够真正满足乡村振兴战略多样化需求和促进农村经济发展的市场供给主体并不多。中国农业银行主要贷款对象是面向农村基础设施和农产品加工贷款,中国农业发展银行贷款对象并不面向一般普通农业生产和农户,邮政银行、农村商业银行和新型金融机构由于自身融资能力和制度供给不足也限制了对乡村振兴战略高质量发展的金融需求。总体上看,由于农村外生银行金融机构(国有商业银行和政策性银行)对农村金融市场存在金融排斥现象,农村内生银行金融机构(农村商业银行和新型村镇银行金融机构)由于存在资本抑制和制度抑制问题,都无法真正满足乡村振兴战略背景下农村各类金融主体多样化、长期性、大额性的金融需求。

2. 农村金融市场交易体系的不发达。市场交易成本过高一直是制约农村金融市场做大做强的瓶颈。造成农村金融市场交易成本偏高的因素是复杂多

---

① 参见郭连强、祝国平、李新光:《新时代农村金融的发展环境变化、市场功能修复与政策取向研究》,《求是学刊》2020 年第 2 期。

样的。一方面农村金融需求主体的高度分散性和信息结构复杂性,导致了农村金融机构的信息收集成本、议价决策成本和业务运行成本都比较偏高;另一方面农村金融市场交易量大且分散,导致单笔金融交易成本过高。为了减少农村金融交易成本高所带有的利益损失,农村金融机构往往选择高于基准利率的方式来获取风险收益。过高的交易成本使农村金融机构高金融风险转嫁给需求对象,从而一定程度上抑制了乡村振兴战略和农村各类金融主体对金融多样化的有效需求。

3.农村金融市场信息体系的不完备。当前农村金融市场交易成本过高的一个重要原因就是当前农村缺乏有效完备的金融信息体系,尤其是有效健全完备的信用征信系统。造成农村金融信息不完备的原因也是复杂多样的。在市场结构方面,农村金融需求主体多元分散,导致信息收集成本比较高;在信息结构方面,农户在信贷用途结构和期限结构等信息结构方面存在巨大差异,使得金融机构很难完备收入农户的金融信息;在信息收集渠道方面,现有农户金融信息体系收集中没有对农户建立完整健全的信用征信体系和大数据信息共享平台,而农村金融机构本身是无法承担高额的农户信用征信信息成本的。农村金融信息尤其是农户信用征信体系的不健全和不完善给农村金融市场发育带来了诸多不利影响,如对于信息不完整的金融机构就会抬高价格导致"贷款贵",对于有限信息的农户就会导致"贷款难"。

(二)完善城乡金融市场互惠共生发展的供给路径

在乡村振兴战略背景下,农村金融市场在市场需求主体、结构及其层次上都会呈现多元化发展趋势,需求主体由传统农村向新型经营主体转变,需求结构由生产型向生产生活生态型转变,需求层次由短期微小型向长期大额型转变。① 着眼于乡村振兴战略和城乡融合发展,构建有利于城乡金融市场融合

---

① 韦明升:《基于乡村振兴的异质性金融需求与村镇银行市场选择》,《征信》2020年第7期。

互惠共生发展的体制机制应该从以下几个方面完善：

1. 创新农村金融市场融资体系，积极引导城市工商业社会资本下乡。在城市偏向的城乡二元金融制度背景下，我国农村金融市场长期受到极大抑制，农村资本外流严重，单纯依靠农村金融机构是很难满足乡村振兴战略对金融和资本的巨大需求，迫切需要创新农村金融市场融资体系，积极引导城市工商业社会资本下乡支持乡村振兴，实现城乡金融资本市场"双循环"。第一，要大力发展适应乡村振兴需要的多层次的资本市场融资体制机制，弥补农村金融机构融资的不足，积极支持符合条件的涉农公司上市直接融资，并成立相应的乡村振兴投资基金，支持城乡产业融合共生发展。第二，搭建一批普惠性的"三权抵押"融资平台、创新社会资本与政府合作的 PPP 农基项目建设模式、生态领域 EOD、交通领域 TOD 及其他城市工商业社会资本下乡模式。

2. 创新农村金融市场融资模式，促进互联网金融与农村传统金融机构的共享共生。第一，加快农村传统金融机构科技创新力度，促进农村传统金融机构互联网化。在"互联网+"背景下，农村传统金融机构要转变经营理念，充分借助互联网金融来扩大市场融资规模，以便弥补传统金融机构市场融资的不足，始终坚持以用户的金融需求为核心，摒弃传统金融价值链推销模式；要调整经营战略，建立线上线下一体化经销模式，积极开发手机银行、微信银行和电商互联网服务平台；要不断加强互联网金融人才的培养和培训，并通过晋升和福利激励留住相关互联网金融人才。第二，创新农村互联网金融的发展融资模式。互联网金融作为数字化信息化的虚拟金融机构诚然具有传统实体金融模式不可比拟的巨大优势，但是也不能完全绝对独立，而必须借助和依靠传统实体金融机构和实体产业才能够真正发挥服务乡村振兴战略的作用，不断创新出"电商+综合金融""龙头企业+互联网金融""互联网金融+农产品营销""移动互联网+农村金融"及合法合规的"P2P 贷款"等互联网金融发展模式。

三、构建有利于乡村金融多元主体融合共生发展的监管制度

金融监管制度是金融机构支持乡村振兴战略的重要制度环境,也是实现城乡金融融合共生发展的重要制度融合系统。无论是要培育多元乡村金融机构或金融组织,还是要建构城乡融合互惠共生的金融市场,都要破除城乡二元金融监管制度制约,构建有利于乡村金融多元主体融合共生发展的金融监管制度,从而强化乡村振兴战略和城乡资源要素双向流动共生的制度供给。

(一)城乡二元金融监管制度融合共生发展的主要问题

由于一些农村金融监管机构并没有跳出城乡二元金融体制的影响,金融监管机构也没有针对农村金融的自身特点、市场发育滞后性和现状建立有利于农村金融发展的监管体制机制,这就加剧了农村金融供给不足和乡村振兴战略金融需求旺盛之间的矛盾,其金融监管问题主要表现在如下几个方面:[1]

1.农村金融监管体系不健全。第一,银保监会与中国人民银行监管没有形成合力。银保监会和中国人民银行对农村金融监管的职责划分不清,存在许多监管盲区和真空地带,由于银保监会对农村金融机构及市场的信息掌握不全,加上银保监会与中国人民银行信息共享程度不够,这就也影响其对农村金融监管的效率。第二,地方政府与银保监会监管存在真空现象。银保监会对农村金融监管的链条比较长,地方政府对银保监会金融监管干预过多,从而导致一些该监管的没有监管,不该监管的过度监管,简单参照城市金融监管制度不能有效监管农村金融机构和市场风险。第三,农村金融监管的内控制度不健全。内控制度是金融监管的第一道防线,但是农村金融监管制度制定时间比较早,现代化金融监控基础设施不完善,内控文化不浓厚,内控部门不独立,财务管理系统混乱,这些原因导致农村金融监管体系不健全。

---

[1]　陈丹:《乡村振兴战略背景下农村金融监管体系构建研究》,《农村经济》2020 年第 3 期。

2.农村金融监管方式和手段单一粗放。由于城乡经济发展差异和城乡二元制度的消极影响,我国城乡金融机构和市场的发育有显著差异,金融在城乡经济社会发展中的具体功能不尽相同。因此,城乡金融在监管方式上不应该"一刀切",应该遵循差异化的监管方式。但是现行农村金融监管方式并没有考虑到农村金融的特性和不同地区实际情况,而是机械照搬城市刚性监管办法,对农村金融监管并不具有时效性,对农村金融市场,尤其是非正规金融市场的控制和约束严重滞后。简单机械性的城镇化金融监管方式和手段不仅仅忽略了农村金融的自身特点和实际发展情况,而且也忽略了农村金融机构自我监督和社会监督作用;不但挫伤了金融监管人员的积极性和农村金融自我创新能力,而且致使农村金融市场发展缓慢。

3.农村金融监管力量薄弱。随着农村经济的不断发展,农村金融机构也不断增多,现场与非现场的监管同时存在,监管内容繁杂多样,农村金融监管压力也日益剧增,这在客观上对农村金融监管主体和人员提出更高要求。当前农村金融监管状态堪忧,主要靠行政监管发挥作用,致使农村金融监管主体力量单一,难以有效发挥社会和行业的合力。目前我国农村金融监管的由银保监会主导,直接监管则是县级行政部门,县级监管人员太少,很难对广大农村的金融机构施行有效监管,结果导致自己管理自己。同时农村金融监管人员的整体素质不高,金融监管人员风险意识不强,缺乏组织性金融监管培训,高层次金融人才稀缺,综合性人才少见。此外,金融监管基础设施简单落后,许多办公地点借用中国人民银行的办公地点,无法满足日常办公需求,难以满足乡村振兴战略对金融监管的差异化需要。

4.农村金融监管法规不健全。当前我国农村金融监管的法律法规主要有《中国人民银行法》《中华人民共和国银行业监管管理法》《农村资金互助社管理暂行规定》《村镇银行管理暂行规定》以及《小额贷款公司改制设立村镇银行暂行规定》等一系列文件。一方面,从以上农村现行金融监管法律法规来说,当前农村金融监管的法律法规过于宽泛,缺乏科学规范的定量分析,更多的是宏观措施,与当前农村金融发展实际还有诸多出入的地方。此外,由于对农村金融监管法律规范量化不明确,缺乏科学的定量分析,使得在具体执行相关监管法律法规措施时缺乏操作性。另一方面,农村金融监管在法定职能方面尚不完善,监管人员与被监管主体之间往往存在利益关联,在错综复杂的农村金融监管之中很难独善其身,金融监管执法的公正性也很难保证。①

(二)完善乡村金融多元主体融合共生发展的监管路径

在乡村振兴战略背景下,随着大量城市工商业社会资本下乡、农村互联网金融和农村非正规金融机构组织(民间借贷)的大力发展,农村金融市场风险也随之增长,迫切需要创新农村金融监管制度来化解农村金融潜在的金融风险。但是在城市偏向的城乡二元金融制度惯性力作用下,城乡金融制度在金融产权制度、金融征信制度、金融监管制度方面存在二元性,严重制约了农村金融的发展,不能有效满足乡村振兴战略对金融的巨大需求。这就要求我们必须解决农村金融制度抑制现象,进一步促进城乡金融监管制度融合共生发展。

1.创新农村金融信用监管体制机制,构建有效的农村金融信用监管制度。农村信用监管制度不但是乡村振兴金融制度的重要内容,而且也是乡村振兴战略的重要支撑,它在促进和改善农村金融服务乡村振兴战略、实现城乡融合发展中发挥重要作用。在乡村振兴战略背景下要实现城乡融合发展,创新完善健全农村信用监管制度体系主要是以下三个方面:第一,加强农村正规信用制度建设。明确农村金融信用信息采集主体,建立完善的农户信用信息采集机制,构建农村信用数据生态圈,为乡村振兴金融产品的设计、评估及定价提供相应的信用制度支撑。第二,制定农村信用数据共享制度建设标准。规范农村信用需求行为,通过信用奖惩机制来积累农户金融需求行为,解决农村金

---

① 参见范方志:《乡村振兴战略背景下农村金融差异化监管体系构建研究》,《中央财经大学学报》2018 年第 11 期。

融不良贷款的现象,建立统一的农户信用等级评价体系,有效防范和化解支农信贷风险。第三,加快建设城乡信用数据共享平台。通过与中国人民银行和社会征信系统合作等方式实现城乡金融信用信息数据共享,加快城乡信用数据流动,充分利用互联网技术、大数据、云计算及区块链等现代信息技术融合到农村信用体系建设之中,构建城乡信用信息数据动态更新机制。

2. 创新农村金融监管体制机制,构建差异化的农村金融监管制度体系。第一,创新农村金融监管体系。要构建多元协同的农村金融监管体系。如银保监会和中国人民银行以及各级地方政府监管主体要形成层次分明、分工合作和及时沟通的监管体系;又如要通过明晰产权来强化农村银行金融机构的自我监督,充分发挥会计、审计及律师事务所等社会监督力量形成监督合力。第二,创新农村金融监管模式。改变城市化的刚性监管模式,根据农村经济社会发展水平、机构性质、管理水平及风险等级等综合实行差异化分级分类监管模式,要从规则性监管为主向风险性监管为主转变,构建科学的风险测评和预警体系,促进现场监管和网络信息化等非现场监管有效结合,充分发挥监管的引导性、强制性和应急性作用。第三,创新农村金融法律监管机制。尽快出台农村信用社法、村镇银行法、农业融资法及农业保险法等有利于乡村振兴战略和城乡融合发展的农村金融监管办法,同时要完善农村银行机构自我监督内控制度,监管制度的内容和范围不能仅仅局限于信贷,还应该包括保险和证券。

结　语

　　本书在马克思主义共生发展哲学理论,特别是在习近平总书记关于"三农"、乡村振兴战略和城乡关系等重要论述指导下,充分借鉴生物学生态学共生理论分析范式,对中国式城乡融合发展的理论逻辑及其实现路径进行了全面深入系统研究,从而为乡村振兴战略实践背景下"重塑新型城乡关系,构建城乡新型形态,走城乡融合发展之路"提供学理支撑、经验总结和实践路径,得出以下主要结论:

　　1. 马克思主义共生发展哲学是中国式城乡融合发展的共生理论基础。如果说自然环境生态系统共生是城乡融合发展的自然共生基础的话,那么人的感性对象性活动才是城乡融合发展的实践共生基础,城乡融合发展在本质上是一个社会历史范畴。在马克思主义共生哲学看来,城乡融合关系作为人的感性对象性实践活动的产物,是一种感性对象性或对称性互惠共生关系,是一种互为对象、互为主体和互为客体的融合共生关系。

　　2. 城乡多元主体融合共生发展是乡村振兴战略背景下实现城乡融合发展的实践共生主体。如果说城乡二元结构在本质是一种以城市为主体,以乡村为客体的主客二元对立性或矛盾性共生发展关系,那么在乡村振兴战略背景下,城乡关系也不再是一种城乡二元结构主客对立性或矛盾性共生发展关系,而且是一种超越主客体二元对立的对象性关系,一种城乡多元主体融合共生发展关系,既是一种互为主体的主体间性关系,同时也是一种互为客体的客体间性关系。

3. 产业兴旺是增强城乡融合发展的共生动力。产业兴旺或产业振兴是乡村全面振兴的物质基础,是城乡融合发展的产业共生单元,也是增强城乡融合发展的共生动力的根本要求。要实现乡村产业振兴进而增强城乡融合发展的共生动力,就要以农业供给侧结构性改革为主线,积极推进农村一二三产业融合发展;就要以现代化农业科技协同创新为抓手,增强乡村产业兴旺的科技内生驱动力;就要以现代化农业经营体制为支撑,进而增强城乡产业融合发展的主体内生驱动力。

4. 生态宜居是提高城乡融合发展的共生质量。生态宜居或生态振兴是乡村全面振兴的必要条件,是城乡融合发展的生态共生单元,也是提高城乡融合发展的共生质量的内在要求。要实现乡村生态振兴进而提高城乡融合发展的共生质量,就要以城乡国土空间规划一体化共生为先导,提高城乡国土空间规划质量;就要以现代化生态农业为重点,促进产业生态化与生态产业化;就要以农村生态环境多元共治为抓手,促进城乡生态环境治理正义;就要以城乡生态文明制度一体化共生为保障,促进城乡生态文明制度融合共生发展。

5. 乡风文明是缩小城乡融合发展的共生差距。乡风文明或文化振兴是乡村全面振兴的内生动力,是城乡融合发展的文化共生单元,也是缩小城乡融合发展的共生差距的重要内容。要实现乡村文化振兴进而缩小城乡融合发展的共生(水平)差距,就要以激发农民文化主体意识为突破口,为乡风文明提供强大的文化主体创造力;就要以传承优秀乡土文化为重点,增强乡村全面振兴的文化内生驱动力;就要以农村公共文化高质量发展为支撑,努力缩小城乡融合发展的共生差距。

6. 治理有效是拓宽城乡融合发展的共生空间。治理有效或组织振兴是乡村全面振兴的社会基础,是城乡融合发展的治理或组织共生单元,也是拓展城乡融合发展共生空间的重要领域。要实现乡村治理有效进而拓宽城乡融合发展的共生空间,就要以提升农村基层党组织组织力为核心,全面提升乡村治理治理的领导力;就要以创新"三治融合"乡村治理体系为重心,实现乡村治理体系多元共建共治共享共生;就要以提升乡镇政府治理能力为抓手,全面提高乡村基层治理能力现代化水平。

7.生活富裕是促进城乡融合发展的共生正义。生活富裕或共同富裕是乡村全面振兴的根本目的,是城乡融合发展的生活共生单元,也是促进城乡融合发展的共生正义的必然要求。要实现城乡生活(共同)富裕进而促进城乡融合发展的共生正义,就要健全完善城乡相对贫困治理的长效机制,实现贫困治理战略体制机制转型;就要健全完善好巩固拓展脱贫攻坚成果同乡村振兴战略有效衔接的共生机制,坚持巩固拓展脱贫攻坚成果与乡村全面振兴的有机统一;就要健全完善好公正合理的城乡收入分配体系(层次),为促进城乡生活共同富裕提供一体化共生分配制度环境。

8.制度供给是创新城乡融合发展的共生机制。制度供给或制度创新是乡村全面振兴的动力机制,是城乡融合发展的制度共生单元,也是创新城乡融合发展的共生机制的内在要求。要增强城乡制度供给进而创新城乡融合发展的共生体制机制,就要破除城乡二元户籍制度,建构城乡一体化融合共生发展的城乡户籍制度;就要破除城乡二元土地制度,建构城乡一体化融合共生发展的城乡土地制度;就要破除城乡二元金融制度,建构城乡一体化融合共生发展的城乡金融制度。

主要参考文献

一、著作类

1.《马克思恩格斯文集》第1—9卷,人民出版社2009年版。

2.《马克思恩格斯全集》第33、44卷,人民出版社2004、1982年版

3.《习近平谈治国理政》第一、二、三、四卷,外文出版社2018、2017、2020、2022年版。

4.《习近平谈治国理政》,外文出版社2014年版。

5.《习近平关于社会主义文化建设论述摘编》,中央文献出版社2017年版。

6.《习近平关于社会主义经济建设论述摘编》,中央文献出版社2017年版。

7.《习近平关于科技创新论述摘编》,中央文献出版社2016年版。

8.《习近平关于社会主义生态文明建设论述摘编》,中央文献出版社2017年版。

9.《习近平关于社会主义政治建设论述摘编》,中央文献出版社2017年版。

10.《习近平关于全面从严治党论述摘编》,中央文献出版社2016年版。

11.《习近平关于全面依法治国论述摘编》,中央文献出版社2015年版。

12.《习近平关于"三农"工作论述摘编》,中央文献出版社2019年版。

13.习近平:《摆脱贫困》,福建人民出版社1992年版。

14.习近平:《在庆祝中国共产党成立100周年大会上的讲话》,人民出版社2021年版。

15.习近平:《在全国脱贫攻坚总结表彰大会上的讲话》,人民出版社2021年版。

16.习近平:《高举中国特色社会主义伟大旗帜　为全面建设社会主义现代化国家而团结奋斗——在中国共产党第二十次全国代表大会上的报告》,人民出版社2022

年版。

17. 中共中央文献研究室编：《十八大以来重要文献选编》（上），中央文献出版社2014年版。

18. 中共中央文献研究室编：《十八大以来重要文献选编》（中），中央文献出版社2016年版。

19. 中共中央党史和文献研究院：《十八大以来重要文献选编》（下），中央文献出版社2018年版。

20.《中共中央国务院关于实施乡村振兴战略的意见》，人民出版社2018年版。

21.《乡村振兴战略规划（2018—2022）年》，人民出版社2018年版。

22.《中共中央国务院关于建立健全城乡融合发展体制机制和政策体系的意见》，人民出版社2019年版。

23.《中共中央国务院关于做好二〇二二年全面推进乡村振兴重点工作的意见》，人民出版社2022年版。

24.《中共中央国务院关于做好二〇二三年全面推进乡村振兴重点工作的意见》，人民出版社2023年版。

25. 中华人民共和国国家统计局：《中国统计年鉴》（2013—2021），中国统计出版社2013—2022年版。

26. 袁纯清：《共生理论——兼论小型经济》，经济科学出版社1998年版。

27. 胡守钧：《社会共生论》，复旦大学出版社2012年版。

28. 黑川纪章：《新共生思想》，覃力等译，中国建筑工业出版社2009年版。

29. 李思强：《共生建构论说》，中国社会科学出版社2004年版。

30. 张永缜：《共生论域》，中国社会科学出版社2016年版。

31. 魏后凯：《新中国农业农村发展70年》，中国社会科学出版社2021年版。

32. 魏后凯、闰坤：《中国农村发展报告（2018）》，中国社会科学出版社2018年版。

33. 魏后凯：《中国乡村振兴综合调查研究报告（2021）》，中国社会科学出版社2022年版。

34. 白雪秋、聂志红和黄俊立等：《乡村振兴与中国特色城乡融合发展》，国家行政管理出版2021年版。

35. 陈锡文主编，魏后凯、宋亚平副主编：《走中国特色社会主义乡村振兴道路》，中国社会科学出版社2019年版。

36. 韩长赋：《新中国农业发展70年》，中国农业出版社2019年版。

37. 韩俊等：《实施乡村振兴战略五十题》，人民出版社2018年版。

38. 王志章、王静和熊正贤等:《西部地区精准脱贫与乡村振兴融合的路径设计与政策协同研究》,人民出版社 2020 年版。

39. 规划实施协调推进机制办公室:《乡村振兴战略规划实施报告(2018—2022年)》,中国农业出版社 2022 年版。

40. 浙江大学中国农村家庭研究创新团队:《中国农村家庭发展报告》(2018),浙江大学出版社 2020 年版。

二、期刊论文

1. 武小龙:《城乡"共生式"发展研究》,南京农业大学博士学位论文,2015 年。

2. 梁梦宇:《新时代城乡融合发展的理论逻辑与实现路径研究》,吉林大学博士学位论文,2021 年。

3. 王颂吉:《中国城乡双重二元结构研究》,西北大学博士学位论文,2014 年。

4. 刘欢:《乡村振兴视域下乡风文明建设研究》,吉林大学博士学位论文,2021 年。

5. 马军显:城乡关系:《从二元分割到一体化发展》,中央党校博士学位论文,2008 年。

6. 丁宁:《中国特色城乡关系:从二元结构到城乡融合的发展研究》,吉林大学博士学位论文,2019 年。

7. 刘震:《新时代我国农民思想政治教育研究》,山东大学博士学位论文,2018 年。

8. 厉以宁:《论城乡二元体制改革》,《北京大学学报(哲学社会科学版)》2008 年第 2 期。

9. 朱志萍:《城乡二元结构的制度变迁与城乡一体化》,《软科学》2008 年第 6 期。

10. 白永秀:《城乡二元结构的中国视角:形成、拓展、路径》,《学术月刊》2012 年第 5 期。

11. 陈文胜:《中国迎来了城乡融合发展的新时代》,《红旗文稿》2018 年第 8 期。

12. 高帆:《中国新阶段城乡融合发展的内涵及其政策含义》,《广西财经学院学报》2019 年第 1 期。

13. 高波、孔令池:《中国城乡融合发展的经济增长效应分析》,《农业技术经济》2019 年第 8 期。

14. 王艳飞、刘彦随、严镔:《中国城乡协调发展格局特征及影响因素》,《地理科学》2016 年第 1 期。

15. 叶兴庆:《新时代中国乡村振兴战略论纲》,《改革》2018 年第 1 期。

16. 张红宇:《乡村振兴战略与企业家责任》,《中国农业大学学报(社会科学版)》

2018 年第 1 期。

17. 张海鹏：《中国城乡关系演变 70 年：从分割到融合》，《中国农村经济》2019 年第 3 期。

18. 黄祖辉：《准确把握中国乡村振兴战略》，《中国农村经济》2018 年第 4 期。

19. 郭晓鸣、张克俊、虞洪：《实施乡村振兴战略的系统认识与道路选择》，《农村经济》2018 年第 1 期。

20. 叶敬忠：《乡村振兴战略：历史沿循、总体布局与路径省思》，《华南师范大学学报（社会科学版）》2018 年第 2 期。

21. 蒋永穆：《基于社会主要矛盾变化的乡村振兴战略：内涵及路径》，《社会科学辑刊》2018 年第 2 期。

22. 魏后凯、郜亮亮等：《"十四五"时期促进乡村振兴的思路与政策》，《农村经济》2020 年第 8 期。

23. 贺雪峰《城乡二元结构视野下的乡村振兴》，《北京工业大学学报（社会科学版）》2018 年第 5 期。

24. 曲延春、王海镔：《乡村振兴战略：价值意蕴、当前困局及突破路径》，《江淮论坛》2018 年第 5 期。

25. 周晓光：《实施乡村振兴战略的人才瓶颈及对策建议》，《世界农业》2019 第 4 期。

26. 孔祥智：《实施乡村振兴战略的进展、问题与趋势》，《中国特色社会主义研究》2019 年第 1 期。

27. 谭明方：《城乡融合发展促进实施乡村振兴战略的内在机理研究》，《学海》2020 年第 4 期。

28. 潘家恩、温铁军：《三个"百年"：中国乡村建设的脉络与展开》，《开放时代》2016 年第 4 期。

29. 王先明：《中国乡村建设思想的百年演进（论纲）》，《南开学报（哲学社会科学版）》2016 年第 1 期。

30. 刘云刚、陈林、宋弘扬：《基于人才支援的乡村振兴战略——日本的经验与借鉴》，《国际城市规划》2020 年第 3 期。

31. 张晖：《马克思恩格斯城乡融合理论与我国城乡关系的演进路径》，《学术交流》2018 年第 12 期。

32. 刘合光：《城乡融合发展与乡村振兴：特性、共性与联系》，《国家治理》2021 年第 4 期。

33. 宁志中、张琦：《乡村优先发展背景下城乡要素流动与优化配置》，《地理研究》2020 年第 10 期。

34. 刘彦随：《中国新时代城乡融合与乡村振兴》，《地理学报》2018 年第 4 期。

35. 何仁伟：《城乡融合与乡村振兴：理论探讨、机理阐释与实现路径》，《地理研究》2018 年第 11 期。

36. 武小龙：《共生理论的内涵意蕴及其在城乡关系中的应用》，《领导科学》2015 年第 10 期。

37. 袁纯清：《共生理论及其对小型经济的应用研究》（上），《改革》1998 年第 2 期。

38. 韩晓芳、丁威：《习近平生态文明思想的意蕴及三个价值维度——基于人与自然和谐共生的视角》，《学术论坛》2018 年第 4 期。

39. 方世南：《建设人与自然和谐共生的现代化》，《理论视野》2018 年第 2 期。

40. 解保军：《人与自然和谐共生的现代化——对西方现代化模式的反拨与超越》，《马克思主义与现实》2019 年第 2 期。

41. 张云飞：《建设人与自然和谐共生现代化的系统抉择》，《西南大学学报（社会科学版）》2021 年第 6 期。

42. 曲亮、郝云宏：《基于共生理论的城乡统筹机理研究》，《农业现代化研究》2004 年第 5 期。

43. 罗湖平、朱有志：《城乡一体化进程中的共生机理探讨》，《安徽农业科学》2011 年第 5 期。

44. 罗敏：《乡村振兴战略的五重逻辑：一个城乡共生的视角》，《学习论坛》2020 年第 2 期。

45. 刘玉邦、眭海霞：《绿色发展视域下我国城乡生态融合共生研究》，《农村经济》2020 年第 8 期。

46. 张学昌：《城乡文化共生发展的内在逻辑与推进策略——基于文化间性的视角》，《新疆社会科学》2019 年第 1 期。

47. 曲延春：《从"二元"到"一体"：乡村振兴战略下城乡融合发展路径研究》，《理论学刊》2020 年第 1 期。

48. 茅锐、林显一：《在乡村振兴中促进城乡融合发展——来自主要发达国家的经验启示》，《国际经济评论》2021 年第 11 期。

49. 李爱民：《我国城乡融合发展的进程、问题与路径》，《宏观经济管理》2019 年第 2 期。

50. 徐学庆：《乡村振兴战略背景下乡风文明建设的意义及其路径》，《中州学刊》

2018 年第 9 期。

51. 杨发祥、杨发萍：《乡村振兴视野下的新型城乡关系研究——一个社会学的分析视角》，《人文杂志》2020 年第 3 期。

52. 薛晴、任左菲：《美国城乡一体化发展经验及借鉴》，《世界农业》2014 年第 1 期。

53. 汪明煜、周应恒：《法国乡村发展经验及对中国乡村振兴的启示》，《世界农业》2021 年第 4 期。

54. 严瑾：《日本的六次产业发展及其对我国乡村振兴的启示》，《华中农业大学学报（社会科学版）》2021 年第 5 期。

55. 顾鸿雁：《日本乡村振兴转型的新模式："地域循环共生圈"的实践与启示》，《现代日本经济》2020 年第 6 期。

56. 杨志良：《中国式农业现代化的百年探索、理论内涵与未来进路》，《经济学家》2021 年第 12 期。

57. 汪锦军、王凤杰：《激发乡村振兴的内生动力：基于城乡多元互动的分析》，《浙江社会科学》2019 年第 11 期。

58. 王国敏、常璇：《我国农业结构性矛盾与农业供给侧改革的着力点》，《理论探索》2017 年第 6 期。

59. 吴海峰：《推进农业供给侧结构性改革的思考》，《中州学刊》2016 年第 5 期。

60. 蒋永穆、陈维操：《基于产业融合视角的现代农业产业体系机制构建研究》，《学习与探索》2019 年第 8 期。

61. 王宏蕾、张旭东：《产学研协同创新中的主体差异与交互策略研究》，《黑龙江高教研究》2019 年第 5 期。

62. 何姝、余军：《创新资源对中国产业结构升级的影响研究》，《工业技术经济》2021 年第 8 期。

63. 梁红军：《国家创新体系视域下健全成果评价及转移转化机制研究》，《学习论坛》2021 年第 4 期。

64. 宋保胜、刘保国：《科技创新助推乡村振兴的有效供给与对接》，《甘肃社会科学》2020 年第 6 期。

65. 王德福：《新型农业经营体系建设的实践错位与路径反思》，《毛泽东邓小平理论研究》2016 年第 2 期。

66. 陈龙：《中国特色小农振兴道路：战略方向、路径选择与政策保障》，《西北农林科技大学学报（社会科学版）》2021 年第 1 期。

67. 董祚继:《新时代国土空间规划的十大关系》,《资源科学》2019 年第 9 期。

68. 杨文歆:《乡村振兴战略下生态农业发展困境及对策构建》,《农业经济》2019 年第 11 期。

69. 廖良辉:《大力发展低碳农业》,《理论视野》2014 年第 10 期。

70. 赫修贵:《生态农业是中国发展现代农业的主导》,《理论探讨》2014 年第 6 期。

71. 张志胜:《多元共治:乡村振兴战略视域下的农村生态环境治理创新模式》,《重庆大学学报(社会科学版)》2020 年第 1 期。

72. 詹国彬、陈健鹏:《走向环境治理的多元共治模式:现实挑战与路径选择》,《政治学研究》2020 年第 2 期。

73. 谭荣:《自然资源资产产权制度改革和体系建设思考》,《中国土地科学》2021 年第 1 期。

74. 李昌凤:《完善我国生态文明建设目标评价考核制度的路径研究》,《学习论坛》2020 年第 3 期。

75. 霍军亮:《乡村振兴战略下的农村公民道德建设》,《西北农林科技大学学报(社会科学版)》2020 年第 5 期。

76. 蒯正明:《全过程人民民主对人类政治文明的新贡献》,《马克思主义研究》2021 年第 9 期。

77. 刘亚玲、雷稼颖:《耕读文化的前世今生与现代性转化》,《图书馆》2021 年第 4 期。

78. 周琦:《乡村经济振兴过程中传统文化资源应用的失当现象与完善路径研究》,《云南行政学院学报》2020 年第 1 期。

79. 詹绍文、李恺:《乡村文化产业发展:价值追求、现实困境与推进路径》,《中州学刊》2019 年第 3 期。

80. 陈兴贵、王美:《反思与展望:中国传统村落保护利用研究 30 年》,《湖北民族大学学报(哲学社会科学版)》2020 年第 2 期。

81. 范建华、秦会朵:《"十四五"我国文化产业高质量发展的战略定位与路径选择》,《云南师范大学学报(哲学社会科学版)》2021 年第 5 期。

82. 张菊梅:《农村公共服务供给的模式与革新》,《南昌大学学报》(人文社会科学版)2021 年第 1 期。

83. 姜雯昱、曹俊文:《以数字化促进公共文化服务精准化供给:实践、困境与对策》,《求实》2018 年第 6 期。

84. 许丹:《中国农村公共文化服务高质量发展——基本内涵、问题清单与行动框架》，《社会科学研究》2021 年第 5 期。

85. 林星、王宏波：《乡村振兴战略新时代下农村基层党组织的组织力：内涵、困境与出路》，《科学社会主义》2019 年第 5 期。

86. 赵洁、陶忆连：《乡村振兴中提升农村基层党组织组织力研究》，《北京航空航天大学学报（社会科学版）》2021 年第 1 期。

87. 吴成林：《乡村振兴与农村基层党组织组织力的提升》，《长白学刊》2019 年 1 期。

88. 王可园：《农村基层党组织组织力的困境及出路——基于"结构—过程—文化"视角的分析》，《江西师范大学学报（哲学社会科学版）》2020 年第 1 期。

89. 林星、王宏波：《乡村振兴背景下农村基层党组织的组织力：内涵、困境与出路》，《科学社会主义》2019 年第 5 期。

90. 赵乾：《依法治国视域下乡村治理的法治保障问题研究》，《农村经济》2021 年第 9 期。

91. 王杰：《新乡贤是传统乡贤的现代回归吗？——基于新乡贤与传统乡贤治村的比较分析》，《西北农林科技大学学报（社会科学版）》2020 年第 6 期。

92. 徐元善、周定财：《我国乡镇政府政策执行力提升研究》，《政治学研究》2013 年第 2 期。

93. 张等文、郭雨佳：《乡村振兴进程中协商民主嵌入乡村治理的内在机理与路径选择》，《政治学研究》2020 年第 2 期。

94. 李燕凌、高猛：《农村公共服务高质量发展：结构视域、内在逻辑与现实进路》，《行政论坛》2021 年第 1 期。

95. 宋晓梧：《深化收入分配改革，促进国内经济循环》，《经济与管理研究》2021 年第 2 期。

96. 白光昭：《第三次分配：背景、内涵及治理路径》，《中国行政管理》2020 年第 12 期。

97. 高强：《脱贫攻坚与乡村振兴有效衔接的再探讨——基于政策转移接续的视角》，《南京农业大学学报（社会科学版）》2020 年第 4 期。

98. 王瑞瑜、王森：《乡村振兴背景下劳动力流动与回流机制研究》，《兰州学刊》2020 年第 4 期。

99. 张国胜、聂其辉：《乡村振兴视角下我国户籍制度的双向改革研究》，《云南民族大学学报（哲学社会科学版）》2019 年第 4 期。

100. 魏后凯：《构建多元化的农民市民化成本分担机制》，《中国社会科学报》2013

年3月1日。

101. 尤琳、陈世伟:《城乡一体化进程中的户籍制度改革研究》,《社会主义研究》2015年第6期。

102. 杨远根:《城乡基本公共服务均等化与乡村振兴研究》,《东岳论丛》2020年第3期。

103. 陈利根、龙开胜:《新中国70年城乡土地制度演进逻辑、经验及改革建议》,《南京农业大学学报(社会科学版)》2019年第4期。

104. 刘振伟:《乡村振兴中的农村土地制度改革》,《农业经济问题》2018年第9期。

105. 张合林:《以土地市场制度创新推动城乡融合发展》,《中州学刊》2019年第3期。

106. 刘吉舫、李梅:《我国新型农村金融机构非均衡发展制度性解析》,《当代经济研究》2017年第12期。

107. 陈放:《乡村振兴进程中农村金融体制改革面临的问题与制度构建》,《探索》2018年第3期。

108. 郭连强、祝国平、李新光:《新时代农村金融的发展环境变化、市场功能修复与政策取向研究》,《求是学刊》2020年第2期。

109. 陈丹:《乡村振兴战略背景下农村金融监管体系构建研究》,《农村经济》2020年第3期。

110. 范方志:《乡村振兴战略背景下农村金融差异化监管体系构建研究》,《中央财经大学学报》2018年第11期。

三、外文文献

1. A.Comte., *System of Positive Polity*.London: Long mans Green Press,1975.

2. Lipton., M.*Why Poor People Stay Poor: Urban Bias in World Development*,Harvard University Press,1977.

3. Starch W., Tlingit F."Spatial equity, some antitheses to current regional development doctrine", In: H. Folmer, J. Oosterhaven, eds.*Spatial Inequalities and Regional Development Leiden*,Martinus Nijhoff,1978.

4. Preston D A., "Rural-urban and inter-settlement interaction Theory and analytical structure".*Area*,1975,7(3).

5. Unwin T., " Urban-rural interaction in developing countries: A theoretical

perspective", In: R.B. Potter, T. Unwin, eds. *The Geography of urban-rural interaction in developing countries*, *Essays for Alan B. Mountjoy*, London, Routledge, 1989.

6. Douglass M., "A regional network strategy for reciprocal rural-urban linkages", "An agenda for policy research with reference to Indonesia", *Third World Planning Review*, 1998, 20(1).

7. Satterthwaite D, Tacoli C., "The urban part of rural development", "The role of small and intermediate urban centres in rural and regional development and poverty reduction", *IIED Working Paper*, No.9, 2003.

8. Lynch K., *Rural-urban interaction in the developing world*, London, Routledge Press, 2005.

9. Angela E Douglas., *Symbiotic Interactions*. Oxford., Oxford University Press, 1994.

10. Scott.G.D., *Plant Symbiosis in Attitude of Biology*. London., Edward Arnold, 1969.

11. Margulis L., *Symbiosis in cell evolution*. New York., W.H.Freeman, 1981.

12. Douglas A E., *Symbiotic Interactions*. Oxford., Oxford University Press. 1944.

四、主要网站

1. 中国政府网 https://www.gov.cn/

2. 国家统计局 http://www.stats.gov.cn/

3. 新华网 http://www.xinhuanet.com/

4. 中国共产党思想理论资源数据库 https://data.lilun.cn/

5. 中华人民共和国农业农村部 http://www.moa.gov.cn/

6. 国家乡村振兴局 http://nrra.gov.cn/

7. 世界银行 http://www.cpad.gov.cn/

8. 欧盟统计局 http://www.stat.go.jp/

后　记

本书是由我主持的国家社科基金项目——"乡村振兴战略背景下城乡共生发展的实现路径研究"（18XKS015）的最终结项成果修改而来。经过三年多的研究，该成果于 2022 年 4 月 29 日获得"良好"等级结项（证书号：20221484）；经过一年多的修改、打磨和编辑，该书于 2023 年 9 月由人民出版社出版。在整个课题研究和书稿修改过程之中，从立项、构思、撰写、修改到最后定稿出版，我得到单位、老师、朋友及家人的长期关心和大力的支持。

首先，我要感谢国家社会科学基金和中共重庆市委党校（重庆行政学院）对本书出版的资助，感谢国家社会科学基金评审专家所提出的宝贵修改意见和建议。其次，我要感谢中共重庆市委党校（重庆行政学院）各位领导、同志和老师们对我长期以来的关心、支持和帮助，特别感谢中共重庆市委党校（重庆行政学院）原副校（院）长罗晓梅教授，中共重庆市委党校（重庆行政学院）副校（院）长周学馨教授，中共重庆市委党校（重庆行政学院）副校（院）长尹博，中共重庆市委党校（重庆行政学院）副校（院）长黎宏，中共重庆市委党校（重庆行政学院）探索编辑部编辑（原主编、主任）蒋英州教授、中共重庆市委党校（重庆行政学院）科研处处长侯晋雄教授、中共重庆市委党校（重庆行政学院）哲学教研部主任张志勇教授，中共重庆市委党校（重庆行政学院）科社教研部主任黄建跃教授等领导和专家教授对我的关心、支持和帮助，感谢中共重庆市委党校(重庆行政学院)哲学教研部和课题组的各位老师对我的关心、支持和帮助;感谢我的博士生导师、上海交通大学马克思主义学院卜祥记教授,博士后合作导师、陕西师范大学哲学社会科学高等研究院院长袁祖社教授,对我的指导、培养和教育;感谢我的家人、同学和朋友长期以来对我默默的关心和无私的奉献。最后,我要感谢人民出版社李之美编审,本书能够如此顺利出版离不开她中肯的建议、耐心的帮助和大量的付出。同时,在本书撰写过程之中,作者参考和引用大量国外文献,由于篇幅限制不能够一一列举出来,在此一并向各位专家学者表示诚挚的谢意。

尽管本书所研究的课题已经告一段落,但面对我国城乡融合发展和乡村振兴战略伟大实践过程中的新理念新思想和新情况新问题,我深知由于主客观条件限制,本书还存在一些不足和谬误之处,还存在理论逻辑分析不强、实证研究不足和计量分析不够等问题;还存在需要进一步深入拓展研究的问题,比如乡村振兴战略的差异化共生性和城乡融合发展的协同共生性等问题。面对本书的不足和谬误之处,还恳请各位专家同仁不吝赐教,以便在今后的研究过程中不断改进完善,不胜感激。

黄顺君

2023 年 8 月 26 日

责任编辑：李之美
封面设计：石笑梦
版式设计：胡欣欣

图书在版编目（CIP）数据

乡村振兴战略背景下城乡融合发展的实现路径研究/黄顺君 著. —北京：
　人民出版社,2023.9
ISBN 978－7－01－025984－0

Ⅰ.①乡…　Ⅱ.①黄…　Ⅲ.①城乡建设-经济发展-研究-中国
　Ⅳ.①F299.21

中国国家版本馆 CIP 数据核字（2023）第 183045 号

乡村振兴战略背景下城乡融合发展的实现路径研究
XIANGCUNZHENXING ZHANLÜE BEIJING XIA CHENGXIANGRONGHE FAZHAN DE
SHIXIAN LUJING YANJIU

黄顺君　著

人民出版社 出版发行
（100706　北京市东城区隆福寺街 99 号）

北京汇林印务有限公司印刷　新华书店经销

2023 年 9 月第 1 版　2023 年 9 月北京第 1 次印刷
开本：710 毫米×1000 毫米 1/16　印张：19
字数：260 千字

ISBN 978－7－01－025984－0　定价：78.00 元

邮购地址 100706　北京市东城区隆福寺街 99 号
人民东方图书销售中心　电话（010）65250042　65289539